KB013361

텍스트로 보는 근대 한국

근대한국학 대중 총서 02

텍스트로 보는 근대 한국

초판 1쇄 인쇄 2020년 7월 23일

초판 1쇄 발행 2020년 7월 30일

–

엮은이 연세대학교 근대한국학연구소 인문한국플러스(HK+) 사업단 지역인문학센터

펴낸이 이방원

편 집 정조연 · 김명희 · 안효희 · 윤원진 · 정우경 · 송원빈 · 최선희

디자인 양혜진 · 손경화 · 박혜옥 **영 업** 최성수

–

펴낸곳 세창출판사

출판신고 1990년 10월 8일 제300-1990-63호

주소 03735 서울시 서대문구 경기대로 88 냉천빌딩 4층

전화 02-723-8660 **팩스** 02-720-4579

이메일 edit@sechangpub.co.kr **홈페이지** http://www.sechangpub.co.kr

블로그 blog.naver.com/scpc1992 **페이스북** fb.me/scp1008 **인스타그램** @pc_sechang

–

ISBN 978-89-8411-964-2 94910
978-89-8411-962-8 (세트)

_ 이 책은 2017년 정부(교육부)의 재원으로 한국연구재단의 지원을 받아 수행된 연구임(NRF-2017S1A6A3A01079581)

이 도서의 국립중앙도서관 출판예정도서목록(CIP)은 서지정보유통지원시스템 홈페이지(http://seoji.nl.go.kr)와 국가자료종합목록 구축시스템(http://kolis-net.nl.go.kr)에서 이용하실 수 있습니다.(CIP제어번호: CIP2020030480)

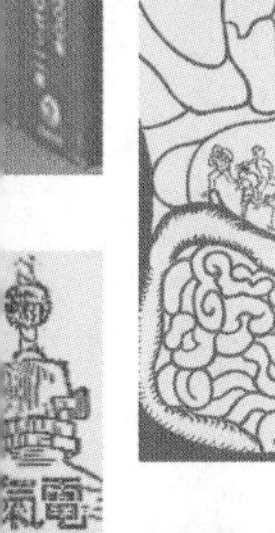

근대한국학 대중 총서 02

텍스트로 보는 근대 한국

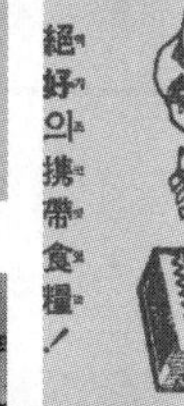
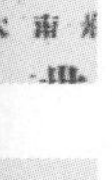
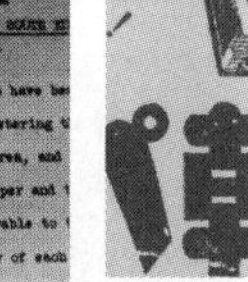

연세대학교 근대한국학연구소
HK+ 사업단 지역인문학센터

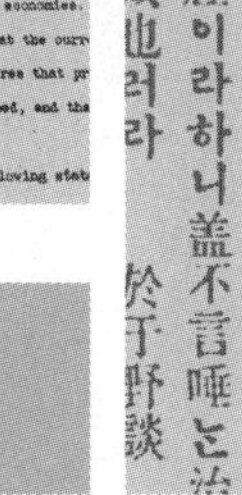
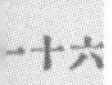

세창출판사

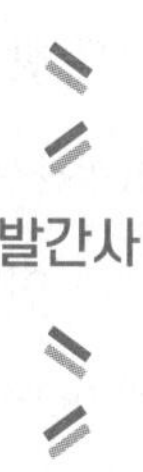

발간사

인간은 언제부턴가 현상의 이유를 알고 싶어 하는 물음, 즉 '왜'라는 질문을 하기 시작했다. 어떤 철학자는 이 질문과 더불어 비로소 인간이 된다고 한다. 자연스럽게 경험되는 현상을 그 이유(reason)부터 알고자 하는 것, 그것이 곧 이성(reason)의 활동이고 학문의 길이다. 이유가 곧 이성인 까닭이다. '존재하는 모든 것에는 충분한 이유가 있다(충족이유율)'는 학문의 원칙은, 따라서 '존재는 이성의 발현'이라는 말이며, '학문에의 충동이 인간의 본성을 이룬다'는 말이기도 하다. 최초의 철학자들이 자연의 변화 이유를 알고 싶어 했었는데, 이내 그 모든 물음의 중심에 인간이 있음을 알게 된다. 소크라테스의 "네 자신을 알라"는 말은 물음의 방향이 외부에서 내부로 이행되었음을, 인간에게 가장 중요한 물음이자 답하기 어려운 물음이 인간 자신에 대한 물음임을 천명한다.

자연과학이 인간에 대한 물음에 간접적으로 관여한다면 인문학(Humanities)은 인간을 그 자체로 탐구하고자 한다. 자연과학의 엄청난 성장은 인문학 역시 자연과학적이어야 한다는 환상을 심어 주었다. 대상을 객체로 탐구하는, 그래서 객체성(객관성)을 생명으로 하는 과학은, 주체성과 상호주체성으로 특징지어지는 인간의 세계뿐만 아니라 인간 역시 객체화한다. 인간이 사물, 즉 객체가 되는 순간이며, 사람들은 이를 인간성 상실이라고 말한다.

우리는 다시 묻는다. 나는 누구이며 인간은 무엇인가? 이 물음은 사물화된 인간에 대한 반성을 담고 있다. 인간이 이처럼 소외된 데는 저 원칙에 따라 이유가 있을 것이다. 그것을 찾고자 인문학이 다시 소환된다. 자신의 가치를 객관적 지표에서 찾으려 동분서주했던 대중들 역시 사물화된 자신의 모습에 불안하다. 인간은 객관적 기술이 가능한 객체라기보다는 서사적 존재이고, 항상적 본질을 반복적으로 구현하는 동물이라기보다 현재의 자신을 끊임없이 초월하고자 하는 실존적, 역사적 존재이다. 인간에게서는 실존이 본질을 앞선다. 문학과 예술, 역사, 그리고 철학이 사물화된 세계에서 호명된 이유이다.

한국연구재단은 이러한 사명에 응답하는 프로그램들을 내놓았다. 그것들 중에서도 "인문한국(HK, HK+)" 프로그램은 이 문제에 가장 직접적으로 대면한다. 여전히 성과, 즉 일종의 객체성에 의존하는 측면이 있기는 하지만 인문학자들의 연구활동과 대중들의 인문의식 고양에 획기적인 프로그램으로 자리 잡았다.

연세대학교 근대한국학연구소는 2017년 11월부터 한국연구재단으로부터 "근대한국학의 지적기반 성찰과 21세기 한국학의 전망"이라는 어젠다로 인문한국플러스(HK+) 사업을 수주하여 수행하고 있다. 사업단

내 지역인문학센터는 연구성과 및 인문학 일반의 대중적 확산에 주력하고 있다. 센터는 강연과 시민학교, 청소년 캠프 및 온라인 강좌 등을 통해 전환기 근대 한국의 역동적인 지적 흐름들에 대한 연구소의 연구성과들을 시민들과 공유하고 있다. 출간되는 대중 총서 역시 근대 한국의 역사, 문학, 철학 등을 인물별, 텍스트별, 주제별, 분야별로 대중에게 보다 폭넓게 다가가기 위해 기획되었다. 이 시리즈들을 통해 나와 우리, 즉 인간에 대한 물음에 함께하기를 기대한다.

연세대학교 근대한국학연구소

인문한국플러스(HK+) 사업단 지역인문학센터

차례

고전문학,
근대를 만나다

고 훈
연세대학교 인문예술대학 국어국문학과

1. 소설의 시작

고전문학, 그중에서도 고전소설 혹은 고소설이 근대라는 시기를 맞이하게 되면서 겪는 변화 과정을 이야기하고자 한다. 그러려면 먼저 우리 소설의 역사를 살짝 훑어볼 필요가 있다. 일반적으로 15세기 김시습의 『금오신화』로 소설이 시작된다고들 한다. 그 이전에도 소설과 비슷한 양식은 존재했었지만, 소설로 보기에는 조금 부족한 부분들이 있었기 때문이다. 가전체·의인화·불전 설화 등이 여기에 해당한다. 고려 왕조가 사라지고 조선이라는 새로운 세상이 열리면서 그동안 활동을 하지 못했던 지식인들은 자신의 뜻을 펼칠 기회가 온 것이 아닐까 하는 기대를 했다.

그러나 막상 조선이 개국한 이후에도 그들은 여전히 소외대상이었고, 기대한 만큼 실망도 컸다. 그들은 조선에 대한 사회비판 세력으로 성장하기 시작했다. 김시습도 이러한 사회비판 세력 중 하나였다. 5살 때 이미 천재적인 재능을 인정받은 김시습은 자신의 뜻을 펼칠 때가 왔지만 갑작스러운 계유정난으로 인해 꿈이 좌절된다. 김시습은 이러한 작가 개인적 체험을 작품에 담아 자신이 현실에서 이루지 못한 꿈과 욕망을 투사했다. 『금오신화』에 수록된 한문 단편 다섯 작품 속 주인공은 이승에서 이루지 못한 사랑과 성공에 관한 욕망을 저승의 존재와 혹은 이승이 아닌 비현실의 세계에서 대리만족하는 모습을 보여 준다. 이러한 주인공의 모습은 현실에서 자신의 꿈을 이루지 못한 김시습 본인의 모습을 투영한 것이다. 이렇게 시작된 소설은 허균의 『홍길동전』, 김만중의 『구운몽』 등을 거쳐 18세기에 이르게 된다.

18세기는 임진왜란과 병자호란을 겪은 이후 봉건적 사회질서가 크게 흔들린 시기다. 박지원의 『양반전』을 보면 그러한 당시의 풍경이 잘 드러난다. 상업의 발달로 인한 독자층의 증가와 작가층의 등장으로 18세기는 소설의 전성기를 이루게 된다. 전쟁 이후 황폐해진 농토를 경작하고 생산량을 늘리기 위한 노력이 결실을 맺으면서 많은 소작농은 부칠 땅을 잃게 된다. 땅을 잃은 소작농은 도시로 몰려들게 되고, 이들이 장사를 시작하면서 시장이 형성된다. 장사를 하면 여가 시간이 농사를 지을 때보다 많아졌기에 여가 시간 활용의 방편으로 이들은 소설을 읽기 시작했다. 특히 아녀자들이 소설 읽기에 주력했다. 당시 기록에 보면 소설책의 수가 날로 늘어 천백여 종이 넘었다고 하니, 소설의 전성기임을 확실히 알 수 있다. 그리고 너도나도 책을 빌려 가 밤을 새우고, 일부는 재산을 탕진하고 빚을 얻어서까지 책을 빌려 본다고 했으니 당시 조선의 독서 열풍 역시 짐작할 수 있다.[1]

---

1 채제공은 『여사서』의 서문을 쓰면서 이러한 기록을 남겼다. 또 실학자 이덕무도 『사소절』에서 소설의 폐단에 관해 언급하고 있다.

18세기에는 돈을 받고 책을 빌려주는 요즘의 도서대여점에 해당하는 세책가와 책을 읽어 주는 직업인 전기수가 등장하면서 문자 미해독층까지 독자층으로 흡수하여 소설의 전성기에 일조했다. 전기수는 요전법(邀錢法)이라는 수법을 사용했다. 요전법은 재미있는 부분에서 읽기를 멈추고 돈을 받은 후 다시 읽는 방법으로 단절기법의 일종이다.[2] 정조 때 기록에 보면 담배 가게에서 『임경업전』을 읽어 주는데 주인공이 실의에 빠진 대목에 이르자 한 사람이 입에 거품을 물고 담배 써는 칼을 들어 책 읽어 주는 이를 죽였다는 내용이 있다. 당시 어떻게 책을 읽었는지 확인할 방법은 없으나 당시 사람들이 얼마나 소설책에 몰입했는지 보여 주는 기록이다.

19세기에 이르면 대량생산체제인 '방각본'도 등장해 소설의 대중화·상품화된 양상을 잘 보여 준다. 방각본은 기존에 손으로 책을 베껴 쓰던 '필사'로는 수요를 감당할 수 없었기에 인쇄를 하는 것이다. 당시 목판이나 토판(土版)을 사용해 방각본을 제작했던 것으로 보인다. 방각본에는 책을 찍어 낸 날짜를 기록해 두는데, 남아 있는 기록을 살펴보면 가장 오래된 방각본은 17세기 중엽쯤으로 되어 있다. 그러나 그것은 대량생산을 위한 것이 아닌 주문 제작 방식이었기에 19세기 등장한 대량생산체제의 방각본과는 성격이 다르다. 지금 남아 있는 판본 중 『조웅전』이 가장 많이 남은 것으로 보아 당시 『조웅전』이 인기가 가장 좋았기에 많이 찍었고 지금까지 많이 남았으리라 추측한다. 이러한 발전 과정을 보여 주

---

2 단절기법은 요즘 드라마에서 자주 볼 수 있다.

는 소설은 '근대'로 넘어가면서 새로운 국면을 맞이한다.

2. 근대의 시작

1) 근대

1876년 강화도 조약 이후 서양으로부터 신문물이 들어오기 시작한다. 일반적으로 이때부터를 '근대'라고 지칭한다. 근대는 기존의 관습과 제도에서 벗어난 새로운 세상으로의 진입을 의미한다. 그러나 그 과정에서 우리는 우리의 것을 부정하고 인정하지 않음에서 오는 혼란을 겪게 된다. 서구열강이 주도한 신문물의 유입과 그에 대한 강요는 전통적 관습이 쓸모없는 것이라는 인식을 심어 주었고, 우리는 일종의 문화적 딜레마에 봉착하게 된다.

근대를 맞이한 당시 조선의 화두는 '개화사상'이었다. 개화사상은 근대화를 이루려는 계몽주의인 동시에 실천적 이념으로 작용했다. 19세기 서구열강의 비서구 침공은 식민주의, 제국주의라는 용어로 대표되었으며, 서구열강은 자신들은 문명국이기에 비문명의 상황이 놓인 비서구 지역을 문명화해야 한다는 사명의식을 앞세워 비서구 지역에 대한 침탈을 감행했다. 중국, 조선도 예외는 아니었으며, 당시 서구는 자신들이 곧 문명이라는 철저한 자기중심적 기준을 무력을 앞세워 강요하기 시작했다.

당시 개화파로 분류되던 이들은 서구의 것을 수용해 우리가 강해져야 한다고 주장했다. 당시 개화사상의 내용을 살펴보면 조혼의 폐지, 기생

제도와 축첩제도의 폐지, 과부의 실질적 재가를 허용하자는 주장, 연애·결혼 자유화, 서구 교육·보건제도 도입, 미신 타파 등이 주된 내용이었다. 이 영향으로 당시 신지식인들은 자유연애와 결혼 자유화를 실천으로 옮겼고, 서양식 보건제도 수립을 위해 1885년, 국립병원인 광혜원이 만들어졌다. 광혜원은 곧 명칭을 제중원으로 변경했고, 훗날 미국 사업가 세브란스의 지원금을 받아 경영난을 해결하면서 세브란스로 개명하게 된다. 지금의 세브란스 병원이 그것이다.

뿐만 아니라 선교사들에 의해 수용된 서구식 학교가 생겼고, 스포츠의 개념도 자리하게 된다. 당시 기록을 보면 전 조선 여성 정구(테니스) 대회도 개최되었다. 미신 타파의 내용은 이해조의 소설 『구마검』에서 무당에게 놀아나는 최씨 부인을 등장시켜 보여 주고 있다. 근대란 다시 말해 기존 사회관습 및 체제를 부정하고 서구의 문화를 수용해 새로운 시대에 걸맞은 새로운 힘을 키우자는 개화사상이 지배한 새 시대였다.

2) 근대와 모던보이

근대라는 새로운 시대를 맞이하면서 '모던보이'라는 신세대가 등장한다. 모던보이는 1920년대 경성이라는 도시공간에 나타난 새로운 스타일의 소비 주체로 사회적 현상이면서 동시에 새로운 세대의 등장으로 해석된다. 그들은 기존의 복식과 차별된 새로운 스타일(의상, 두발, 언어 등)을 통해 기성세대와는 다른 자신들의 정체성을 드러냈다. 이러한 모던보이 혹은 모던걸은 1920년대 중반 등장해 남촌(지금의 명동, 충무로)을 중심으로 활동하기 시작한다. 당시 남촌은 식민지화된 근대 소비문화의 핵심 장소로 1921년 조지아(Georgia) 백화점, 1922년 미나카이[三中井] 백화점, 1926년 히라타[平田] 백화점과 여러 카페, 잡화점이 자리하고 있었다.

모던보이는 나팔바지에 대모(玳瑁)테 안경, 금시계, 서구식 모자, 지팡이[3]로 치장했다. 모던걸 역시 금시계, 다이아몬드 반지, 양산, 오페라백, 여우 목도리로 치장했다.[4] 특히 이들은 두발에서 큰 변화를 보였다. 신지식인들은 기성세대와의 갈등을 겪고 이에 대한 반항으로 집을 나와 단발(斷髮)을 하는 모습을 통해 구식 기성세대와 다름을 표현했다. 당시를 배경으로 하는 작품 속에 단발 체험에 관한 이야기가 자주 등장한다. 단발은 기성세대에 대한 반항인 동시에 서구에 대한 동경으로 드러난다. 모던걸은 앞머리를 크게 부풀리는 일본식 헤어스타일 '히사시가미'나 단발(短髮) 혹은 트레머리를 함으로써 차별성을 주었다. 이렇게 치장한 모던보이와 모던걸은 팔짱을 끼고 잘 닦인 산책로를 걷는 것으로 새로운 시대가 열렸음을 과시했다.[5] 모던보이와 모던걸은 새로운 세상인 근대를 상징하는 신세대였다.

---

3 짧은 지팡이라 '단장'이라고 불리기도 하고, 개화기의 지팡이라는 뜻의 개화장(開化杖)이라고도 불렸다.

4 오페라백은 악어가죽으로 만든 고가품이었고, 여우 목도리 역시 1개가 당시 1년 농사와 맞먹는다고 할 정도로 고가품이었다. 모던걸의 여우 목도리가 선망의 대상이 되어 당시 여학생 사이에서 털실 목도리가 유행했고, 이에 대해 비실용적인 형태의 유행이라며 비판하는 일도 있었다.

5 산책은 근대가 만든 새로운 풍속이다. 산책하려면 잘 닦인 도로가 있어야 하는데 잘 닦인 도로라는 것은 문명국가의 척도였기 때문이다. 당시 신문에는 서구식 복장을 한 모던보이와 모던걸이 산책을 하는 모습을 묘사한 기사가 자주 등장하는 것을 볼 수 있다.

3. 신소설의 등장

1) 신소설이란?

18세기와 19세기를 거치면서 전성기를 구가했던 소설은 근대라는 새로운 시대를 맞이하면서 크게 변화한다. 새로운 시대에 새로운 체제와 내용을 담은 이야기가 등장하게 된 것이다. 바로 '신소설'의 등장이다. 신소설은 '새로운 소설'이라는 의미였다. 새로운 학문이 신학문이고, 새로운 여성상이 신여성이었던 것처럼 새로운 소설이라는 의미로 사용된 것이다. 이 용어로 인해 기존에 있었던 소설은 '고전소설' 혹은 '고소설'로 불리게 된다.[6] 이후 신소설은 김태준과 임화에 의해 개화기 이후 발표된 특정한 문학 양식을 지칭하는 문학사적 의미를 지닌 용어로 정의된다. 즉, 신소설은 조선 시대 소설이 끝나고 근대 시기에 탄생한 소설로, 이광수의 『무정』 이전까지의 소설을 이른다.[7] 지금 남아 있는 신소설은 대략 300여 편이 있다고 한다.

알려진 바와 같이 최초의 신소설은 이인직의 『혈의누』로 1906년 『만세보』에 연재되었다. 이인직은 1900년 일본 유학을 갔으며, 러일전쟁 때는 일본 육군성 소속 통역관으로 복무한 이력도 있다. 이완용과 각별한 친분을 유지했으며, 경술년 국권침탈을 교섭하는 등 적극적인 친일 활동을

---

6 조선 시대 소설을 지칭하는 용어는 다양하다. 현재는 고전소설과 고소설로 압축되고 있는 것 같다. 용어의 문제를 다루는 것이 아니기에 여기에서는 '고소설'로 통칭하도록 하겠다.

7 고소설이 끝나고 나서 현대문학이 등장하기 전까지 기간을 말한다.

했다. 그래서 『혈의누』 시작 부분에서 청일전쟁이 아닌 일청전쟁이라고 적었다는 말도 있다. 국문학사에 한 자리를 차지한 신소설의 첫 작품을 쓴 이인직은 친일의 오명으로 인해 그 공로가 퇴색되었다.

근대가 도래하면서 개화사상을 담아낼 새로운 장르가 필요했다. 그 필요에 따라 개화사상을 담아 기존의 소설과는 다른 형식과 이야기를 전달하는 신소설이 등장하게 된다. 거기에 전기가 보급되면서 대량생산체제도 구축하게 된다. 신소설 이전까지는 필사와 방각본에 의한 소설 제작이었지만 전기를 통한 대량생산체제가 마련됨에 따라 신소설은 더욱 급속도로 대중에게 전파될 수 있었고, 빠른 확산성을 지닌 신소설에 담긴 개화사상은 큰 파급력을 지닐 수 있었다.

2) 신소설 vs 고소설

그렇다면 신소설은 고소설과 어떤 차이가 있었기에 '새롭다'라는 의미를 사용했을까? 지금부터는 신소설과 고소설의 차이점에 관한 이야기를 하도록 하자.

먼저 고소설 속에 등장하는 주인공은 전형적인 영웅의 이미지를 가지고 있다. 얼굴은 깎아 놓은 옥과 같은 미남자요, 재주는 하나를 알려 주면 열을 안다. 문무를 겸비했으며, 고난과 역경도 극복하고 성공을 쟁취한다. 그러나 신소설에서는 우리 주변에서 흔하게 볼 수 있는 평범한 인물이 등장한다. 인물의 성격도 흑백으로 명확하게 나뉘는 것이 아니라 온갖 유혹과 시험 앞에서 흔들리는 다양한 정서를 표현한다.

다음으로 고소설의 제목은 『춘향전』, 『홍길동전』, 『심청전』과 같이

'-전'으로 끝나는 경우가 많다. 그 밖에 『징비록』, 『창선감의록』과 같은 '-록'도 있으며, 『구운몽』, 『옥루몽』처럼 '-몽'으로 끝나는 몽자류 소설도 있다. 이렇듯 고소설의 제목은 전, 록, 몽 등으로 끝나는 경우가 대부분이다. 그러나 신소설은 『혈의누』, 『은세계』, 『자유종』, 『추월색』, 『구마검』, 『귀의성』 등 다양한 제목이 있었다.

또 고소설은 권선징악의 구조를 가지고 있는 경우가 많다. 거기에 충(忠)과 효(孝)에 관한 주제의식을 담고 있다. 그 외에 당대의 사회문제나 양반의 허례의식을 비판하는 작품도 있다. 반면 신소설은 인간의 다양한 정서를 담고 있다는 차이점이 있다.

고소설은 중국을 배경으로 하거나 혹은 시대를 알 수 없는 배경을 설정한다는 특징도 있다. 물론 홍길동전과 같이 시대가 나오는 예도 있지만 대체로 그렇다. 그러나 신소설은 갑오경장 당시를 배경으로 하고 있으며, 개화기 당시의 시의성 있는 소재를 다루고 있다. 신소설은 결국 근대의 개화사상을 담기 위한 매체였기 때문이다.

고소설은 이야기를 시작할 때 '챠설', '화설'로 시작하거나 '나라 이름 → 임금 → 즉위 연도 → 시대 배경 → 어느 땅 → 성은 누구요, 이름은 누가 살았으니'의 순서로 작품의 배경을 일러 주는 도입부를 제시한다. 예를 들어 방각본 판본 중 가장 많이 현존하는 『조웅전』 완판본의 도입부는 다음과 같다.

"송 문제 즉위 이십삼 년이라. 이때 시절이 태평하여 사방에 일이 없고 백성이 편안하여 격양가를 일삼더니 월명년 추구월 병인일에 문제 충렬묘에 거동하실새….”[8]

한편 신소설은 이러한 고소설의 도입부의 체계를 완전히 벗어난다. 『혈의누』는 “일청전쟁의 총소리는 평양 일경이 떠나가는 듯하더니”로 시작한다. 고소설 도입부에 익숙했던 당대 독자들에게는 충격이었을 것이다.

마지막으로 고소설은 일대기 구조로 서술한다. 일대기 구조란 주인공이 태어나기 전부터 죽을 때까지 시간의 흐름 순서대로 이야기를 진행하는 것이다. 많은 고소설의 경우 주인공이 죽고 난 이후 자손들까지도 잘 살았다는 이야기로 마무리가 된다. 이는 주로 영웅소설에 드러나는데 나라에 충성을 하면 그 공이 자손에까지 미친다는 것을 강조하기 위한 방식이었다. 신소설의 경우 시간 순서대로 이야기를 진행하다가 필요에 따라 과거의 시점으로 돌아가서 정황을 설명한 후 다시 현재로 돌아오는 서술 방식을 취하기도 한다. 『혈의누』에도 이러한 방식의 서술이 여러 차례 등장한다.

신소설은 고소설에 비해 이러한 차이점이 있었다. 그랬기에 고소설과 구분하기 위해 새롭다는 ‘신’을 붙인 것이다.

---

8 “송 문제 즉위 이십삼 년이라. 이ᄯᅢ 시절이 ᄐᆡ평ᄒᆞ야 ᄉᆞ방의 일이 업고 ᄇᆡᆨ셩이 평안ᄒᆞ야 격양을 일숨더니 월명년 추구월 병인일의 문제 츙열묘의 거동ᄒᆞ실ᄉᆡ…”, 『됴웅전』 완판 계묘본, 권지일.

4. 나오며

15세기 김시습의 『금오신화』를 시작으로 한 고소설은 18, 19세기에 전성기를 맞이하였으나 개항 이후 신소설의 등장으로 그 막을 내리게 된다. 근대라는 새로운 시대에 모던보이, 모던걸은 새 시대를 상징하는 새로운 물결의 표상이었다. 서양과 일본을 통해 들어온 새로운 문화는 당대를 급속하게 변화시켰으며, 이러한 변화의 물결을 주도한 것은 신소설로 대표되는 당대의 문학이었다. 신소설은 새로운 시기인 '근대'를 담은 장르였다.

신소설에는 새로운 시대에 서구열강처럼 강해지기 위해서 새로운 지식을 수용해야 한다고 주장했던 개화기 지식인의 열망이 담겨 있다. 그랬기 때문에 『혈의누』에서는 전쟁으로 아내와 딸이 행방불명된 상황에서, 가장이 가족을 찾기보다 "이런 상황이 발생한 것은 나라가 부강하지 못한 까닭"이라며 신지식을 배우기 위해 미국으로 유학하러 가는 황당한 장면이 등장할 수 있었던 것이다. 그 밖에도 기존에 우리 문화는 모두 전근대적인 구시대의 유물로 치부되었고, 그러한 모습은 신소설 속에 잘 드러난다. 신소설은 새로운 장르로 새로운 이야기를 전달하는 수단이었으며, 당대를 비추는 거울로 자리했다.

신소설은 새로운 시대를 반영하는 새로운 문학이었고, 새로운 문화를 전파하기 위한 하나의 수단으로 사용되었던, 근대를 상징하는 문학 장르였다.

근대 매체에 실린 옛이야기,
고사(故事)

반재유
연세대학교 근대한국학연구소

1. 옛이야기의 유행

> "내가 나라를 사랑하려거든 역사를 읽을 것이며, 다른 사람으로 하여금 나라를 사랑하게 하려거든 역사를 읽게 하라."[1]

개화기 지식인들에게 있어 '역사'란 민중의 애국심을 고취시키고 개화를 선도하는 중요한 밑거름이었다. 『시사총보』(「국조고사」·「고사기담」), 『만세보』(「삼한고사」·「본조고사」·「삼한유적」), 『대한매일신보』(「대한고적」), 『서북학회월보』(「인물고」·「아동고사」) 등 당대 언론매체들은 옛 명사(名士)들의 이야기, 즉 '고사'를 마치 유행처럼 연재하기에 이른다. 이 같은 '고사' 연재물은 근대 시기 고서·고전 간행 사업이 광범위하게 일어날 수 있었던 사회적 토대를 밝히는 데 중요한 사료가 되며, 장지연과 신채호 등 식민지 지식인들의 지적 기반을 살필 수 있는 근거로 활용될 수 있다.

---

1 "我가 國을 愛ᄒᆞ랴거던 歷史를 讀ᄒᆞᆯ지며 人으로 ᄒᆞ야금 國을 愛케 ᄒᆞ랴거던 歷史를 讀케 ᄒᆞᆯ지어다", 申寀浩, 「歷史와 愛國心의 關係 (續)」, 『대한협회회보』 제3호(1908.6.25).

'근대 매체에 실린 옛이야기, 고사'를 대중 총서의 한 꼭지로 기획한 것은, 무엇보다도 당대 다양한 신문 독자층의 지적 욕구와 흥미를 충족시키기 위해 연재된 작품들인 만큼, 현대 독자들에게까지도 이목을 끌게 하기에 충분한 내용으로 채워져 있기 때문이다.

근대 초기 대표적 국한문 신문이자 장지연의 「시일야방성대곡」으로 많이 알려진 『황성신문』에서도 「고사」(총 54편, 1899.11.13~1900.4.2)와 「국조고사」(총 11편, 1903.1.16~1.27), 「대동고사」(총 582편, 1906.4.2~12.10) 등의 흥미로운 옛이야기들이 지면 곳곳을 채워 나갔다. 해당 지면에 발표된 몇몇 작품들을 중심으로, 당대 지식인들이 우리에게 들려주고자 했던 옛이야기들을 경청해 보고자 한다.

2. 장지연이 들려주는 사회비판적 이야기

장지연은 수많은 근대 매체의 주필로 활동하며, 논설과 고사 집필을 병행하였다. 이는 『시사총보』의 「국조고사」·「고사기담」(1899.8.7~8.15)과 『황성신문』의 「고사」·「국조고사」(1899.11.13~1900.4.2/1903.1.16~1.27), 『대한자강회월보』의 「국조고사」(1906.7.31~12.25), 『경남일보』의 「삼강의일사」(1909.11.5~1910.6.5), 『매일신보』의 「일사유사」(1916.1.11~9.5) 등에서 확인할 수 있다.

『황성신문』에 발표된 「고사」와 「국조고사」의 경우, 작자 미상의 작품으로 오랜 기간 학계의 관심을 받지 못했다. 그러나 연재 당시 장지연이

황성신문의 주필로 있었으며 「고사」와 「국조고사」에 연재된 많은 작품이 장지연의 미간 수필본인 『신정동국역사(본조기)』에도 유사한 형태로 재수록되어 있어, 장지연이 집필한 작품임을 짐작할 수 있다.

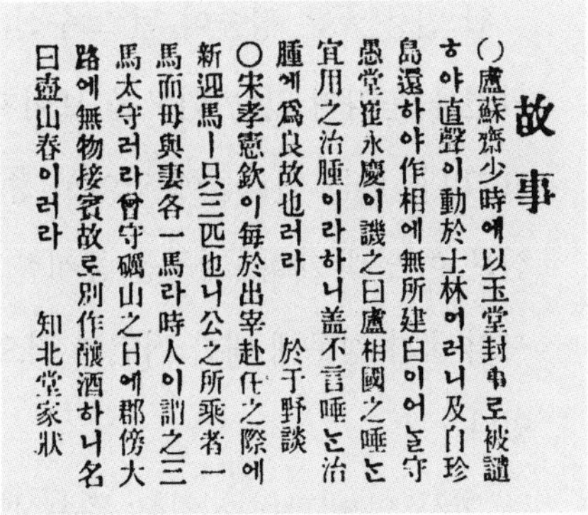

故事

()盧蘇齋少時에以玉堂封事로被譴ᄒᆞ야直聲이動於士林이러니及自珍島還하야作相에無所建白이어ᄂᆞᆯ守愚堂崔永慶이譏之曰盧相國之唾ᄂᆞᆫ宜用之治腫이라하니盖不言唾ᄂᆞᆫ治腫에爲良故也러라　於于野談

○宋孝憲欽이每於出宰赴任之際에新迎馬ㅣ只三匹也니公之所乘者一馬而母與妻各一馬라時人이謂之三馬太守러라曾守礪山之日에郡傍大路에無物接賓故로別作釀酒하니名曰壺山春이러라　知北堂家狀

그림 2-1. 「고사」, 『황성신문』(1899.12.26)

「고사」와 「국조고사」에 연재된 옛이야기들은 대다수가 조선조 왕과 명사들의 일화·행적을 기술하며, 선정이나 청렴 등의 교훈성을 전달하고 있다. 이는 단순히 『황성신문』의 주요 독자층이었던 유생들을 의식한 주제 선택이라 볼 수도 있지만, 그 이면을 살펴보면 왕과 신료 간의 소통과 이를 통한 치정의 중요성을 언급한 것으로, 당대 정치에 대한 사회비판적 요소를 담고 있다.

> 소재 노수신(1515~1590)이 어릴 때에 옥당(玉堂)에 재직할 때에 곧은 소리로 사림을 진동하더니, 진도로 환향한 이후부터는 정승이 되어 의견을 올리는 바가 없거늘 수우당 최영경이 그것을 꾸짖으며 말하길 "노상국의 침은 마땅히 부스럼을 치료하는 데 써야 할 것이다"라고 하였다. 대개 말하기 전, 고인 침은 종기를 치료하는 데 좋았기 때문이다.[2]

2 "盧蘇齋少時에 以玉堂封事로 被譴ᄒᆞ야 直聲이 動於士林이러니 及自珍島還하야 作相에 無所建白이어ᄂᆞᆯ

위 인용 글은 정승이 된 노수신(盧守愼)이 젊었을 때와 달리, 임금에게 의견을 올리지 않는 면모를 보이자, 최영경(崔永慶)이 조롱한 내용을 담고 있다. 이는 신료들에 있어서 충간의 중요성을 언급한 것이다. 『황성신문』이 당대 개화·계몽을 중시한 근대 신문의 하나였던 만큼 언론사로서의 국가 정무에 대한 직언의 필요성과 그 정당성을 설파한 글로 볼 수 있다.

「고사」의 비판적 시각은 무속신앙과 부조리한 정치제도 등을 부정적으로 서술하는 글에서도 드러난다.

> 세종의 병이 위중함에 내관이 무녀의 말에 미혹되어 성균관 앞에서 제사를 지냈다. 이를 본 유생들이 무녀를 쫓아내니, 내관이 성을 내며 세종에게 전말을 전하였다. 세종이 이를 듣고 답하기를 "내가 일찍이 선비를 양성하지 못함을 두려워했었는데, 지금 선비의 기개가 이와 같으니 내가 어찌 근심하겠는가. 그 말을 들으니 내 병이 나은 듯하구나" 하였다. 판서 류진동이 이 이야기를 명종께 아뢰어 말하길 "임금은 선비의 기개를 배양함이 마땅히 이와 같아야 합니다"라고 하였다.[3]

守愚堂崔永慶이 譏之日 盧相國之唾는 宜用之治腫이라 하니 盖不言唾는 治腫에 爲良故也러라", 「古事」, 『황성신문』(1899.12.26).

3 "世宗씌옵셔 嘗寢疾이시더니 內人 等이 巫女의 言을 惑ᄒᆞ야 成均舘前에셔 祈禱홀ᄉᆡ 儒生 等이 巫女를 逐出ᄒᆞ거ᄂᆞᆯ 中使ㅣ 怒ᄒᆞ야 其由를 啓聞ᄒᆞᆫᄃᆡ 世宗씌옵셔 扶疾起坐ᄒᆞ시고 日 予ㅣ 嘗恐不養士러니 今士氣如此ᄒᆞ니 予何憂焉이리오 聞此言ᄒᆞ니 予疾이 似愈矣라 ᄒᆞ시더니 柳判書辰同이 此言으로써 明宗씌 啓ᄒᆞ야 日 人主ㅣ 培養士氣가 當若是矣니이라", 「古事」, 『황성신문』(1899.11.17).

> 한 무관이 군수를 하였을 때, 백성들 간에 밭을 다투는 일이 있었는데, 갑이 옳고 을에 잘못이 있었다. 군수가 공정함을 좇아 판결한 뒤 사건에 대한 문건을 작성하고자 하는데, 을의 뇌물을 받은 어떤 권세 있는 재상이 군수에게 사나운 위세를 보이며 판결을 번복하게 하였다. 군수가 갑에게 눈물을 흘리며 말하길 "내가 권세 있는 재상의 말을 좇지 않으면 나의 자리를 보존할 수 없기에 그릇된 판결을 내리니, 그대가 타일 죽거든 도산지옥에서 나를 찾으라" 하였다. 갑이 또한 가슴을 두드리고 통곡하며 물러나니, 듣는 자들마다 세도의 한심하지 않음이 없다 하더라.[4]

첫 번째 이야기는 세종이 자신의 병을 낫게 하기 위해 내관이 부른 무녀를 유생들이 내쫓은 사실을 듣고 도리어 기뻐했다는 내용이다. 장지연의 미간 수필본인 『신정동국역사(본조기)』에서도 동일하게 세종 시기(세종 27년)의 사건으로 서술하고 있지만, 강효석이 편찬한 『대동기문』(윤영구·이종일 교정, 한양서원, 1926)에서는 성종 대 안팽명(安彭命)의 사건으로 전하고 있다. 『대동기문』에서는 해당 일화 말미에 『홍귀달찬묘지』를 출전으로 밝히고 있는데, 실제 「성균관사성안군묘갈명」(『허백정집』 권3)에 관련 기록을 찾을 수 있다. 그뿐만 아니라 이긍익(李肯翊)의 『연려실기술』

---

4 "一武官이 爲某郡郡守러니 民有爭田者ᄒᆞ야 甲是乙非라 郡守ㅣ 從公判決ᄒᆞ야 將給成案ᄒᆞᆯ시 有一權宰가 受乙者賂ᄒᆞ고 抵書邑倅ᄒᆞ야 大示威暴이놀 郡守ㅣ 對甲者流涕ᄒᆞ야 日 吾ㅣ 不從權宰之言이면 不能保吾職이기로 不得不知非誤決이니 汝於他日地下에 訪我於刀山地獄也ᄒᆞ라 甲者ㅣ 亦叩胸痛哭而退러니 聞之者ㅣ 莫不爲世道之寒心이러라", 「古事」, 『황성신문』(1899.11.20).

에서도 성종 대 안팽명의 사건으로 기록하고 있음을 확인할 수 있다. 장지연이 집필한 작품에서만 성종이 아닌 세종 대의 일화로 서술하고 있으니, 아마도 그가 해당 일화의 시기를 착각했던 것 같다.

두 번째 이야기는 한 군수가 사건의 시비를 판가름함에 있어 권세 있는 재상의 말을 좇아 잘못된 판결을 내릴 수밖에 없는 사정을 서술하고 있다. 앞서 첫 번째 이야기가 민간의 우매한 믿음에서 비롯한 악습을 비판한 것이라면, 본 이야기는 사회 전반에 만연한 부조리의 구조를 보여준다. 작품에 따라 악습을 타파한 모습이 보이기도 하고, 끝내 부조리를 해결하지 못한 채 순응하는 결과가 나타나기도 하지만, 결국 두 이야기 모두 사회개혁의 필요성을 역설하는 글이라 할 수 있다. 문장 말미에 작품의 주제와 관련한 특정 인물의 발언이나 문장("임금은 선비의 기개를 배양함이 마땅히 이와 같아야 합니다", "듣는 자들마다 세도의 한심하지 않음이 없다 하더라")을 서술하고 있어 작품이 어떠한 목적에서 서술되었는지를 충분히 짐작하게 한다.

3. 신채호가 들려주는 신이한 이야기

1906년 4월 2일, 『황성신문』은 3차 지면개편과 동시에 「대동고사」의 연재를 시작한다. 「대동고사」 또한 작자 미상의 작품이지만, 최근 연구[김주현(2018)]에서는 「대동고사」의 집필자로 신채호를 주목하였다. 연재 기간에 신채호가 황성신문의 주필로 있었으며, 「대동고사」에 기술된 내용의 상당수가 그의 작품에서도 동일하게 발견되었기 때문이다.

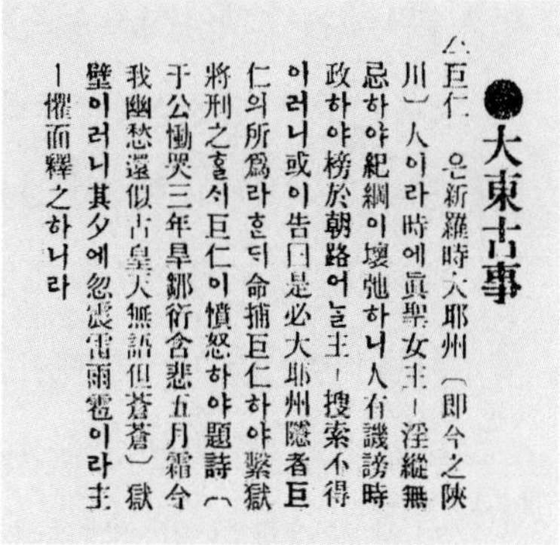

「대동고사」는 긴 연재 기간(1906.4.2~12.10)과 많은 작품 수만큼이나 다루는 시기나 제재, 주제의식 등에서 한층 다양해진 면모를 보이는데, 「고사」·「국조고사」와 변별되는 「대동고사」만의 특징으로는 '신이한 이야기'를 들 수 있다.

●大東古事

巨仁은新羅時大耶州(即今之陜川)人이라時에眞聖女主ㅣ淫縱無忌하야紀綱이壞弛하니人有識謗時政하야榜於朝路어늘主ㅣ搜索不得이러니或이告曰是必大耶州隱者巨仁의所爲라훈딕命捕巨仁하야繫獄將刑之훌식巨仁이憤怒하야題詩(于公慟哭三年旱鄒衍含悲五月霜今我幽愁還似古皇天無語但蒼蒼)獄壁이러니其夕에忽震雷雨雹이라主ㅣ懼而釋之하니라

그림 2-2. 「대동고사」, 『황성신문』(1906.8.27)

「대동고사」에서는 민심을 현혹시키는 무당·술사·요승 등에 대한 근본적 비판의식이 존재한다. 술사의 말만 믿고 "망령된 공역으로 백성의 원망을 사지 말라"[「대동고사」, 『황성신문』(1906.5.7)]는 권고와, "술사의 말을 따르면 말폐를 구하지 못하고 전대 왕조의 비보지설이 뒤를 이어 다시 일어날 것"[「대동고사」, 『황성신문』(1906.9.1)]이라는 경계를 담은 문구들을 통해 문제의식을 드러내고 있다. 그러나 이야기의 주체를 고승이나 학덕이 높은 명사·도인 등에 한정하여, 신이한 이야기를 선택적으로 허용하고 있는 특징을 가진다.

먼저 「대동고사」에 등장하는 불교 소재의 고사는 모두 56편이다. 고승의 일화나 사찰의 유래 등을 소개하면서 더불어 불교의 신이성도 강조하고 있다. 다음 인용문도 신라의 불교 수용 과정에서 발생한 신이한 일화를 서술한 것이다.

신라 눌지왕 때에 사문 묵호자가 고구려로부터 신라 일선군(경북 선산군)에 이르니(고을 사람은 '모례'이다), 굴 안에 방을 만들어 거처하거늘 왕이 그것을 듣고 불교를 진흥하고자 하였다. 여러 신하들이 모두 반대하였지만, 이차돈이 홀로 말하길 "불교는 심오하여 불신할 수 없으니 청컨대 신의 머리를 베어 중의를 정하옵소서. 불교가 만약 신성하다면 저의 죽음이 반드시 신이할 것입니다"라고 하였다. 왕이 이차돈의 목을 베게 하였는데, 목에서 흐르는 피가 마치 우유와 같이 흰빛을 내었다. 불서에서 반드시 깨끗한 색은 하얀 것이라 하였으니, 대중이 괴이하게 여겨서 감히 불교를 혐회할 수 없었다.[5]

위 고사에는 신라 눌지왕 때 불교를 진흥하고자 이차돈(異次頓)이 순교하니 그의 목에서 하얀 피가 흘렀다는 이야기를 소개하고 있다. 앞서 「고사」·「국조고사」와 달리 조선 이전의 시기인 신라를 다룬 점도 특기할 만한 부분이지만, 불교를 신성시하는 내용을 서술했다는 것은 분명 「대동고사」의 차별화된 지점이다. 이는 불교가 조선의 억불정책에도 불구하고 민간의 대표신앙으로 오랜 기간 자리 잡고 있었던 정황을 참작한 것으로 통속적 소재를 통해 작품의 흥미성을 높였다고 볼 수 있다.

「대동고사」의 신이한 소재, 예컨대 점괘나 예언, 제의 등에 대한 선택

---

5 "新羅訥祇王時에 沙門墨胡子가 自 高句麗로 至一善郡即今之善山之 道開部曲하니[郡人毛禮]가 作窟室處之어ᄂᆞᆯ 王이 聞之하고 欲興佛敎하니 羣臣이 皆爲不可호ᄃᆡ 異次頓이 獨曰 佛敎淵奧하야 不可不信이니 請斬臣頭하야 以定衆議하소셔 王이 將誅ᄒᆞᆯᄉᆡ 異次頓이 臨死에 曰佛若有神하면 死必有異라 하더니 及斬에 血白如乳하니 佛書에 心淨者色白이라 衆이 怪之하야 不敢毁佛이러라", 「大東古事」, 『황성신문』(1906.4.4).

적 허용은 학덕이 높은 명사나 도인을 매개로 더욱 부각되는 면모를 보인다.

> 강서는 본디 지혜롭고 사리에 밝아 사소한 일에는 구애받지 아니하였다. 선조 초에 등과하여 좌승지로 됨에, 임금에게 이변에 대하여 경계하는 상소를 올렸다. 당시 동인과 서인의 당론이 분분히 일어났다. 강서가 두문불출하고 독서와 거문고 연주만을 하다가 취하면 노래를 하며 밤을 새웠다. 일찍이 말하기를 "오늘날 인사를 관찰하니 오래지 않아 난리가 일어날 것이다"라고 하였다. 몇 년 뒤에 과연 임진왜란이 일어났다.[6]

> 거인은 신라 때 대야주(경남 합천군) 사람이다. 당시 진성여왕이 음란하여 기강이 해이하니, 사람들이 시정을 비방하고 관료가 다니는 길에 방을 붙였다. 어떤 이가 말하기를, "반드시 대야주에 은거하는 거인의 소행이다"라고 하여 거인을 옥에 가두어 형벌하였다. 거인이 분노하여 감옥의 벽에 시를 썼다. [우공이 통곡할 때 3년 동안 날이 가물었고, 추연이 슬픔을 품으면 5월에도 서리가 내렸다. 지금 나의 시름도 예와 같건만, 황천은 아무 말 없이 푸르기만 하구나.] 그날 저녁에 홀연 벼락과 우박이 내렸

---

6 "姜緖는 性이 明達ᄒᆞ야 不拘小節ᄒᆞ고 宣廟初에 登科ᄒᆞ야 以左承旨로 因事陳戒호ᄃᆡ 言多不諱러니 時에 東西黨議가 紛起라 緖ㅣ 杜門不交人ᄒᆞ고 讀書鼓琴ᄒᆞ다가 醉輒放歌ᄒᆞ야 以自晦러라 嘗曰觀今天時人事ᄒᆞ니 不久亂作이라ᄒᆞ더니 後數年에 果有壬辰之亂ᄒᆞ니라", 「大東古事」, 『황성신문』(1906.7.14).

다. 여왕이 두려워 거인을 풀어 주었다.[7]

첫 번째 작품에서는 선조 초 강서(姜緖)가 당론에 밀려 은거하고 있을 때, 임진왜란을 예언한 일화를 전하고 있으며, 두 번째 작품에서는 진성여왕 때 대야주(大耶州)의 은자였던 거인(巨仁)이 천지조화를 부리는 면모를 형상하기도 한다. 두 작품 모두 은자들의 신이한 능력을 묘사하고 있는데, 나라에 위기가 도래했음에도 인재(人才)의 옥석을 가리지 못하는 안타까운 시대상을 나타내고 있다.

그 밖에도 많은 작품이 국가의 흥망이나 전란 등을 암시하는 기이한 징조·괴변 현상을 서술하며 신이성을 강조하고 있는데, 이같이 과거 국가의 혼란기에 발생했던 신이한 일화들은 당시 대한제국의 혼란한 상황과 상치되어 독자의 이목을 끄는 계기로 작용했을 것이다.

『대동고사』의 신이한 소재는 연재를 거듭해 갈수록 확대되어 동물 이야기뿐만 아니라 더불어 원혼이나 용, 심지어 요괴 관련 소재까지 등장하기에 이른다.

선조 11년에 갑산(함경남도 갑산군)에 어린 요괴가 내려왔다. 큰 이빨과 더벅머리로 왼손에는 활과 오른손에는 불을 쥐고 있거늘, 고을에서 병

---

7 "巨仁은 新羅時大耶州[即今之陜川]人이라 時에 眞聖女主ㅣ 淫縱無忌하야 紀綱이 壞弛하니 人有譏謗時政하야 榜於朝路어놀 主ㅣ 搜索不得이러니 或이 告曰是必大耶州隱者巨仁의 所爲라ᄒᆞᆫ듸 命捕巨仁하야 繫獄將刑之홀ᄉᆡ 巨仁이 憤怒하야 題詩[于公慟哭三年旱鄒衍含悲五月霜今我幽愁還似古皇天無語但蒼蒼]獄壁이러니 其夕에 忽震雷雨雹이라 主ㅣ 懼而釋之하니라", 「大東古事」, 『황성신문』(1906.8.27).

> 졸을 보내어 북을 치고 활을 당기며 액막이를 하였다. 그때에 허봉(허균의 형)은 갑산에서 숨어 축려문을 지었다. 수암 박지화가 그것을 듣고 말하길 "10년이 지나지 않아 국가에 장차 큰 난리가 날 것이되, 남방에서 비롯된다"라고 하니, 임진년이 됨에 실로 증험하였다.[8]

위 고사는 갑산에 어린 요괴가 출몰했다는 소식을 듣고 박지화(朴枝華)가 10년 안에 임진왜란이 일어날 것을 예측했다는 이야기다. '큰 이빨과 더벅머리로 왼손에는 활과 오른손에는 불을 쥐고 있는' 요귀에 대한 상세한 묘사는 '고사'의 연재가 흥미 위주의 통속적 성격으로 변모했음을 보여 주는 대표적 사례라 할 수 있다. 물론 신채호가 「대동고사」에서 이 같은 신이한 이야기만을 게재한 것은 아니다. 앞서 「고사」와 「국조고사」에서 볼 수 있었던 교훈적인 이야기도 무수히 발표되었다. 이는 「대동고사」를 통해 다양한 신문 독자층의 흥미를 충족시키는 한편, 개화·계몽의 도구로 삼으려 했던 신채호의 의도를 엿볼 수 있는 것이다.

「대동고사」는 1906년 12월 10일 자를 끝으로 연재를 중단하지만, 몇 해 뒤 다시 「명소고적」이란 이름으로 연재를 이어 갔다. 신문사의 경영난 속에서도 이처럼 꾸준히 '옛이야기'의 연재를 이어 갔다는 것은 당대 독자층의 수요가 뒷받침되지 않고서는 설명이 불가능하다. 그리고 이는 지금 우리가 그들이 들려준 옛이야기에 경청하는 이유라고 할 수 있다.

---

8 "宣祖十一年에 甲山에 降兒妖ᄒᆞ니 唯盱然鉅齒蓬髮로 左握弧右握火어ᄂᆞᆯ 自邑發卒하야 擊鼓彎弓以禳之하고 時에 許葑은 竄甲山이라가 作逐厲文이라 守菴朴枝華ㅣ 聞之하고 日不出十年에 國將大亂호ᄃᆡ 始於南方이라하니 至壬辰하야 果驗하니라", 「大東古事」, 『황성신문』(1906.4.28).

근대 신문의

문예면과 독자참여제도

손동호

연세대학교 근대한국학연구소

1. 문예면의 등장과 독자참여제도의 시행

신문은 대표적인 근대 매체로 기사를 전달하는 데에만 그치지 않고, 다양한 문예물을 취급함으로써 문학작품의 발표지면으로 기능하였다. 문예면이 고유의 지면을 확보하며 정착하는 과정은 신문이 문학을 무엇으로 규정하고, 어떻게 활용했는지를 보여 준다는 점에서 흥미로운 연구 주제다. 이 글은 신문의 '문예면'과 '독자참여제도'를 중심으로 근대 매체가 한국 근대문학의 형성에 기여한 점에 대해 살펴보고자 한다. 문예면의 정착에 큰 역할을 담당한 독자참여제도를 통해 근대문학 형성 과정의 일단을 고찰하는 것이 글의 목적인 셈이다. 구체적으로 '독자투고', '현상문예', '신춘문예' 등 독자참여제도의 시행 배경과 전개 과정을 밝히고, 각 제도의 내용과 의의에 대해서 소개하고자 한다.

이 글에서는 근대 시기 대표적인 민간지 『동아일보』를 대상으로, 문예면의 정착 과정과 독자참여제도와의 관련성을 살펴보고자 한다. 매체의 발행 기간과 독자 인식, 그리고 독자에 대한 영향력을 근거로, 식민지 시기 독자참여제도를 연구하는 데 『동아일보』가 적합하다고 판단하였기 때문이다. 『동아일보』는 1920년 4월에 창간하여 1940년 8월 폐간되기까지 조선 민중의 표현기관을 자처하며, 문화운동의 선전기관으로 중심적인 역할을 수행하였다. 신문의 영향력을 가늠할 수 있는 발행부수를 보더라도 『동아일보』는 총독부 기관지인 『매일신보』를 앞설 정도로 강력한 영향력을 발휘하였다.

총독부는 문화정치를 표방하며 언론의 자유를 보장할 것처럼 선전하였다. 하지만 실제로는 신문에 대한 검열을 강화해 나갔다.[1] 이러한 총독부의 언론 통제에 대해 『동아일보』는 문예면의 배치로 대응하였다. 문예는 비정치적인 영역에 속해 있어 상대적으로 검열에서 자유로웠을 뿐만 아니라, 민중 계몽에도 효과를 발휘했기 때문이다. 당시 신문은 한정된 독자를 유치하기 위해 경쟁적으로 증면정책을 추진하였다. 조석간제의 도입과, 신문 단수의 확대 역시 실질적인 증면정책의 사례이다. 지면을 확대하여 읽을거리를 최대한 제공하는 것이 신문의 경쟁력을 높이는 방편이었던 셈이다.

『동아일보』는 총독부의 검열이 강화되고, 다른 신문과의 경쟁으로 지면이 증가하자 지면의 일부를 문예면으로 채우기 시작하였다. 그리고 이렇게 편성된 문예면을 유지하기 위해 독자들의 문예 참여에 눈을 돌

---

1 총독부는 신문지법을 비롯하여 보안법, 제령(制令) 위반, 치안유지법, 명예훼손죄 등의 사법처분권과 신문의 삭제, 압수, 발매금지, 무기 정간 등의 행정처분권을 통해 조선 내의 매체를 엄격하게 통제하였다. 이와 관련한 내용은 다음의 연구성과를 참조. 김규환(1978), 『일제의 대한언론·선전정책』, 이우출판사; 정진석(2001), 『한국언론사』, 나남출판; 한원영(2004), 『한국신문 한 세기(근대편)』, 푸른사상; 한영학(2011), 「광무신문지법과 일본 신문지법의 비교」, 『한국언론학보』 55-1, 한국언론학회.

려 작품 수급에 힘을 쏟았다. 그 결과 1920년대에 이미 독자참여제도를 통한 문예면 편성의 기반을 마련할 수 있었다. 『동아일보』의 문예면은 1924년 '학예란', '가뎡부인란', '소년소녀란'으로 구성된 이래, 문예란, 부인란, 아동란으로 정착된다. 이러한 삼분체계는 청년, 여성, 아동이라는 독자 구분에 의한 것이었다. 독자는 문학 양식의 분화 및 형성에도 영향을 끼쳤는데 동시, 동요, 동화, 가정소설, 소년소설 등은 성별이나 연령에 따른 특정 독자층을 겨냥한 문학 양식이다.

『동아일보』의 문예면은 상시적이며 고정적인 지면을 확보해 나가는 방식으로 발전하였다. 1921년 '독자문단'이 시행될 때까지 별도의 '문예면'은 없었으며, 문예물은 주로 1면과 4면에 배치되었다. 그러다가 1923년 5월, 『동아일보』 발행 일천 호를 기념하기 위한 '현상문예'를 시행하면서 문예면의 필요성이 제기되었다. '현상문예' 응모작들로 인해 문예물이 급증하자, 신문은 기념호 발행에 이어 지면을 확장하여 당선작을 발표하였다. 1923년 6월에는 '일요 호'가 신설되었다. '일요 호'는 4면을 추가 증면하여 독자들의 문예물을 지속적으로 게재하였다. 1923년 12월에는 '일요 호'가 폐지되고, '월요란'이 등장하였다. '월요란'은 증면 없이 4면에 문예물을 배치하였다. 1924년 10월에는 '학예란'이 신설되어 1면에 학술과 교양 관련 기사를 싣기 시작하였다. '학예란'이 학술과 교양에 치중했다면, '월요란'은 문예를 중심으로 구성하였다. '월요란'은 이후 '문예란'으로 정착하게 되는데, '일요 호'가 일종의 부록 형식의 문예면이었다면, '월요란'과 '문예란'은 상시적이고 고정적인 문예면이었다는 점에 차이가 있다.

『동아일보』에 수록된 문예물은 전문작가들의 전유물이 아니었다. 신문사의 기자는 물론 독자들도 직접 작품 창작에 나섰다. 독자들이 작품을 발표할 수 있었던 것은 『동아일보』가 창간 초기부터 독자참여제도를 꾸준하게 시행했기 때문에 가능했다. 대표적인 독자참여제도로는 '독자투고', '현상제도', '신춘문예' 등을 들 수 있다. 독자참여제도는 독자의 참여 없이는 제도가 성립할 수 없다는 점에서 문학제도와 밀접한 관련이 있다. 특히 신춘문예는 당선된 독자를 작가로 공인하는 제도라는 점에서 문학제도와 직접적인 관련이 있다.

2. 독자투고의 시도와 독자 문예의 가능성 모색

『동아일보』는 창간 초기부터 독자투고를 모집하여 독자들의 매체 참여를 적극적으로 권장하였다. '독자의 성(聲)', '자유종(自由鍾)', '불평란(不平欄)', '질의란', '때의 소리', '가정고문(家庭顧問)' 등이 대표적인 사례에 해당한다. '독자문단'은 『동아일보』가 문예물을 전면에 내세운 최초의 독자투고로, 1차 정간 이후 신문의 속간일인 1921년 2월 21일부터 같은 해 10월 28일까지 지속되었다. '독자문단'의 투고 규정은 "일(一), 기재여부(記載與否)와 첨삭(添削)의 권(權)은 본사(本社)에 재(在)함. 일(一), 원고(原稿)는 일절(一切) 반환(返還)치 아니함. 일(一), 투고(投稿)는 필(必)히 『독자문단(讀者文壇)』이라고 주서(朱書)를 요(要)함"이었다.

해당란에 처음 발표된 작품은 춘성(春城) 노자영의 「첫근심」 외 두 편의

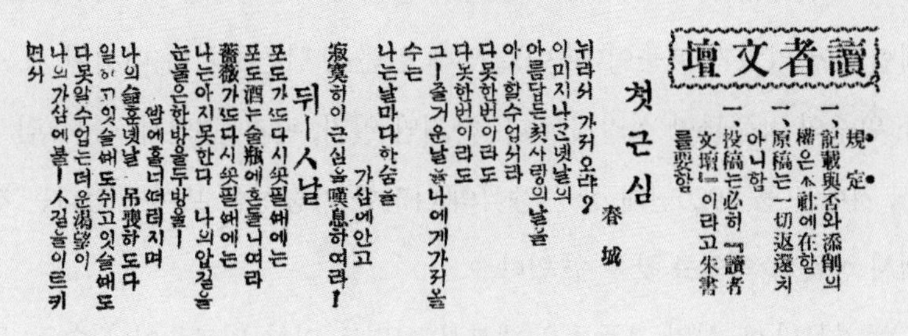
讀者文壇

規定

一、記載與否와添削의權은本社에在함
一、原稿는一切返還치아니함
一、投稿는必히『讀者文壇』이라고朱書를要함

첫근심 春城

뉘라서 가저오랴?
이미지나간넷날의
아름답든첫사랑의날을
아!할수업서라
다못한번이라도
다못한번이라도
그-즐거운날을나에게가저올
수는
나는날마다한숨을
가삼에안고
寂寞히이근심을嘆息하여라!

뒤-ㅅ날

포도가또다시쏫필때에는
포도酒는술甁에흔들니여라
薔薇가또다시쏫필때에는
나는아지못한다 나의압길을
눈물은한방울두방울-
밤에흘너떠러지며
나의슯흔넷날 吊喪하도다
일히고잇슬때도쉬고잇슬때도
다못알수업는더운渴望이
나의가삼에불-ㅅ길을이르키
면서

그림 3-1. 「독자문단」, 『동아일보』(1921.2.21), 4면

시였다. 속간과 동시에 첫 투고가 이루어졌다는 점에서, 편집진이 해당란을 정착시키기 위해 전문작가[2]의 원고를 미리 청탁한 것으로 보인다. 노자영 외에도 김소월의 작품 역시 '독자문단' 신설 초기에 집중적으로 발표되었다. 이처럼 '독자문단'은 신문의 독자뿐만 아니라 이미 등단한 작가의 작품을 함께 실은 것이 특징이다. 전문작가들의 작품을 먼저 선보이면서 독자들에게 앞으로 투고할 작품의 성격과 내용을 암시한 것으로 이해할 수 있다.

'독자문단'에 발표된 작품은 160여 편으로 갈래상 운문과 산문으로 대별된다. 운문과 산문은 각각 127편과 33편으로 '독자문단'의 대다수를 운

2 노자영은 1918년 8월, 『매일신보』 '매신문단'에 「월하(月下)의 몽(夢)」을 발표하여 문단에 등단한 이후, 『동아일보』에도 작품을 수차례 발표한 바 있다. 1920년 8월 29일부터 9월 6일까지 4면에 「천리(千里)의 하로(夏路)」라는 감상문을 기고하였으며, 같은 해 9월 10일부터 14일까지 1면에 「교육진흥론」을 연재하였다. 1921년 7월 29일부터 8월 8일까지는 「방랑(放浪)의 하로(夏路)」를 1면에 연재하기도 하였다. 심지어 '신간 소개'에는 노자영의 작품이 실린 잡지가 광고되기도 하였다. 이러한 정황상 노자영은 단순한 독자라기보다 전문작가에 가깝다고 볼 수 있다.

문이 차지하였다. 그 이유는 해당란에 할당된 지면이 1행 14자 50행으로 제한되어 있었기 때문이다. 이로 인해 산문은 단편소설이 배제된 채 소품 위주의 작품들만 실리게 된다. 하지만 일기, 편지, 송별사, 축사, 감상문, 기행문 등 1920년대 산문 양식의 다양한 가능성을 보여 주었다는 점에서 산문의 의의를 찾을 수 있다.

'독자문단'에 실린 작품들은 대부분 이별로 인한 외로움이나 슬픔, 특정 대상에 대한 그리움 등 개인의 감정을 주로 다루었다. 작품에 형상화된 그리움과 슬픔의 원인은 대부분 이향(離鄕) 체험에 기인하였다. 작품에 고향을 떠나게 된 이유가 직접적으로 드러난 경우가 있어 해당 작품의 창작자를 유학생이나 고향을 떠나 사회운동에 투신한 이들로 추정할 수 있다. 유학생이나 운동가라는 독자들의 정체성 때문인지 현실사회의 문제를 언급한 글도 많았다. 이들이 관심을 가진 주제는 대부분 구습 타파와 사회 개조였다. 이러한 주제의식은 계몽의 대상에서 발화의 주체로 변모하는 독자의 모습을 보여 주었다는 점에서 의미가 있다.

'독자문단'에 실린 작품의 내용적 특징은 유학생이나 사회운동가라는 투고자들의 정체성과 관련이 깊다. '독자문단'에 작품을 투고한 이들의 직업은 전문작가 외에도 신문기자, 학생, 학교 교사, 청년운동가 등으로 매우 다양하였다. 이들이 '독자문단'에 글을 투고할 수 있었던 데에는 신문의 지면 배치도 많은 영향을 주었던 것으로 보인다. '독자문단'이 실린 4면에는 청년운동의 동정을 알려 주는 '각지 청년단체' 기사가 함께 실렸다. 해당란에는 청년단체의 근황이 주로 소개되었다. 각 단체는 자신들의 구체적인 활동을 적극적으로 홍보하였다.[3] 따라서 유학생과 청년운동가들의 관심은 '각지 청년단체' 난에 쏠렸을 것이고 '독자문단' 난 역시 같은 지면에 배치함으로써 이들의 참여를 자연스럽게 유도했다고 볼 수 있다. 이에 따라 '독자문단'에 실린 작품의 주제에도 일정 부분 영향을 미쳤으리라 추정할 수 있다.

운문과 산문을 막론하고 '독자문단'에 실린 작품들은 개인의 감정을 주로 다루었다. 이렇듯 주제가 한정적이었다는 점은 편집진이 특정 주제를 의도적으로 유도했을 가능성에 무게를 실어 준다. 실제로 해당란 신설 초기에 집중적으로 게재된 전문작가들의 작품은 개인의 감정을 주된 소재로 삼았다. 이는 독자들이 기존 작품을 모방하여 학습하는 과정, 즉 일련의 재생산 과정을 보여 준다는 점에서 의의가 있다. '독자문단'은 총독부로부터 정간 조치를 받은 후 속간과 동시에 시행되어 검열을 의식할 수밖에 없었다. 신문사는 문화운동을 명분으로 내세웠지만 실제로는 검열을 피하면서 신문의 구독률을 높이고자 한 것이다. 이에 대한 절충의 결과가 바로 내면의 풍경을 묘사하는 것이었다. '독자문단'에는 이후 문단에서 활약하게 될 조운(曹雲), 김명호(金明昊), 한설야(韓雪野), 유도순(劉道順)의 작품이 실려 있다. 이러한 점을 고려할 때, '독자문단'이 일종의 근

---

3 "寧遠靑年會는 客年六月中에 當郡有志諸氏의 發起로 創立되야 爾來十個月間에 外襲的許多苦痛을 賞하면서도 會員은 日益增加되야 目下會員數가 六百三名에 達하얏스며 講演會, 討論會, 夜學會 等의 開催와 新聞, 雜誌, 圖書縱覽所 等의 設備로써 新文化輸入에 其奮鬪努力과 勇往邁進하는 것은 小壺라도 退縮함이 無히 地方을 爲하야 社會를 爲하야 靑年會를 爲하야 犧牲에 供코저 하는 中이라 因하야 朝鮮靑年聯合에 加入을 斷行하고 또한 從來會長制를 改하야 委員制로 한 後 會員으로써로도 會命을 違하거나 會務에 熱誠이 無한 者는 黜會를 行하고 任員은 執行委員長 一人, 執行委員 若干名, 議事部長 一人을 置하얏슬 뿐인대 執行委員長은 洪泰彝氏, 議事部長은 韓俊植氏, 執行委員으로는 崔龍奎, 韓光植, 朴永贊 外 諸氏이라더라(平壤)", 「寧遠靑年會近況」, 『동아일보』(1921.3.23).

대 문인의 예비적 장소였음을 알 수 있다.

3. 현상문예제도와 독자참여제도의 정착

1920년대 초반, 『동아일보』는 『매일신보』와 본격적인 독자 유치 경쟁에 나서며 독자투고와 현상문예를 시도한다. 이러한 독자참여제도를 시행하는 과정에서 일반 독자들의 글쓰기 욕구와 문학적 글쓰기의 잠재력을 확인한 신문사는 '동아일보 발행 일천 호 기념 현상'을 기획하였다. 신문 발행 일천 호를 계기로 일천 원이라는 거액의 현상금을 걸고 대대적인 현상문예를 시행한 것이다. 이는 지금까지 『동아일보』가 시도했던 다양한 현상제도의 결정판으로, 독자투고부터 이어져 온 독자참여제도를 발전적으로 계승한 것으로 평가할 수 있다.

'동아일보 발행 일천 호 기념 현상'은 기존의 독자투고에 비해 모집 장르를 대폭 확대하여 시행하였다. 전통적 문학 장르인 '한시'와 '시조'를 비롯하여 '단편소설', '일막각본', '동화', '신시', '동요', '감상문' 등 다양한 장르를 포괄하였다. 특히 '현금정치의 엄정비판', '논문', '지방전설', '향토자랑', '우리 어머니', '가정개량', '만화' 등 기존의 현상문예에서는 볼 수 없었던 새로운 유형의 장르를 시도하여, 다양한 장르를 아우르는 대규모의 현상문예를 전개했다. 모집 부문별 원고의 분량도 기존의 독자투고나 현상문예에 비해 크게 늘었다. 1행 20자를 기준으로 '논문'은 100행 이상 150행 미만, '단편소설'은 120행, '일막각본'과 '동화'는 150행, '감상문'

東亞日報一千號紀念

本月二十五日은本紙의號數가一千號에達함으로一大紀念號를發行하야廣히江湖에配布하려한대此機會에本報의愛讀諸賢으로부터左揭의原稿와投票를募集하야紀念號의光彩를添하고並하야平素의愛讀을謝하는微衷을表코저하오니多數投稿하야此擧를盛케하소서

◇論文
題一 朝鮮人의經濟的活路
題二 現下社會의趨勢
題三 小作問題解決策

◇短篇小說

◇一幕脚本

◇童話

◇漢詩
題一 初夏田舍
題二 飛行機
題三 物產獎勵

◇詩調

◇新詩

◇童謠

◇漫畵

◇感想文

◇地方傳說

◇鄉土자랑

◇우리어머니

◇家庭改良

現今政治의嚴正批判
忌憚업는意見開陳을歡迎

現今의政治에對하야吾人은如何한不平이잇스며現今의政治에對하야如何한希望이잇는가少毫도隱諱치말고的確한事實에根據하야昭詳히投稿하기를希望함

題一 教育에對한不平
題二 地方行政에對한不平
題三 稅務行政에對한不平
題四 專賣에對한不平
題五 獄監制度에對한不平
題六 警察에對한不平
題七 公金濫用의實例
題八 日鮮人差別의實例
題九 人權蹂躪의實例
題十 官權濫用의實例

◆募集規程

◆外에現代人物投票의大計劃이有한바詳細는明日에發表함

賞金壹千圓의大懸賞

그림 3-2. 「동아일보 일천 호 기념 상금 일천 원의 대현상」, 『동아일보』(1923.5.3), 3면

50행, '지방전설'·'향토자랑'·'가정개량' 40행, '우리 어머니' 30행이었다. 독자투고 계열의 '독자문단'이 1행 14자 50행으로 700자 이내였음을 감안한다면 원고 분량이 3배 이상 증가한 것이다. 원고 분량이 증가함에 따라 표현이 자유로워졌으며 산문 양식의 비중도 더불어 증가하였다. 독자투고 계열의 '독자문단'의 경우 운문이 80%를 차지하고, 산문은 20%에 불과했다. 하지만 현상문예의 경우 운문이 56%, 산문이 44%를 차지하며 운문과 산문의 비율에 변화가 생겼다.

현상문예는 모집 장르를 확대하고, 원고 분량을 늘린 것 외에도 문체와 내용 등 모집 부문별로 세부 규정을 정비하였다. 특히 새로 시도되는 장르의 경우, 규정에 대한 안내 외에도 구체적인 사례를 제시해 가며 독자들의 이해를 도왔다. 문체 면에서는 순조선문을 요구함으로써 조선어 글쓰기를 장려하고, 문예물의 문체는 조선문이라는 점을 공고히 하였다. 내용 면에서는 총독부 정책에 대한 노골적인 비판이나 조선 민족의 자긍심 고취 등 사회적인 문제를 주로 다루었다. '독자문단'이 개인의 감정을 주로 다룬 것과는 대조적으로 '현상문예'는 사회적인 문제를 주로 다루었다. 이러한 변화는 사회문제를 다루기에 적합한 산문 양식의 확대와도 관련이 있으며, 『동아일보』의 독자 확보 전략으로도 이해할 수 있다. 총독부 기관지인 『매일신보』와의 차별성을 드러냄으로써 조선 민중에 호소하는 전략으로 독자를 확보하고자 한 것이다. 현상문예의 내용을 사회문제로 유도한 것도 이와 관련이 깊다. 조선 사회의 어두운 이면을 보여줌으로써 총독부 정책에 대한 비판의식을 함양하는 한편, 민족적 자긍심을 고취하는 일종의 민족 마케팅으로 신문독자를 확보하고자 한 것이다.

'동아일보 발행 일천 호 기념 현상'은 문예면의 기반을 마련했다는 점에서 중요한 의미를 지닌다. 해당 현상문예의 결과 '일요 호'가 신설되며, 이후 '월요란'을 거쳐 '문예란'으로 정착하기 때문이다. 이는 비상시적으로 시행되던 문예 기획이 상시적인 문예면으로 정착하는 과정을 보여 주는 동시에, 독자참여제도가 문예면의 정착에 직접적으로 기여했음을 증명하는 것이다. 현상문예 당선자 중에는 다른 모집 부문에 중복 당선되었거나, '독자문단'에 참여했던 독자들도 있었다. 이와 같은 '적극적인 독자'의 발견은 이후 신춘문예 시행의 원동력이 되었다는 점에서도 중요한 의의를 지닌다. 신문사는 해당 현상제도를 통해 일반 독자들의 글쓰기 욕구와 문학적 글쓰기의 잠재력을 확인한 것으로 보인다. 이러한 가능성을 확인한 『동아일보』는 1925년, 신춘문예를 시도하게 된다.

4. 신춘문예의 시행과 독자의 위상 변화

신춘문예는 당선 여부에 따라 독자를 작가로 공인하는 제도로서, 독자의 위상 변화를 가장 상징적으로 보여 주는 독자참여제도이다. 현상문예를 통해 독자들의 글쓰기 욕구와 문학적 글쓰기의 잠재력을 확인한 『동아일보』는 신춘문예를 시행하여 다수의 신인을 배출하였다. 단편소설 당선자는 김말봉, 한설야, 방휴남, 최인준, 현경준, 김정혁, 김동리, 정비석, 곽하신 등 25명이며, 동화 당선자는 김철수, 이덕성, 노양근 등 28명에 이른다. 이를 통해 『동아일보』가 신춘문예를 시행하면서 내세운 '신진작가의 발굴'이라는 목적을 달성했음을 알 수 있다. 신춘문예를 통해 등단한 작가들은 이후 문단에서 활약함으로써 조선 문단의 발전에 기여한다.

薄謝進呈

新春文藝募集

◇文藝欄·婦人欄·少年欄◇

◇文藝係募集作品◇

一、短篇小說 一等一人五十圓 二等二人 各二十五圓 三等五人各十圓

二、新詩 一等一人 十圓 二等二人各五圓

◇婦人係募集作品◇

一、家庭小說 一等一人五十圓 二等二人 各二十五圓

◇少年係募集作品◇

一、童話劇 一等一人五十圓 二等二人各二十五圓

二、歌劇 一等一人五十圓 二等二人各二十五圓

▲投稿期限은今月末日까지

▲原稿의數는無制限

▲原稿는各係募集을別封하야 文藝係면文藝係, 婦人係면婦人係로보내시되住所氏名을分明히쓰실일

▲原稿는當選與否를勿論하고 一切返送치아니함

그림 3-3. 「신춘문예모집」, 『동아일보』(1925.1.2), 2면

신춘문예의 모집 부문은 고정적이지 않았다. 단편소설, 희곡, 신시, 시조, 한시, 동화, 동요 등을 기본으로 다양한 장르를 시도하였다. 아동, 여성, 청년 등으로 독자층을 나누어 계층별로 모집한 점도 『동아일보』 신춘문예

의 특징 중 하나이다. 문예계는 단편소설과 신시, 부인계는 가정소설, 소년계는 동화극, 가극, 동요 등을 제시하였다. 이후 독자 층위에 따라 다양한 문학 양식을 시도함으로써 문학 참여의 저변을 확장하는 데 기여하게 된다.

신춘문예에 응모한 이들은 국내뿐만 아니라 중국 상해와 일본 동경에서도 원고를 보내왔다. 신춘문예는 시행 첫해부터 응모원고가 너무 많아 당선작 발표가 늦어질 정도로 독자들의 호응이 높았다. 이는 『동아일보』가 신춘문예를 시행하기 전부터 독자투고와 현상문예 등을 시행함으로써 독자참여제도에 대한 기틀을 마련하고 충분한 제도적 보완을 거쳐 왔기에 가능한 일이었다. 당선자에게 지급하는 상금은 독자의 참여를 유도하는 직접적인 유인책이 되었다. 단편소설 부문의 당선 상금은 1등 50원, 2등 25원, 3등 10원이었다. 이 금액은 이전의 현상문예 상금에 비하면 월등히 큰 액수였다. 중앙지에 자신의 작품을 응모하고자 하는 지원자의 글쓰기 욕망도 신춘문예 흥행의 한 원인으로 볼 수 있다. 신춘문예 첫해부터 신문은 당선작을 지상(紙上)에 공개했다. 자신의 작품과 이름이 전국은 물론 해외에까지 전해질 정도로 막강한 파급력이 있었기 때문에 투고자들의 호응이 높았던 것으로 보인다.

신춘문예 단편소설 부문의 당선작은 27편으로 작품 대부분은 현실사회의 문제를 다루었다. "응모작품의 9할 이상이 계급문제를 취급한 것이었다"[4]라는 진술에서 알 수 있듯 응모작의 대다수가 계급문제 등 현실사

---

4 구체적인 내용은 다음과 같다. "강포한 악덕의 지주(혹은 대금업자)와 씩씩한 청년 투사와 약

회의 문제를 다루었다. 신춘문예 응모작품이 특정한 경향성을 보이게 된 이유는 애초 신춘문예 모집 규정에서부터 작품의 제재를 제한하는 등 편집진[5]이 적극적으로 개입했기 때문이다. 이는 식민지 삶의 실상을 고발함으로써 신문사가 전개한 문화운동의 정당성을 확보하기 위한 것으로 보인다. 선후감을 통해 당선작의 선정 기준을 지속적으로 유포한 점 역시 작품의 경향성을 강화하는 데 일조했다.

신춘문예에는 장르별 당선작과 함께, 당선작에 대한 심사평인 선후감도 발표하였다. 선후감은 당선작 선정 과정의 투명성과 공정성을 담보하는 제도적 장치였다. 독자들은 선후감을 통해 문학 창작이론을 학습하고, 작품 비평에 대한 안목을 기를 수 있었다. 이로써 신춘문예는 문학 창작층의 발굴 및 확대에 기여하는 동시에 독자들의 문학 이해 수준을 높여줌으로써 문단의 발전에 밑거름이 되었다. 선후감은 장르별 창작이론을 소개하는가 하면, 응모작의 제재와 내용뿐만 아니라 문체와 표현에 이르기까지 세세하게 조언하여 작품의 완성도를 높이는 데 기여하였다. 선후감은 당선작 선정과 관련하여 절차적 공정성을 보장하는 한편 대중 독자들에게 작품의 창작 방법을 지도함으로써 문예의 보급 및 전파에도 공헌했다.

한 소작인(혹은 여인 혹은 노동자)가 최서해의 '홍염'에 유사한 스토리를 따라서 움직이다가 발광, 방화, 살인, 소작쟁의, 스트라이크 중의 한 가지의 방법으로 소설은 끝이 난다", 選者, 「新春文藝 小說選後言(4)」, 『동아일보』(1932.1.20), 5면.

5 박종린에 따르면 1920년대에 들어서면서 사회주의적 지식인 중 일부가 『동아일보』의 편집을 주도했다고 한다[박종린(2007), 『일제하 사회주의사상의 수용에 관한 연구』, 연세대학교 박사학위논문, 2007, 27~33쪽 참조].

신춘문예 단편소설 당선작은 조선어를 사용하기 어려웠던 식민지 시기에 독자들로 하여금 조선어 학습을 가능하게 했다는 점에서도 의의가 있다. 신문사가 한글 사용에 관심을 보인 데에는 민족문화 및 민족문자를 보존·발전시키려는 의도[6]와 신문 구독 독자층을 확대시키려는 두 가지 목적이 있었다. 이러한 목적을 달성하기 위해 동아일보사는 문맹타파 운동과 브나로드 운동 등 실천적인 활동을 펼치기도 하였다. 중요한 점은 신춘문예를 통해 순언문으로 된 작품을 모집, 연재함과 동시에 선후감과 특집기사를 통해 어문법을 꾸준하게 지도했다는 사실이다.

5. 독자참여제도의 의의

『동아일보』는 창간 초기만 해도 별도의 문예면을 두지 않고 1면과 4면에 문예물을 주로 배치하였다. 하지만 1923년 '일천 호 기념 현상문예' 시행 이후 '일요 호'와 '월요란'을 거치면서 문예면으로 정착되었다. 이러한 변화는 문예면이 이전까지와는 다른 위상을 차지하였음을 보여 준다. 즉 독자참여제도를 계기로 비상시적인 문예물의 모집·발표 방식에서 벗어나 문예가 상시적이고 고정적인 지면을 확보하게 된 것이다. 문예면이 정착되기까지 해당 지면에는 '가정란', '부인란', '아동란', '문예란', '학예

---

6 신용하(2005), 「1930년대 문자보급운동과 브나로드 운동」, 『한국학보』 31-3, 일지사, 128쪽 참조.

란' 등의 문예 기획이 시도되었다. 문예면의 세부 구성은 독자의 층위에 따라 기사를 배치하는 것으로 이루어졌으며, 문학 장르도 독자에 맞춰 선별하여 모집·발표하였다. 이는 문예면의 하위 구성을 통해 독자층의 분화를 유도한 것으로 독자 층위에 따른 문학 장르 양상을 살펴볼 수 있다는 점에서 가치가 있다.

이 글은 독자참여제도를 정리함으로써 독자의 위상 변화를 확인했다는 점에서 의의가 있다. 『동아일보』는 창간 이래로 독자들의 신문 참여를 독려하며, 독자참여제도를 통해 문단 확대에 직접적으로 기여하였다. 독자투고는 독자들이 계몽의 대상에서 벗어나 담론의 발화 주체로 변모하는 과정을 보여 주었다. 독자투고를 통해 잠재적인 문예 생산층의 존재를 확인한 『동아일보』는 상금이라는 유인책을 더해 현상문예를 시행하였다. 그리고 현상문예를 통해 문학 창작에 대한 전문성을 강화한 독자들은 신춘문예를 거치면서 작품의 창작 주체로 거듭나게 되었다. 이러한 '독자에서 작가로의 질적 변화'는, 그 자체로 근대 문단의 재생산제도의 성립을 의미하므로, 문학사적으로 중요한 가치가 있다.

「난파(難破)」, 심연(深淵)의 현해탄에 몸을 던진 시인(詩人)과 극작가 김우진

양세라
서강대학교 국어국문학과

1. 김우진, 불안한 청년의 초상(肖像)

한 장의 흑백사진 속에서 카메라를 바라보는 한 청년이 있다. 단정하게 빗어 올린 머리와 동그란 뿔테안경 위로 훤한 이마와 단정한 눈썹, 감정을 쉬이 읽을 수 없을 듯 보이는 눈매와 입매, 그리고 갸름한 턱선, 목까지 올라온 셔츠 깃과 갖춰 입은 턱시도의 멋진 차림새를 한 이 사진 속의 주인공은 1920년대 근대의 불안한 청년의 초상(肖像), 김우진이다.

그림 4-1. 김우진

그가 이처럼 불안한 근대사회의 청년세대를 상징하는 기호가 된 데에는 잘 알려진 바처럼 윤심덕이라는 한 여인과 관계 있다.

그림 4-2. 윤심덕

광막한 광야에 달리는 인생아
너의 가는 곳 그 어디냐?
쓸쓸한 세상 험악한 고해(苦海)에
너는 무엇을 찾으러 가느냐?
…
세상의 것은 너에게 허무니
너 죽은 후에 모두 다 없도다.[1]

잘 알려진 윤심덕의 〈사(死)의 찬미(讚美)〉 가사는 그녀와 불안한 청년 김우진의 마음을 대변한다. 이 노래 가사에는 '광막한 광야(廣野)'를 달리는 인생이 나온다. 그러나 김우진이 희곡 「난파」에서 그리는 '인생'은 태평양과 같은 바다를 떠도는 난파(難破) 직전의 인생이다. 구한말부터 일제식민지 시대까지 사회상황은 개화(開化)라는 시대변화, 근대 서구문물과 문화의 유입, 가치가 충돌하는 공간이었다. 구한말을 겪은 아버지와 식민지 근대화의 파도를 지나는 격랑(激浪)의 인생을 김우진은 「난파」에서 '태평양'으로 형상화했다.

희곡 「난파」에는 김우진처럼 사회변화가 풍랑처럼 덮치는 상황에 처해 갈등하고 격렬하게 저항하며 구속받지 않으려는 성장통을 겪는 인물

---

1 "廣漠한 荒野에 달니는 人生아 너의 가는곳 그어대이냐 쓸々한 世上 險惡한 苦海에 너는 무엇을 차즈러 가느냐 … 世上의것은 너의게 虛無니 너죽은후에 모도다업도다", 윤심덕, 〈死의 讚美〉.

'시인'이 등장한다. '시인'은 '부(父)'와 '모(母)' 사이에서 격렬하게 저항하며 불안한 청년의 심리와 태도로 불안한 근대 조선인의 모습을 형상화했다. 이 희곡에서 '시인'은 봉건적인 도덕과 가치관을 내세우는 부(父)와 조상[神主]들과 가치관의 심각한 거리감을 이렇게 말한다.

> 그이가 선 길과 내가 선 길 사이에는 태평양이 있다.[2]

극작가 김우진은 마지막 생의 순간을 윤심덕과 동행하며 자살로 마감했다는 사실 때문에 극작가이자 한 개인으로서의 삶이 세간의 치정극으로 소비된 측면이 많다. 그러나 그의 희곡 「난파」는 극작가의 내면적 자아의 심리가 드러나 있다는 점에서 불안한 개인이자 근대인의 아이콘으로서 김우진을 이해할 수 있는 텍스트다. 잘 알려진 바와 같이 김우진은 부유하지만 엄격한 아버지 밑에서 어머니가 부재한 유년 시절을 보냈다.

그는 1897년 9월에 전라남도 장성군 군수인 아버지 김성규와 어머니 순천 박씨 사이에서 장남으로 태어났다. 그러나 김우진은 일곱 살 때 모친이 죽고 계모 아래에서 성장한 것으로 알려졌다. 이후 목포공립보통학교를 졸업하고, 목포공립심상고등소학교 고등과를 1년 수료한 뒤, 18세에 일본 농업학교로 유학을 떠났던 것으로 알려졌다. 당시 김우진은 유학을 떠날 학교로 인문학 전공 학교가 아니라 농업학교를 선택했는데, 이 사실에는 가족과 관련한 두 가지 이야기가 전해진다.

---

2 김우진(1983), 『김우진 전집』 1, 전예원, 75쪽.

대표적인 이야기는 대지주인 아버지의 의견에 따라 회사의 재무 관리를 위해 농림을 알아야 했다는 사실 때문에 선택했다는 것이다. 다음으로는 그의 할아버지 김병욱이 실학과 관계된 사실을 고려할 때, 김우진이 농업학교에 진학한 것 역시 조부의 실학적 이념을 실천하려는 맥락에서 부친의 뜻이 개입했을 것이라는 추측이 있다.

이러한 추측이 김우진의 세계관에 미친 영향을 알 길은 없으나, 그가 구마모토농업학교 2·3학년 재학 당시 썼던 농장 일기(1916~1917)나 1918년 쓴 졸업논문 등을 보면, 김우진은 부친의 뜻을 잘 따른 편인 듯하다. 그럴 수밖에 없었던 이유는, 당시 이 학교에 재학 중이었을 때, 김우진 부친이 보낸 편지를 보면 알 수 있다. 그리고 상당히 엄격하게 아들을 훈육하는 아버지의 지원을 받으며 공부했을 아들 김우진을 상상할 수 있다.

> 돈은 반드시 형(우진)이 관리하고 매월 돈의 사용 내역을 소상하게 기록하여 부친에게 송부할 것, 필요 없이 친구를 찾아다니지 말 것, 지정된 집 외에 다른 집에 가서 자지 말 것, 기혼자로서 다른 여성을 취해서는 안 될 것, 술과 담배를 멀리할 것, … 부친에게 서간을 보낼 때는 아우와 연서로 해야, 부친이 보낸 서간은 반드시 한데 묶어 보관할 것….

김우진의 사진에 드러난 냉랭한 단정함, 그것은 이런 그가 자란 가족 환경 속에서 길들여진 표정이었던 것이 아닐까 생각해 본다. 결국 1924년,

김우진은 대학을 졸업하고 부친의 뜻대로 목포로 귀향하여 '상성합명회사(祥星合名會社)'의 사장에 취임하기도 하였다. 김우진은 아버지의 세계관과 생활 습관을 이해하고 수용하면서도 청년기에 접어들면서 점차 새로운 세계 인식을 체득하며, 틈을 드러냈던 것 같다. 김우진의 부친은 본래 조선의 관료였지만, 조선의 멸망과 더불어 애국과 부국강병보다는 가문(家門)을 지상의 가치로 두며 생활했던 것으로 알려졌다. 이 사실은 김성규와 김우진 이 두 사람이 부자 관계보다는 개성과 가치관이 다른 두 세대와 두 인물 유형의 양립을 보여 줄 정도로 상당히 다르다.

2. 근대인의 세대 갈등

극작가 김우진과 그의 아버지, 그리고 희곡 「난파」 속 시인(詩人)과 그의 부(父), 이 두 세대(世代)는 대비(對比)적이고, 갈등하는 서로 다른 세대를 상징하는 이미지가 있다. 그 배후에는 3·1운동 전후 사회변동과 세대 갈등이라는 근대 한국의 구체적 사회변화를 그려 볼 수 있다.

김우진의 경우 1919년 3·1운동에 적극적으로 참여하지 않았지만, 3·1운동을 '신생명'의 기원이라며 당시, 사회의식의 변화라는 점에서 환영하였다. 그는 당시 이 사회운동 특유의 '자유의지' 관념을 기성세대와 대결할 만한 가치 있는 관념으로 주목하였다. 당대 사회변화는 그의 희곡 「난파」에서 '시인'이 추구하는 자유에 대한 갈망하는 행위로 반영된 셈이다. 따라서 이 희곡을 우리는 청년 근대인의 자유의지로 구성된 텍스트로 이해해 볼 수 있다.

그런 맥락에서 「난파」 각 막(장면마다)에서 주인공 '시인'의 행동을 살펴볼 수 있다. 1막은 그에게 기성세대라 할 수 있는 가문의 신주들과 부, 모, 계모 등에 대한 원망과 항의로 시작한다. 그래서일까 1막에서 시인의 가계, 부모와 조상들은 구식 집 앞마당에 나타난 악귀처럼 형상화되어 등장한다. 이들은 "아들아, 손자야, 너희들은 다만, 아들 노릇 손자 노릇이 첫 의무다"라며, 봉건적인 가치관을 쏟아 낸다. 이 악귀들에게 시인은 원망하며, 빈정거리며 이렇게 대꾸한다.

> "왜 이러한 나라, 이러한 집안에 나를 태어나게 하였느냐?" —「난파」

그런데 시인의 원망과 항의가 무색하게 1막은 악귀로 형상화된 기성세대의 엄중한 선언으로 끝난다.

> "시인은 시인 되기 전에 내 손자, 내 아들의 자식 노릇을 해야 한다."
>
> —「난파」

「난파」 1막은 '시인'의 원망과 항의, 구한말의 봉건적 가치관에 익숙한 기성세대에 대한 불만과 그들과의 심리적 대결을 상징적으로 재현하였다. 불안한 시인의 내면, 혹은 심리상태처럼 재현된 이 희곡의 1막은 1920년대를 살아가는 청년 근대인의 실존을 보여 준 셈이다. 2막에서 시인은 내면 안으로 더욱 함몰하는 인상을 준다. 특히 모(母)가 시인에게 생명력을 잃지 말고 추구하라는 충동을 하는데, 시인은 자신을 위하고 이해하는 것 같은 모(母)도 끊임없이 의심한다.

> 우는 것도 못 우는 것보다는 똑똑하다만,
> 저 바깥으로 나가서 현실(現實)을 보려무나.
> 그리고 나와 같이 불완전한 더러운 다른 인간들과도 싸워 보려무나.[3]

모(母)가 시인에게 하는 말은 때로 시인 자신이 스스로에게 자책하는 말처럼 들린다. "너는 너다. 언제까지든지 너다. 네가 되어야 한다. 죽든지 살든지 간에 네가 네 눈을 떠야 한다"라고 말하기 때문이다. 그러나 결국 시인은 삶의 돌파구를 찾아 파고가 높은 절망의 바다 위에서 자신을 속히 데려가 달라며 외친다. 그 외침은 곧 진정한 자유와 행복을 파도 속으로 몸을 던지는 행위로 연결되고, 극은 끝난다.

희곡 「난파(難破)」는 절망적인 죽음을 의미하는 것으로 읽을 수 있다. 그것은 대부분 이 희곡을 극작가가 자살로 생을 마감한 스토리와 관련해 독해했던 방식이다. 그런데 극작가 김우진이 표방한 표현주의 희곡은, 한 개인의 내면을 통해 사회와 인간관계를 반영하려 했다는 점에서, 「난파(難破)」를 자전적으로만 이해하는 것은 편협하다. 인용문에서처럼 이 희곡은 전 막에서 끊임없이 시인에게 투쟁하고 고민하길, 생명력 있

3 "우는 것도 못 우는 것보다는 똑똑하다만 저 박갓흐로 나가서 현실(現實)을 보려므나. 그리고 나와 같이 불완전한 더러운 다른 인간들과도 싸워 보려므나", 김우진, 앞의 책, 69쪽.

는 삶과 자유를 얻으라는 모(母)와 대화 끝에서 시인이 몸을 던지는 행위로 화답하며 마무리하는 장면으로 구성되었다. 시인은 이상적인 여인들의 유혹을 떨쳐 버리고 모에게 난파가 행복하다고 외치며 끝이 난다.

희곡 「난파(難破)」의 마지막 장면에서 시인은 바다와 파도 속으로 '난파' 하듯 몸을 던지며 자신의 의지를 보여 주는 행위를 한다. 1막에서 조상의 봉건적 관념과 가치에 원망으로 항의하던 시인은 2막과 3막의 새로운 문화와 가치관을 상징하는 여인들과도 불화하며, 삶의 돌파구를 찾는 방황하는 인물의 이미지를 구축한다. 이 희곡에서 이런 시인의 방황과 갈등, 불안한 정서는 1920년대 근대인의 내면화된 모습으로 볼 수 있다. 연인 윤심덕과 세간을 떠들썩하게 한 심약한 지식인의 표상으로 김우진을, 그리고 그의 자살과 이 희곡을 직접적으로 대입하여 독해하는 것은 그의 내면인 심리와 정서가 이 희곡을 구성하는 방식이라는 점에서 가능하다.

이 시기 근대 문인들의 행보가 그러하듯 김우진은 부친의 뜻을 거스르지 않으면서, 농업학교에 진학하여 학업을 수행하였고, 문학 활동에도 관심을 두었다. 농업학교 시절에도 시작(詩作) 활동을 하기도 하였다. 학교를 마친 후에 드디어 그가 부친의 의사와 다르게 와세다대학 예과를 수료하고, 영문학과로 진학하여 졸업했다. 당시 문학을 전공하면서 김우진은 시와 문예비평, 집필 활동에 매진하여 주목할 만한 글을 집중적으로 썼다.

김우진은 와세다대학 영문과 시절에 윌리엄 블레이크의 시 3편을 일본어로 번역하기도 하였다. 영문과 수업의 리포트였던 것으로 알려진 그 친필 원고는 현재 '연극과 인간(출판사)'에서 나와 있는 『김우진 전집』 3권에 영인되어 있어서 친필 형태로 확인해 볼 수 있다. 이처럼 김우진은 어학 실력을 바탕으로 서구의 근대문학과 연극에 관심을 기울이고 상당히 깊게 문학과 예술사를 탐닉했다.

김우진이 이 같은 사회 인식을 형성할 시기에 그는 인간의 자아를 보여 주는 연극이라며, 표현주의 연극에 경외(敬畏)를 보였다. 특히 가부장적 전통 윤리와 전통적인 가족 구조에 대한 반감, 거부를 개인의 절규로 표현한 표현주의 연극의 소재와 인간 자아의 해방이라는 주제에 대한 공감을 다수의 글에서 피력하였다.

결국, 김우진은 우리 연극사와 문학사에서 인간의 내면을 희곡이라는 문학 형식에 담은 최초의 근대 극작가로서 창작기법을 마련하였다. 3·1운동 이후 사회에 대한 작가 특유의 예민한 사회 인식은 자유의지를 드러내는 생명력 있는 연극으로서 표현주의 극작법을 형상화한 것이다. 이러한 그의 사회 인식은 한 개인의 내면에서 갈등과 혼란을 형상화한 희곡으로 구성되었다. 희곡 「난파」에서 자유의지와 인과율의 대립이라는 가치관이 충돌하는 강렬한 이미지는 이처럼 극작가 개인의 자전적 스토리와 1920년대 지식인의 상황을 반영한 결과였다.

「난파」에는 시인을 매혹시키는 '백의녀, 비의녀, 비비, 카로노메'로 등장하는 인물들이 있다. 이들은 모두 여인들로 시인의 피를 잠식하는 존재이거나 거짓 환상처럼 그를 혼미하게 하는 형상들로 행동한다. 시인을 유혹하거나 혼란스럽게 하는 이 여인들은 유럽의 근대문학에 나오는 등장인물들이다. 이들은 대부분 극작가 김우진이 섭렵했던 문학작품과 오페라에 등장하는 낯선 존재들이다. 비비라는 여인은 버나드 쇼의 『워

렌 부인의 직업』에 나오며, '카로노메'는 베르디의 오페라 리골레토에서 여주인공 질다가 부르는 아리아다. 이렇게 희곡 「난파」에서 이 여인들은 가족과 불화하며 불안한 상태에 놓인 사람에게 매혹적이지만, 이들도 가족만큼이나 시인의 심상을 어지럽힌다.

1막에서 시인의 가족과 조상들은 시인을 가문(家門), 효(孝) 등 봉건적인 세계관으로 억눌렀던 관념을 표현하는 상징적 등장인물이다. 이와 비교해 볼 때, 2막에서 낯선 이름의 여인들은 시인을 유혹하듯 행동하고 관능적으로 말한다. 이들의 대화와 행동은 혼란스러워하는 시인, 미혹(迷惑)에 나약한 시인의 태도와 정서를 보여 주기 위한 기호인 셈이다. 1막의 가족과 조상, 그리고 2막에서 여인들과 관계, 대화를 살펴보면, 희곡 「난파」에서 시인은 타인과 갈등이나 문제 상황을 돌파하거나 해결하려 행동하는 인물이 아니다. 시인과 풀리지 않는 대화를 나누는 이 희곡의 인물들은 그의 심리적 불안과 혼란을 보여 주는 장치나 전략적인 것처럼 생명력이 없는 극적 인물들이다.

이처럼 「난파」에서 결박된 사람처럼 부자연스럽고 미혹되지 않으려 몸부림치는 시인이라는 인물은 봉건적인 기성세대나 문화와 불화하고 새로운 가치관을 지닌 1920년대 청년 세대를 상징하는 것처럼 보인다. 희곡 「난파」에서 시인은 혼란스러운 변화의 시대 한가운데서 스스로 부서지듯 몸을 던져 본 1920년대 당대 사회문화의 현존(現存) 그 자체로서 현실을 떠올려 볼 수 있는 기호이기도 하다.

3. 「난파」의 시인(詩人), 구시대 권위와 갈등하고, 해방을 위해 절규하는 근대인

'극장은 사회의 학교'[4]라고 말했던 김우진은 1921년 유학생, 노동자를 위한 '동우회' 회관 건립 기금 마련을 위한 공연과 극예술협회와 순회소극장 운동에도 참여하였다. 김우진이 서구 근대연극과 문학을 수용한 내용을 들여다보면, 1926년에 쓴 「구미현대극가론」을 통해 서구 연극사에 관심을 갖고 깊이 있게 이해한 점을 확인해 볼 수 있다. 특히 이 글에서 김우진은 '세계의 극단을 풍미'하던 표현주의를 소개하며, '20세기의 입센이랄 만큼 당대 극작가에게 한 방향을 지정해 준'다며 표현주의에 대한 강렬한 호기심을 드러냈다.

이 호기심은 「창작을 권합네다」에서 표현주의의 발생과 성격을 설명하면서, 그 의미를 소개하는 과정에서 해소되는 것을 볼 수 있다. 김우진은 기성세대와의 갈등 등 사회문제를 바탕으로 창작한 표현주의 희곡의 과장된 극작술과 만나면서, 1920년대 근대화된 인물인 청년 김우진이 겪었을 갈등과 의식의 문제를 '창작하는 새로운 예술운동'으로 수용했다.

김우진은 모순된 사회 속에서 개인의 절규라는 비사실적으로 사회와

---

4 "'극장은 사회의 학교다'라는 말이 있다. … 이런 치두(稚頭)의 민중을 구축(驅逐)하고 신극 운동의 기(旗) 아래서 같이 일하고 같이 자극하고 같이 힘 얻을 선구자가 되기를 바랄 관중의 양성, 각성, 소환이 우리가 걸어야 할 첫길인 줄 안다", 홍해성·김우진, 「우리 신극 운동의 첫길」, 『조선일보』(1926.7.25~8.2).

인간을 그리는 표현주의 희곡에서 구시대 권위와 갈등하고, 해방을 위해 절규하는 인물을 형상화하는 극작술을 발견한 셈인데, 이는 극작가로서 말하는 방식을 습득한 것이다. 1920년 김우진은 동경 유학생들과 극예술협회를 결성하여 독서와 토론을 통해 연극예술을 익혀 나갔다. 1921년에는 하기 순회연극단을 조직하여 귀국한 뒤, 전국을 순회하면서 공연하기도 하였다. 이러한 활동은 그의 희곡 창작을 이해하는 배경이다. 김우진은 모두 5편의 희곡을 남겼다. 이 작품들은 1925~1926년 사이에 쓴 것으로, 그가 현해탄에 몸을 던지기 전에 창작되었다.

그는 시대와 사회변화의 풍랑 속에서 절대적인 자유의지를 생명력의 요건으로 삼고 사회의 윤리와 제도와 갈등하고 절규하는 자기 시대의 인식을 그렸다. 때로는 나아가 저항하고 투쟁하는 인물(「산돼지」의 최원봉)을 그리기도 했지만, 「난파」에서는 좌절과 절망으로 기울어지며, 생명력은 소멸되고 죽음의 운명으로 빠지는 인물이 등장한다. 희곡 「난파」는 김우진의 자전적인 작품이라는 점에서 대중적인 흥미를 주는 텍스트다. 그의 개인사를 유추할 수 있는 인물관계가 드러난다는 점에서 그런 평가를 받아 왔다. 그러나 이 희곡은 김우진이라는 개인의 정보를 알지 못한다 해도, 1920년대를 대표하는 개인, 근대인의 내면과 심리, 정신의 하나의 모델을 보여 준다는 점에서 상징적인 근대 텍스트다.

한국 문예사상 최초의 표현주의 희곡으로 알려진 이 작품은 그가 자살한 해인 1926년 봄에 쓴 것이다. 이 희곡은 복잡하게 얽힌 유교적 가족구조 속에서 젊은 시인의 자유의지에 대한 성찰이라는 내면을 그린 작품이다. 이 희곡은 관념적 대화와 심리적 독백, 장면의 비논리적 연결, 시공간의 비약적 이동, 무질서한 등·퇴장 등 표현주의 기법으로 근대, 한 개인의 내면을 형상화하였다는 점에서 주목할 필요가 있다.

근대인으로서 불안한 개인인 '시인(詩人)'이라는 인물이 어머니와 대립하는 대화로 시작해, 시인의 의식 세계를 돌아다보는 순례를 마친 후 다시 어머니 품속으로 돌아가는 구조로 이 희곡은 구성되었다. 희곡 「난파」의 인물들은 극도로 과장되고 왜곡된 시인의 의식 속에 내면화한 추상적인 이미지이다. 이 이미지들은 희곡의 마지막에서 모두 꿈속의 악령들처럼 시인들이 떨쳐 버리고, 스스로 난파(難破)를 선택한다. 김우진은 시인의 행위를 통해 바로 근대인의 자아성찰과 자의식을 추구하고자 하는 의식을 구조로 한 희곡을 창작한 것이다.

참고자료

김우진(1983), 『김우진 전집』 1, 전예원.

배봉기(1997), 『김우진과 채만식의 희곡 연구』, 태학사.

임선규의
「사랑에 속고 돈에 울고」

— 동양극장, 근대인의 '일상과 욕망이 재현된 공간'

양세라

서강대학교 국어국문학과

1. 1930년대 근대사회의 욕망의 장소, 동양극장

1930년대는 문화정치라는 명분으로 일제의 수탈과 억압이 심화되어, 당대를 살아가던 일상 전반에서 영향을 받던 시기였다. 반면에, 연극이나 영화 등 공연문화 생산이 활발히 전개될 정도로 소득이나 생활 수준과 별개로 문화적 변화에 대한 수요와 욕망이 증가하던 시대였다. 이 문화적 현상은 1930년대 존재했던 서울과 평양 등 대도시를 중심으로 다수 존재했던 연극 상업극단과 극장을 통해서 확인해 볼 수 있다. 이 사실은 연극과 영화를 소비하는 대중 관객이 증가한 현실을 방증한다.

경제공황과 대량실업이 전 세계 사회문제의 화두였던 1930년대 한반도는 일제의 식민통치와 '근대(modern)', 이른바 '현대가 형성'되던 시대였다. 아이러니한 사실이지만, 식민지 근대화에 의한 산업의 발달과 신문, 잡지, 방송 같은 매체의 확산이 이뤄지던 시기였다. 이로 인해, 더욱 가혹해진 일제의 수탈정책과 무관한 듯이 경성을 중심으로 하는 대중문화도 발달하였다. 우리는 1930년대 '동양극장'과 이 공간에 구름처럼 모여든 관객을 통해 대중 혹은 대중연극이라는 근대문화의 실체와 근대적 공

그림 5-1. 동양극장 개관 당시 사진

간을 확인할 수 있다. 동양극장이라는 공간은 가혹한 현실에서도 근대사회문화를 욕망하고 그들의 일상을 반영하여 소비문화와 근대적 문화의 취향을 만든 공간이 존재했음을 보여 준다.

당시 동양극장은 건평 337평에 2층으로, 객석이 648석에 달하는 규모였다. 동양극장은 당시에 유일한 회전무대를 소유하였고, 국내에서는 처음으로 음향효과를 위한 '호리촌트(허공에 드리운 장막)'도 설치되어 있었다. 무대 뒤에는 별채가 있어, 분장실, 소도구 제작실, 의상실, 화장실이 구비되어 있었다. 배전반을 갖춘 조명실과 무대 및 기관실, 스팀 장치 등의 시설도 구비되었다.

객석은 1층이 일반석 400석, 2층은 200석이 일반석과 특등석으로 구분되었다. 의자는 1인용으로 접이식 의자였다고 한다. 600석 정도의 객석은 주야로 300석이면 현상 유지가 되었고, 인기작의 경우엔 700~800매가 팔렸으며, 최고 1,700명 정도까지 입장하여 대성황을 이룬 적도 있었다고 전해진다. 동양극장은 대본의 창작으로부터 공연의 순서와 방식에 이르기까지 관객들의 반응에 유념하여 세심한 배려를 아끼지 않았다고 한다.

1930년대 한반도의 근대문화의 현실과 새로운 연극문화와 관객을 연결해 주던 동양극장은 1930년대 대표적인 대중극장이었고 일종의 매체 역할을 한 장소였다. 따라서 동양극장의 존재는 식민지 현실에서도 1930년대 대중에 의해 생성 중이었던 근대의 일상문화를 보여 주었다는 점에서 상징적인 공간이었다. 당시, 관객을 사로잡는 희곡이 곧 지상의 목표였던 동양극장은 대중적으로 성공한 공연 레퍼토리를 반복적으로 생산했다. 그런데 당시 동양극장의 경우 관객들에게 일종의 비극 이미지를 생성하여 한국적 대중극의 전형(典刑)을 생산한 장소이기도 했다. 이런 전형의 완성적인 구조의 대표적인 연극은 임선규의 「사랑에 속고 돈에 울고」를 꼽을 수 있다.

임선규의 「사랑에 속고 돈에 울고」는 동양극장의 전속 극단인 청춘좌에 의해 1936년 7월 23일부터 31일까지 동양극장에서 초연되었다. 당시 이 작품을 소개한 신문의 광고문을 통해 이 공연의 주제가 예고되는데, 이를 살펴보면 다음과 같다.

> 모든 것을 초월하여 오직 진정만으로 맺어진 사랑. 하늘이 무너져도 깨지지 않는, 만인이 부러워할 만한 아름다운 사랑이었다. 그러나 세상은 그들을 언제까지든지 그대로 두지 않았다. 출세, 영예, 호화, 지위, 인간의 모든 욕망은 제각기 제 하고 싶은 대로 날뛰며 그칠 날이 없었다. 물은 물대로 기름은 기름대로 제 갈 곳을 찾아가고 '기생은 백 번 땅재주를 넘어도 기생'이었고, '개구리는 올챙이 적 생각을 못 하였다.' 세상은 언제나 새로운 길을 찾으려 하면서도 늘 오던 길을 되풀이하는 것 같았다.[1]

「사랑에 속고 돈에 울고」는 임선규가 쓴 장막희곡으로 4막 6장으로 구성되었다. 이 희곡은 본래 임선규가 동양극장의 연구생으로 소속되었을 때, 「내가 사랑하는 사람들」이라는 제목으로 쓴 작품이었다. 당시 동양극장의 문예부장이면서 연출가였던 박진(朴珍)에게 이 작품을 전달했지만, 한동안 이 작품은 공연되지 못했다. 이 희곡은 동양극장 관계자들끼리 독해하면서, 극단 경영문제를 타개하기 위한 방안을 모색하던 차에 제목이 변경되어 지금 우리가 아는 「사랑에 속고 돈에 울고」라는 이름을 얻게 되었다는 이야기가 전해진다. 원작의 제목이 반영한 바와 같이 이 희곡은 당시 경성이라는 공간을 배경으로 식민지 근대의 일상을 통해 모순적인 현실을 반영하고 있다.

2. 식민지 근대사회 도시공간의 일상

희곡 「사랑에 속고 돈에 울고」의 여주인공은 1930년대 실제 세계에서 흔히 목격될 수 있는 식민지 근대의 일상과 풍속을 재현하는 극적 인물이다. 이 인물은 1930년대 경성(서울)에서 사는 기생 출신 여인의 일상과

---

1 "모든 것을 초월하야 오즉 진정만으로 매저진 사랑. 하늘이 문허저도 깨여지지 안는, 만인이 부러워할 만한 아름다운 사량이엿다. 그러나 세상은 그들을 언제까지든지 그대로 두지 안햇다. 출세, 영예, 호화, 지위, 인간의 모든 욕망은 제각기 제 하고 싶은 대로 날뛰며 끗철 날이 엽섯다. 물은 물대로 기름은 기름대로 제 갈 곳을 차저가고 '기생은 백번 땅제주를 넘어도 기생'이엿고, '개고리는 올챙이 적 생각올 못하앗다.' 세상은 언제나 새로운 길을 차즈랴 하면서도 늘 오든 길을 되푸리하는 것 갓햇다", 『매일신보』(1936.7.24).

그녀를 둘러싼 가족, 결혼, 자유연애, 계층 갈등 등을 재현한다. 홍도라는 기생이 재현한 일상은 당시 사회의 복합적인 인간관계와 갈등을 묘사한 셈이다. 이러한 인간관계의 재현을 통해 이 희곡에서는 황금만능주의와 봉건적인 계층 갈등 등 근대사회가 직면한 구조적 모순을 대중의 '살아 있는 언어'로 형상화하고 재현했다.

가령, 이러한 특징은 1막 도입부부터 장면을 통해 사례를 확인해 볼 수 있다. 홍도와 광호의 사랑은 홍도의 오빠인 철수의 놀림 속에 행복한 모습으로 나타난다. 이 일상은 무엇보다 1930년대 경성의 자연스러운 일상적 회화체의 언어 구사를 통해 재현되었다. 그리고 이들의 일상에는 당대 도시문화인 목욕탕이나 당구장 등의 장소가 호명되거나 이들이 소비하는 일상공간이 반영되었다.

> 광호: 저 이렇게 하지요. 세 분이 목욕 갔다 오실 동안 저는 요 앞에 나가서 '다마'나 치다 오지요. —「사랑에 속고 돈에 울고」

> 노복: 게다가 요즘 신문을 볼라치면 학생과 기생들의 연애문제로 말미암아 우리 사회에 큰 해독을 입는 고로 우리 식자 계급에 있어서 방금 그 문제에 대책을 강구 중이라 그런 말이야. —「사랑에 속고 돈에 울고」

「사랑에 속고 돈에 울고」에는 '근대적' 양상들이 복합적 경험으로 존재하는 방식이 아주 잘 드러나 있다. 근대적 삶을 살아가는 평범한 사람들, 1930년대 일상의 생활양식을 통해 '체득'된 현실이 이 희곡에 반영되어 있다. 인용한 대목에서는 목욕문화와 당구 등의 근대적 취향과 신문을 통해 정보를 얻는 근대인의 일상과 자유연애 등 근대사회의 일상이 반영되었다.

「사랑에 속고 돈에 울고」는 1930년대 도시를 중심으로 하는 대중문화적인 공간에서 삶을 재현한 연극무대의 특성 때문에 당대의 근대적 문화와 근대적 공간의 특징을 보여 줄 수 있었다. 2막에서 기생인 홍도와 대비되는 여성 인물인 혜숙과 봉옥은 이 시대의 문화적 현상을 대변하는 존재인 신여성이며, 이들의 일상적 공간으로 백화점이나 카페가 등장한다. 신여성인 봉옥과 혜숙은 자주 이 공간을 드나들고 화장품을 구입하거나 선물하며, 또 양구두를 수선하는 일상이 재현된다.

이처럼 「사랑에 속고 돈에 울고」 1막의 사랑의 공간과 2막의 물질과 자본의 유혹이 존재하는 근대사회의 특징은 자유연애와 결혼, 사회계층 갈등이라는 대중의 흥미를 자극하는 전형적인 스토리텔링에 자연스럽게 반영되었다. 3막에서 자유연애와 관련한 젊은 세대의 일상은 조금 더 근대화된 사회의 병폐(病弊)를 재현한다. 대표적으로 홍도의 일기에 등장하는 '깔모찡(칼모틴)'이라는 항우울제와 여인의 자살은 1930년대 근대인의 정서와 일상을 반영한 소품이자 극적 상황이다.

그런데 1935년 당시는 인구 대부분이 농민이었다. 그런 사정으로 볼 때, 서울에서 동양극장의 연극을 관람할 수 있었던 사람은 시간이나 물질적으로 여유가 있는 중산계층 이상이었을 것이다. 1931년 신문 기사에는 미나노좌의 관객으로 "중산 계급의 자제, 기생, 부랑자, 모던보이, 변호사, 신문기자" 등에 대해 기록하고 있다.[2] 이 기록이 마치 다양한 관객 구성이 존재했던 사실을 알려 주는 것처럼 보이지만, 무엇보다 이 기사는 동양극장에서 근대문화를 소비하고 싶은 욕망을 지닌 관객, 1930년대 근대인의 실체였다. 그리고 화류계 비련극이 유행했던 당대, '여성 취향' 신파극 레퍼토리의 존재는 근대인으로서 근대문화를 소비하는 주체였던 기생 관객의 존재를 알려 준다.

당시 동양극장의 관객은 종로·한성 두 권번(券番)의 5백여 기생들로, 이들이 주요 단골이었다고 한다. 그래서 「사랑에 속고 돈에 울고」나 「어머니의 힘」(이서구 작)같이 기생을 주인공으로 하는 신파비극인 화류비련극과 가정비극의 멜로드라마가 인기의 절정을 누렸다고 한다. 「사랑에 속고 돈에 울고」 연극의 2막에서는 당시의 기생에 대한 편견과 실제로 기생들이 여성으로서 갖는 모순적 태도와 현실을 재현하고 있다.

춘홍: (일어나 인사) 마님, 안녕하세요.

모: 마님이고 뭐고 당신네는 집을 잘못 찾지 않았소? 내 집은 요릿집이 아니오. 기생들은 요릿집으로 갈 것이지.

춘홍: 뭐요? 기생들이라고요?

모: 그럼 너희들이 기생들이지 뭐야?

춘홍: 아니 이보세요. 그래, 기생들이 당신네 집에 왔으니.

수련: 누가 밥을 달라고 했소?

---

2 민병휘, 「박씨의 푸로극관과 포영씨의 '깨어진 거울' (1)」, 『조선일보』(1931.2.11).

춘홍: 기생질하는 것도 원통한데 어째서 함부로 '기생' 하는 거요?[3]

—「사랑에 속고 돈에 울고」

실제로 동양극장과 같은 대중연극 극장에는 비교적 바깥출입이 자유롭고 경제활동을 했던 '화류계 여성' 관객에 의해 주도적으로 형성되었다. 그리고 1920년대 후반부터 접객업 분야에 종사하는 도시 여성의 수가 기하급수적으로 증대되었다 한다. 당시 이 여성들의 수입이 평균 월 50~60원 정도였던 것으로 추정되는 기생의 수입에 대한 사실은 당시 관객의 실체와 이 희곡에 반영된 경제적으로 독립한 여성에 의한 근대사회의 일상문화를 이해할 수 있도록 돕는다. 이처럼 근대사회의 도시공간인 극장의 관객 주체가 된 화류계 기생들이 공연 레퍼토리에 영향을 미치기는 했지만, 일상에서 이들이 만난 현실은 상당히 모순적이었다는 것을 이 연극은 보여 준다. 우리는 이 사실을 통해 당대 선진문화를 경험할 수 있던 동양극장, 근대문화의 모순된 현실을 목격할 수 있었던 이 장소에서 근대인의 실체였던 다수의 홍도들이 어떤 마음으로 관객석에 있었을지 헤아려 보게 된다.

---

3 춘홍: (일어나 인사) 마님, 안녕하세요.
모: 마님이고 뭐고 당신네들은 집을 잘못 찾지 않았소? 내 집은 요릿집이 아니요. 기생들이란 요릿집으로 갈 게지.
춘홍: 뭐요? 기생들이라구요?
모: 그럼 너희들이 기생들이지 뭐야?
춘홍: 아니 여보시요. 그래 기생들이 당신네 집에 왔으니.
수련: 누가 밥을 달래요라고 했소?
춘홍: 기생질하는 것두 원통한데 어째서 함부로 기생하는 거요?

3. 기생 홍도와 신여성 혜숙의 갈등으로 나타난 1930년대 근대 여성의 모순과 자의식

광호에 대한 홍도의 사랑이 혜숙을 매개로 한 것이라고 할 때, 우리는 1930년대의 여성사회의 일면을 볼 수 있다. 즉 홍도는 기생의 신분으로 당대 여성의 한 전형적인 모습이다. 그리고 혜숙은 근대사회로의 변화 속에서 당대 새로이 대두된 신여성이다. 홍도와 혜숙은 각각 전통적 가치관과 근대적 가치관을 '신여성'과 '기생'이라는 반봉건적인 여성 인물로 몸소 체현(體現)한 인물들이다. 이 두 여성 인물의 갈등은 단순히 사랑이나 신분 상승에의 욕구만이 아니라 새로운 근대사회로의 변화가 전통적인 가치관과 근대적 가치관이 충돌하며 생성되는 것을 반영한다. 현모양처를 연기하는 기생과 모던걸 신여성 혜숙의 충돌은 다음과 같은 대사를 통해 당시 가치관과 모순적 여성관을 보여 준다.

혜숙: 어째서 당신은 자기 자신의 환경과 지배를 모르는 사랑을 요구했는가요?

홍도: 그것은 자유예요.

…

혜숙: 아르망이 아무리 마르그리트를 사랑했다 할지라도 그 사랑은 절대로 성립이 되지 않았을뿐더러 결국에는 아르망은 축웅의 눈물밖에 돌아오는 것이 없지를 않았어요? 자기의 환경을 모르는 사

랑에는 결국 눈물밖에 돌아오지 않다는 것을 어째서 당신은 모르시나요?

홍도: 체(코웃음), 당신을 가장 유식하다고 하는 당신이면서 외국의 춘희(동백 아가씨)란 소설만 봤지, 어째 우리 동방예의지국의 열녀 춘향이는 모르시나요?

혜숙: 춘향이라고?

춘홍: 그렇지. 당신네는 남의 나라 말만 할 줄 알았지, 우리나라에서 가장 유명한 옛 춘향전을 못 읽어 봤소? 남원의 월매 딸 성춘향이는 기생의 몸으로 서울 이 대감의 아들, 이 도령을 사랑했다가 별안간 그 도련님을 잃고 신관 사또 변학도의 숙청을 거절하고 죽을 목숨을 가지고서도 곧은 절개를 지켜 오다가 결국에는 이 도령의 품으로 돌아가서 열녀비를 세운 열녀 성춘향이를 어째 모르는가 말이야.

혜숙: 정말, 저런 벽창호들과 상대해서 말하는 내가 잘못이지. (화를 내고 나간다)[4]

—「사랑에 속고 돈에 울고」

---

4 혜숙: 어째서 당신은 자기 자신의 환경과 지배를 모르는 사랑을 요구했는가요.
홍도: 그것은 자유에요.
…
혜숙: 아르맨은 아무리 말크랜을 사랑했다 할지라도 그 사랑은 절대로 성립이 되지 않었을뿐더러 결국에는 아르맨은 축옹의 눈물밖에 돌아오는 것이 없지를 안었어요. 자기의 환경을 모르는 사랑에는 결국 눈물밖에 돌아오지 않다는 것올 어째 당신은 모르나요?
홍도: 체(코웃음) 가장 당신올 유식하다고 하는 당신이면서 외국의 춘희란 소설만 봤지 어째 우리 동방예의지국의 열녀 춘향이는 모르시나요?
혜숙: 춘향이라고?
춘홍: 그렇지. 당신네들은 남의 나라 말만 할 줄 알았지 가장 우리나라 옛 유명한 춘향전을

이 대사를 보면, 홍도는 전통적인 세계관의 맥락에 닿아 있다. 왜냐하면, 홍도는 빈곤한 환경에서 태어나 어려서 부모를 잃고 오빠와 단둘이 자라, 오빠의 학비를 위해 자신의 몸을 팔아 기생이 된다는 전형적인 고전(古典) 즉, 익숙한 이야기 구조이기 때문이다. 홍도의 서사는 아버지가 눈을 뜰 수 있게 하기 위해 공양미 삼백 석에 자신의 몸을 팔아 인당수에 빠진 심청이 서사와 유사한 모티브다. 이는 전통적인 가부장적 이데올로기에 의해 여성들에게 내면화되어 온 서사인 셈이다. 그것은 인내와 순종의 미덕을 발휘하는 전통적인 여성상으로 홍도의 대사에는 춘향이마저 전형적인 가부장 중심 서사 측면에서 이해한 태도가 발견된다.

그런데 홍미롭게도 신파극 초기에 기생은 계모와 같이 부정적인 극(드라마) 중 인물로 형상화되곤 했다. 점차 연극에서 기생이라는 여성 인물이 긍정적인 모습으로 변하게 된 것은, 당대 사회현실을 반영하는 연극관습(미학) 때문이라고 할 수 있다. 즉 홍도는 근대사회로의 변화 속에서 몰락하는 전통적인 여인상과 함께 더욱 가중되는 식민지하의 빈곤으로 인해 자신의 몸을 팔아 가족의 생계를 책임져야 했던 당대 노동자 혹은 시민 이미지가 결합하여 나타난 여인상이다.

이처럼 홍도는 전근대적 가치관을 따르는 봉건적인 인물이지만, 자유연애를 고수한다는 면에서 근대적이다. 반면에 혜숙은 신여성이지만 정

못 읽어 봤오. 남원의 월매 딸 성춘향이는 기생의 몸으로 서울 이 대감의 아들 이 도령을 사랑했다가 별안간 그 도련님을 잃고 신관 사또 변학도의 숙청을 거절하고 죽을 목숨을 가지고서도 굳은 절개를 지켜 오다가 결국에는 이 도령의 품으로 돌아가서 열녀비석을 세운 열녀 성춘향이를 어째 모르는가 말이야.

혜숙:정말 저런 벽창호들과 상대해서 말하는 내가 잘못이지. (화를 내고 나간다)

혼한 남편과의 결혼에 집중하는 전근대적 여성으로 행동한다. 그런데 이들의 신분 질서와 차이는 환경과 물질적 조건을 중시여기는 근대적 세계관에서 비롯된 것이며, 바로 자본의 논리에 의해 영향받는 현실을 반영한다. 근대적 세계관을 대표하는 사랑은 엄격한 신분 질서를 뛰어넘을 수 있으리라는 기대를 무너뜨린다.

지식인이지만 가난하기 때문에 동생을 팔아 돈을 벌려 하는 기생오라비라는 모욕을 받으며 친구들 모임에서 제명된 철수의 이야기와 기생 출신이라는 전력을 가진 광호의 어머니가 기득권층을 대변하는 인물로 그려진 것은 근대사회의 가치관 변화와 현실을 상징한다. 무엇보다 이 연극은 물질적 조건에 영향받는 새로운 신분 질서와 시대 인식의 변화와 갈등을 보여 주고 있다. 특히 새로운 신분 질서인 자본의 논리 앞에 사랑의 힘이 무력하게 드러나는 「사랑에 속고 돈에 울고」라는 제목은 1930년대 근대인의 실체를 잘 보여 준다. 즉 이 작품은 신분을 초월한 사랑이 자본의 논리 앞에 몰락해 가는 근대적 가치관의 실체를 홍도의 좌절을 통해 보여 주었다.

체제와 근대적 이념의 확산은 국민 대다수로 하여금 '돈'과 '사랑'의 문제를 현실적으로 지각하게 만들었다. 「사랑에 속고 돈에 울고」는 전근대와 근대가 충돌하는 식민지 현실의 내밀한 단면과 맞닿아 있다. 기생 신분으로 당당히 유학생 지식인과 사랑을 나눈 홍도는 식민지 근대 대중들의 무의식적 욕망이 투영된 존재였다. 시어머니와 신여성의 계략에 의한 그녀의 시련과 좌절은 사랑과 자유연애라는 근대적 관념으로 넘어서거나 해결할 수 없는 1930년대의 현실적 모순을 반영한 사실적인 근대연극이었다.

4. 서러운 고아 남매

이 신파극의 두 주인공은 연인 관계의 홍도와 광호에서 시작하지만, 실제로는 홍도와 철수 오누이의 이야기가 극 전반을 차지한다. 부모 없이 자라난 고아 남매는 한국 근대문학에서 자주 등장하는 인물 구도다. 이는 전형적인 식민지 사회를 반영한 문학의 인물 구도이다.

> 철수: 오냐, 내가 잘못했구나. 너를 부잣집 좋은 가문에다 시집을 보낸 이 오라비가 잘못이지. 물과 기름은 도저히 합칠 수 없다는 것을 아마 이제야 깨달았나 보다.
>
> 홍도: 오빠—. (안겨 운다)
>
> 철수: 울지 마라. 어쩌면 우리 남매는 이렇게 눈물이 많은 서러운 세상에 태어나서 이렇게 얄궂은 운명을 안고 울지 않으면 안 되었더란 말이야.[5]
>
> —「사랑에 속고 돈에 울고」

---

5 철수: 오냐, 내가 잘못했구나. 너를 부잣집 좋은 가문에다 시집을 보낸 이 오래비가 잘못이지. 물과 기름은 도저히 합칠 수 없다는 것을 아마 이제야 깨달았나 보다.
홍도: 오빠—. (안겨 운다)
철수: 울지 마라. 어쩌면 우리 남매는 이렇게 눈물이 많은 서러운 세상에 태어나서 이렇게 얄궂은 운명을 안고 울지 않으면 안 되었드란 말이야.

억울하게 누명을 쓰고 쫓겨난 홍도와 그녀의 결백을 받아들인 오빠가 서로를 부여잡고 흐느끼는 모습은 동양극장을 울음바다로 만들었던 대표적 장면 중 하나였다. 그렇다면 오빠의 품에 안긴 가엾은 누이의 모습을 보며, 폭발적인 반응을 보였던 당시의 관객들은 어디에서 마음이 움직이게 된 것일까? 「사랑에 속고 돈에 울고」가 상연되었던 동양극장에 수많은 관객이 장사진을 치며 이 공연을 보았던 것은 식민통치로부터 일시적인 해방을 맛볼 수 있는 장소가 필요했던 것일지, 아니면 가련한 기생 홍도의 삶 혹은 여성의 삶에 공감한 관객들의 전근대적인 자기 위안 때문이었을지는 단정하기 어렵다.

당시 신파극 「사랑에 속고 돈에 울고」가 동양극장에서 상연되는 동안 장안의 기생들과 부녀자들의 호응은 대단했다고 전해진다. 특히 공연 도중에 오빠 역을 맡았던 배우 황철이 홍도를 달래면서 〈홍도야 울지 마라〉를 부를 때는 배우들의 모습에 감정이입을 한 기생들과 부녀자들의 울음소리가 끊이지 않았다 한다. 근대사회로 변화하는 지점에서 봉건적인 가치와 자본적인 가치로 복합적인 기준에 의해 물과 기름처럼 공존하지 못하던 기생과 부녀자, 이 여성들은 현실에 절망한 자신들을 위로하는 이 노랫말에서 많은 위안을 얻었을 것이다. 이는 대부분 근대사회에서 공공연히 경험하는 일상이었기 때문에 관객들은 공감과 위안을 얻었을 것이다.

동양극장의 관객 대다수는 1930년대를 사는 당대의 정서적 차원에서 공감하며 모여들었던 것이다. 「사랑에 속고 돈에 울고」 주인공들과 함께 울고 웃는 즐거움은 특히 등장인물과의 동일시로 인해 흘리는 여성 관객들의 눈물이 입증한다. 여주인공 홍도는 현실에서 금지된 소망인 신분과 계층을 뛰어넘는 자유연애와 욕망을 환기해 준다. 극 중에서 좌절된 주인공의 욕망은 그녀에게 몰입했던 관객들에게 전이되었고, 이로 인해 근대 여성들은 자신들의 현실을 자각하는 경험을 소유할 수 있었을 것이기 때문이다.

그런데 「사랑에 속고 돈에 울고」가 연일 기록을 세우며 최고의 흥행을 거두자, 동양극장 측은 한 달 뒤에 속편을 공연하였다. 원작에서는 우발적 살인을 저지른 홍도가 경관이 된 오빠에게 끌려가는 것으로 연극이 끝나는데 30분 정도 덧붙여진 속편에서는 홍도가 살인자로 법정에 서고 변호사로 나선 오빠의 도움을 받아 무죄선고를 받는 것으로 이야기가 확장된다. 당시 부민관(府民館)에서 대망의 「사랑에 속고 돈에 울고」 전후편 대회라는 이벤트 공연을 가졌는데, 이로 인해 당시 공연장이 있던 광화문 일대가 인산인해를 이루었다고 전해지기도 한다.

한 편의 연극으로 시작한 「사랑에 속고 돈에 울고」가 영화로 만들어지고, 영화 주제가가 다시 독자적인 이야기 음반 등으로 여러 차례 만들어지며 큰 인기를 얻었던 것을 확인할 수 있다. 그리고 1937년 포리돌레코드는 왕평, 전옥, 백수 등이 참여한 이야기 음반 「사랑에 속고 돈에 울고」를 발매했고, 인기에 힘입어 이 음반은 1939년 같은 회사에서 재발매했다. 이 사실들은 「사랑에 속고 돈에 울고」가 여성 관객 수용자와 소통하면서 1930년대 문화와 가치관, 그리고 자본과 일상의 재현을 통해 근대인의 모순적인 현실까지도 반영하고 교감하게 해준 매개체로 확대된, 대표적인 근대문화 콘텐츠 텍스트였음을 말해 준다.

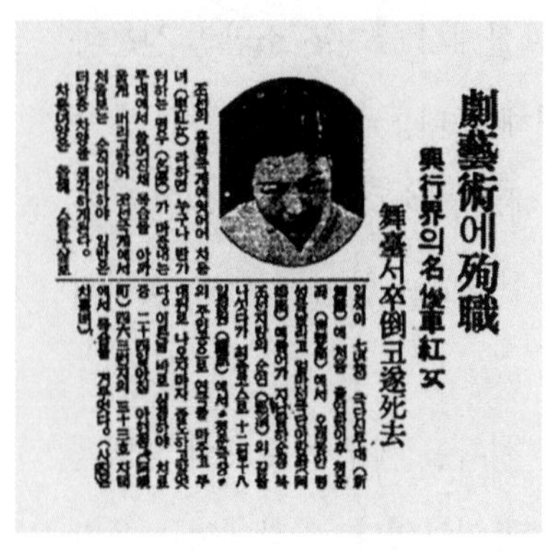

劇藝術에殉職

興行界의名優車紅女

舞臺서卒倒코遂死去

그림 5-2. 홍도 역할을 맡았던 배우 차홍녀의 부고 기사

이러한 근대문화가 형성될 수 있었던 것은 연극 전문 극장이었던 동양극장이라는 사회적 공간이 존재했기에 가능했다. 동양극장은 연극의 기업화를 입증하였고 배우들도 드물게 연극으로 생활의 안정을 얻을 수 있었던 문화산업의 가능성이 존재했던 장소였다. 이상으로 「사랑에 속고 돈에 울고」와 동양극장은 1930년대 근대사회의 일상과 문화를 재현한 희곡과 연극을 공연한 근대적 공간으로 기억할 가치가 있다.

참고자료

김경옥(1984.10), 「연극계 비화 ③ —不世出의 女優 차홍녀」, 고설봉 증언, 『한국연극』, 한국연극협회.

김미도(1987.4), 「화려한 몰락, 현대연극사정리 —동양극장사 II(고설봉 옹의 증언을 참고로 한 극장극단 이야기)」, 『한국연극』, 한국연극협회.

몸을 보는 근대의 시선,
의약품 광고

최규진
청암대학교 재일코리안연구소

1. 상품의 신화와 이미지의 전염

근대에 새롭게 발명된 사진과 영화, 그리고 인쇄술의 발달은 예전의 문자중심사회를 시각중심사회로 바꾸었다. 그렇게 시각은 근대를 지배하는 감각이 되어 갔다. 신문에 실린 사진, 삽화는 근대의 시각문화에 큰 영향을 미쳤다. 신문에서 광고도 중요한 시각 요소가 되었다. 광고 도안에는 삽화 또는 만화풍의 일러스트레이션이나 심벌마크, 사진 등이 담겨 있다.

광고는 무엇인가. 한 광고학자의 말에 따르면, "20세기 인류가 만들어 낸 가장 위대한 '이즘(ism)'은 '물질주의'이다. 물질에 대한 사랑, 거래와 비축, 구매와 판매, 나아가 물건에 대한 사랑이 현대적 시스템을 가능하게 만든다. 그리고 그 선봉장은 광고이다. 광고는 구원의 사절이 되어 종교 역할을 대체하게 되었다." 상품과 광고의 역사, 그것은 자본주의와 욕망의 역사다. 그야말로 광고는 '물질들의 신화'를 보여 준다.

광고는 대중에게 제품에 관한 정보를 알리는 도구였지만 사회구성원들이 공유하는 의식, 가치관, 이념을 반영하고 창출하는 문화적 기구가 되었다. 광고는 상품 판매를 위한 '설득 커뮤니케이션'이나 '마케팅' 이상의 의미를 담고 있다. 광고는 당대의 시대상과 문화를 반영하는 문화적 현상이다. 상품은 광고를 통해 문화적 의미를 스스로 만들어 내기도 한다. 따라서 광고는 중요한 역사 텍스트이며 비문자 사료의 핵심 가운데 하나다.

광고에 실린 이미지들은 그 영향력이 매우 크다. 이미지는 문자보다 사물과 현실을 더욱 구체적으로 볼 수 있게 하고 쉽게 인식할 수 있도록 해 준다. "이미지는 글보다 전염성이 강하고 바이러스성을 띤다. 이미지는 신념 공동체를 땜질하듯 녹여 붙이는 탁월한 재능을 갖고 있다." 광고에 실린 상징적인 이미지들은 아직 해석을 기다리고 있다. "이미지는 사회적 현실의 직접적 반영도 아니고 사회적 실제와 무관한 기호 구조만도 아닌 사물의 상징적 의미를 담고 있"기 때문이다.

이미지에 담긴 은유와 무의식을 읽어 내려면 당대의 사유체계와 역사 상황을 알아야 한다. 1910년대 '무단통치기'의 의약품 광고를 보면서 자본의 문화전략, 다시 말하면 광고를 통한 근대 기획이 어떠했는지를 살펴보자. "광고는 소비자를 창출하는 또 다른 생산수단일 뿐만 아니라 문화적 확산을 꾀하는 수단이 된다"라는 말을 새기면서.

2. 전기 이벤트와 전기 치료기

기록에 따르면 우리나라에 전기가 도입된 때는 1884년쯤이다. 우여곡절 끝에 1887년 3월에 경복궁 안에 있는 건천궁에서 처음으로 100촉짜리 전구 두 개가 불을 밝혔다. 그러나 전등 사업은 순조롭지 못했다. 비용도 많이 들고 툭하면 고장이 나고 발전시설의 소음도 심해서 사람들은 전등을 '건달불'이라고 불렀다. 1900년에는 한성전기회사가 종로 네거리에 전등 세 개를 달아 처음으로 가로등을 설치했다. 그보다 한 해 앞선 1899년에는 전주와 전선에서 동력을 받아 일정한 궤도 위를 달리는 전차(streetcar)가 새로운 교통수단으로 모습을 드러내었다.

이렇게 전기가 차츰 생활 속으로 파고들었지만, 1910년대까지 전기는 대중에게 강렬한 호기심과 취미의 대상일 따름이었다. 여러 이벤트는 이러한 대중심리를 이용했다. 몇 개의 보기를 들자. 1907년 경성박람

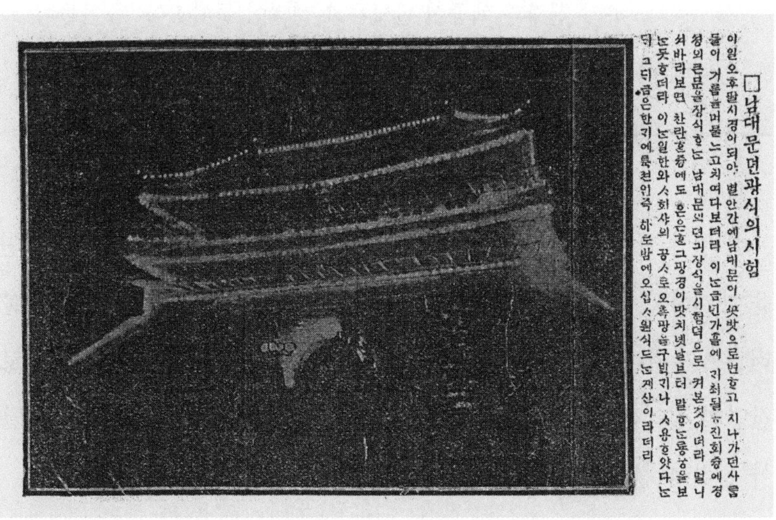

□남대문뎐광식의시험

이일오후팔시경이되야 별안간에남대문이 꼿밧으로변ᄒᆞ고 지나가던사ᄅᆞᆷ들이 거름을머물느고치여다보더라 이는금번가을에 기최될공진회즁에경셩의큰문을장식ᄒᆞᄂᆞᆫ 남대문의뎐긔장식을시험ᄒᆞᆷ이더라 멀니셔바라보면 찬란ᄒᆞᆫ즁에도 은은ᄒᆞᆫ그광경이맛치녯날브터 말ᄒᆞ는룡궁을보는듯ᄒᆞ더라 이는일한와ᄉᆞ회샤의 공ᄉᆞ로오쳑광을구비ᄒᆞ나 ᄉᆞ용ᄒᆞ얏다는ᄃᆡ 그ᄃᆡ금은한긔에륙쳔인즉 하로밤에오십ᄉᆞ원식드는계산이라더라

그림 6-1. 1915년에 열린 공진회를 선전하기 위해 남대문을 '전기 꽃밭'으로 만들었다. 『매일신보』(1915.8.4)

회 때는 사람들의 관심을 끌기 위해서 전등 아치를 설치하여 테크놀로지(technology)의 스펙터클(spectacle)한 전시를 시도했다. 1915년 공진회 때에는 남대문을 전기 꽃밭으로 장식하기도 했다.

1910년대에는 무대의 4면을 장식한 전등, 전기 춤, 전기 광선의 교차와 움직임 등 초보적 전기효과(electric effect)도 스펙터클로 흥행되었다.

이래저래 전기는 사람들의 호기심을 부추겼다. 지금 읽으면 황당한 전기 관련 내용이 잡지에 실리기도 했다.

> 우리 신세기는 과학 만능 시대다. …
> 【전기 밭과 전기 재배】 식물이 전류 때문에 현저히 빨리 자란다. 소학교의 한 교실 천장과 4면 벽에 '감응 코일'을 장치하고 전류를 통하면서 수업을 하자 신장과 체중이 발달하고 성적이 좋아졌다. 음식물이 인체에 미치는 결과와 같이 전기가 인체 유지에 필요한 '에너지'를 보급하게 될 것이다.[1]

한 일본 학자는 지적한다. "19세기 말까지 전기나 자기는 인간과 자연을 매개하고 질병을 발생하거나 치유하는 힘으로 사람들의 상상력을 불러일으켜 왔다. 우리는 이런 상상력이나 신앙을 지나간 시대의 미신으로 간단히 정리해 버려서는 안 된다." 이 말을 좇아 『대한매일신보』에 잇달아 실렸던 '전기대' 광고를 해석해 보자.

---

1 『청춘』 제7호(1917.5), 20~22쪽.

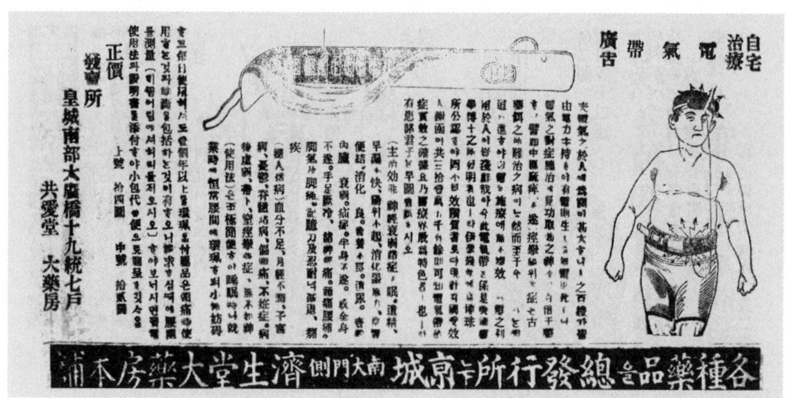

그림 6-2. 허리에 두르면 신경쇠약이나 소화불량 등 온갖 병을 치료하며 부인병에도 특효가 있다는 내용이다. 『대한매일신보』(1909.5.6)

이 광고는 "무릇 전기란 인간에게 관계하는 것이 매우 많은데 모든 신체가 다 전기를 지니고 있기 때문에 전기를 보강해 주어야 한다"라는 논리를 펴고 있다. 허리띠와 머리띠가 있고 배꼽과 머리에 전기를 보내는 모습을 그렸다. 신경쇠약, 신경통, 뇌졸중, 반신불수, 수족냉증 등 혈관과 신경계 질병, 그리고 소화기 계통에 효능이 많으며 갖가지 부인병에도 좋다고 했다. 남성의 조루에도 효과가 있다고 적었다.

> "서양의 경우 1892년 『내 빈약한 성기』라는 책에 실린 광고에서 전기벨트 형태의 의료기구가 호전시킬 수 있는 증상으로는 무력감, 류머티즘, 신경 소모, 두뇌 혹사, 정력 감퇴, 쇠약, 불면, 소화불량, 부인병, 히스테리, 간과 신장 질환 등 대부분 신경성으로 진단된 증상을 망라했다. 이는 성적 퇴화와 신경병의 밀접한 관계를 드러내고 있다."[2]

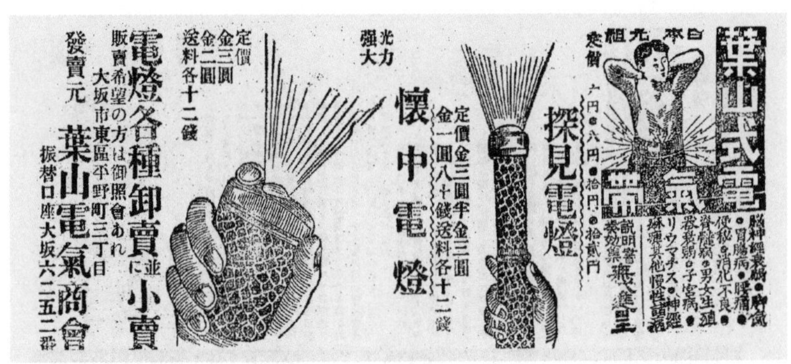

그림 6-3. 전등과 함께 실린 '전기대' 광고. 『경성일보』(1910.2.17)

위의 '전기대' 광고에서도 신경쇠약과 남녀 생식기 쇠약에 효과가 있는 것으로 선전했다.

다음 광고는 강장제인 '자양환' 광고 가운데 일부이다. 허리에 두른 전기 치료대에서 전기가 흘러나오고 건장한 남성이 강장제인 '자양환'을 들고 있다.

그림 6-4. '자양환' 광고 가운데 부분. 『매일신보』(1914.8.25)

〈그림 6-5〉는 전기에 대한 사람들의 호기심을 이용하여 아예 약 이름을 '전기환'으로 붙였다. '쾌락의 강장제'인 '인삼린철주' 광고는 인삼과 불꽃 중간에 자석을 그리고 '보

---

2 이수형(2013), 「김동인 문학과 히스테리, 성적 상상」, 『사이(間, SAI)』 14, 국제한국문학문화학회, 310쪽.

양', '보음'이라고 적었다. 또 '대소 남녀의 영약인 인삼'에다 다른 약재를 '화학적'으로 배합했다고 적었다. 이제 그때 그들이 말하던 '화학'의 의미를 짚어 보자.

그림 6-5. '전기환' 광고. 『매일신보』(1918.11.17)

3. 화학과 실험실

'과학적' 인식이 보급될 무렵, "화학이란 무에서 유를 창조하는 것"이라고 생각했고 화학은 경이의 대상이었다. 경험적인 지식에만 의존하던 사람들에게 '실험'이란 매우 신선했을 것이다. 음양오행처럼 선험적으로 정해져 있는 절대 진리에서부터 연역해 나가는 것이 아니라 실험으로 비로소 올바름이 증명되어 간다는 것은 '서양 학문의 탁월성'을 상징했다. 염료와 화약, 화학비료 같은 것 때문에 화학에 관심이 있었을 것이며 서양 의약품도 화학에 대한 관심을 키웠을 것이다. 다음 광고를 보면 제약 실험실을 그려 넣고 "원료를 잘 선택하고 제조를 정밀하게 한다"라고 적었다. 실험실 현판에는 "실험위증(實驗爲証)" 즉 "실험으로 증명한다"라는 글을 썼다.

근대 의약은 자연의 산물이 아니라 인공의 산물이라는 특성을 지니고

그림 6-6. 제약 실험실 그림. 『매일신보』(1916. 5.2)

있다. 근대 이전에 약은 주로 자연에서 얻었다. 동양의학에서 본초(本草)라는 개념이 바로 근대 이전의 약이 무엇인지를 함축해서 표현하고 있다. "본초는 동아시아에서 전통적으로 약물을 칭해 오던 일반명사"로 동물, 식물, 광물을 이용해 만든 모든 천연 약재를 뜻했다. 하지만 근대 의약은 약의 효능을 극대화하면서 자연 성분을 인공 화합물로 대체했다. 1910년대에는 화학 가운데 '응용화학'에 관심이 집중되었다. 다음의 비누와 치약 광고가 그 보기이다.

〈그림 6-7〉에서는 양복을 입은 사람이 비누와 시험관을 들고 있고

그림 6-7. 비누 광고. 『부산일보』(1918.10.13)

그림 6-8. 치약 광고. 『조선시보』(1918.3.20)

"화학적으로 순량하다"라고 적었다. 〈그림 6-8〉은 콧수염을 기른 서양 화학자가 시험관 속의 결과를 지켜보고 있다. 서양 과학에 대한 동경이 담겨 있다.

4. 근대인의 몸, 공장과 요새

의학과 인간학의 기초로서 인간의 몸과 해부에 대한 관심은 유사 이래 계속되었다. 그러나 해부학은 근대에 들어와서야 하나의 학문체계로 성립되었다. 과거 인간의 몸에 대한 해부지식이 중요했던 것은 인간의 몸을 안다는 것 자체가 인간, 자연, 세계에 대한 지식의 총체였기 때문이다. 고대 서양에서 몸에 대한 이해가 신의 섭리를 파악하는 것이었다면, 고대 동양에서 몸에 대한 이해는 우주의 원리와 인간 세계의 원리가 구현된 공간을 인식하는 일이었다. 즉, 고대 동서양에서 해부지식은 단순히 질병의 치료를 위한 의학지식 가운데 하나가 아니라 인간과 세계를 이해하는 가장 본질적인 지식이었다.[3]

서양 해부학이 동아시아에 전해질 즈음, 동양의 의학자들은 엄청난 충격을 받았다고 한다. 몸을 우주의 오행과 상응하는 오장육부로 파악하는 수천 년에 걸친 앎의 체계가 단순한 구조와 형태의 집합으로 보는 앎의 체계와 충돌했기 때문이다. 이성과 합리라는 근대의 정신 속에서 해부학

---

3 김성수·신규환(2017), 『몸으로 세계를 보다』, 서울대학교출판문화원, 6쪽.

과 생리학이 발달하면서 사람의 몸을 구조와 기능으로 구성된 기계로 생각하게 된다. 마취와 소독이 발명되자 몸이라는 기계는 해체와 조립을 할 수 있게 되었다. 이러한 사상과 기술의 결합이 있었기에 외과술은 비약적으로 발전할 수 있었다.[4] 해부학은 인체에 대한 새로운 패러다임을 전해 주었기 때문에 그것이 미치는 반향은 클 수밖에 없었다.

해부학적 지식은 의약품 광고를 통해 매우 빨리 전파되었다. 이제 많은 사람이 해부학적 시선에 따라 인간의 몸을 바라보게 되었다. 해부학적 시선이란 자기 몸을 하나의 대상으로 보는 '객관화'이고 다른 사람의 시선으로 자신의 몸을 바라보는 내 몸의 '타자화'이다. "이제 몸은 소유와 연결되며 더 이상 존재와 연결되지 않았다. 해부학자들과 함께 몸은 인간으로부터 분리되어 무중력 상태에 놓이게 되었다." 이로부터 몸을 설명할 때 기계적 은유에 의존하는 것이 일반화되기 시작했다. 내 몸은 여러 기계가 결합된 하나의 공장과 같다는 생각이 그것이다. 신문에 실린 전면광고는 그

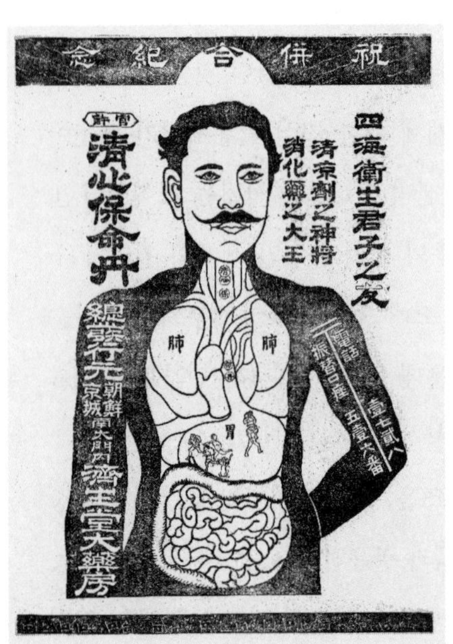

그림 6-9. 전면광고. 『매일신보』(1911.8.29), 6면

4 강신익(2007), 『몸의 역사』, 살림출판사, 5쪽.

내용을 잘 보여 준다.

'청심보명단'은 "위생을 중요하게 여기는 사람의 벗"이라는 광고 문안을 달고 해부도를 그렸다. 이 약은 "소화에 도움을 주는 청량제"라고 했다. 식도를 따라 '청심보명단'이라는 약이 들어가자 위에 사는 세균이 어찌할 줄 모르고 도망가고 있다. 이 전면광고는 해부학과 세균 그리고 위생이라는 근대 의학의 지식체계를 고스란히 담고 있다. 해부학적 시선이 담긴 의약품 광고 가운데 하나만 더 보자.

〈그림 6-10〉은 임신과 출산에 도움을 주는 '태양조경환' 광고이다. 난소에서 시작해서 아이가 태어나기까지를 발생학적 차원에서 해부학적 시선으로 그렸다. 전통 한의학에서는 인간의 몸 내부의 기관, 조직들을 통해 임신과 출산을 이해한 것이 아니라 음양오행이나 정(精)·기(氣)·신(神) 등의 관념적인 방식으로 이해해 왔다. 이제 해부학적 시선에 따라 그러한 생각이 발붙일 곳이 없게 되었다. 이 광고에서 눈여겨볼 문안이 있다. 자녀 생산은 인생의 쾌락이자 "국가의 원소(元素)"라는 문구이다. 이때의 '원소'란 집합

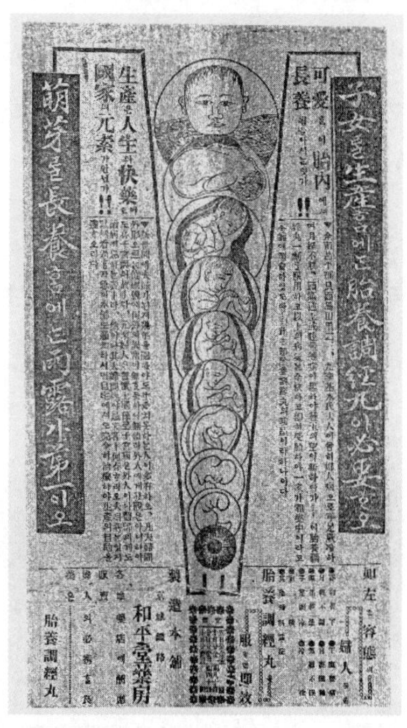

그림 6-10. 태아 생성과정을 그린 광고. 『매일신보』(1913.5.11)

을 이루는 낱낱의 요소이기도 하고 화학원소일 수도 있다. 어찌 되었든 이 광고에서는 개인의 신체와 국가의 관계를 제시하고 있다.

서양에서는 오물과 분뇨에서 발생하는 나쁜 기운, 즉 장기(瘴氣) 또는 미아즈마(miasma)가 전염병을 일으킨다고 생각했었다. 이러한 장기설 또는 미아즈마설은 19세기 말에 격동기를 맞이했다. 파스퇴르·코흐로 대표되는 일련의 학자들이 전염병의 원인을 발견했기 때문이다. 세균이었다. 1861~1863년에 파스퇴르는 세균이 발효의 원인이며 열로 세균을 없앨 수 있다는 것을 알아냈다. 1882~1883년에 코흐는 결핵과 콜레라균을 발견했다. 세균설은 학문적 기반을 강화해 나갔고, 장기설을 대체하기 시작했다. 세균을 눈으로 볼 수 있게 되면서 병인체론이 막강한 위력을 지니게 되었다. 『독립신문』이 박테리아에 대한 유별난 관심을 보인 것, 『황성신문』이 콜레라균의 관찰을 특별한 뉴스로 보도한 것 등이 바로 그 뚜렷한 증거다. 즉 병인체론에는 질병의 원인을 단 하나의 세균으로 환원하는 투명성의 원리와 함께 '보는 것이 진리'라는 근대적 앎의 원리가 작동하고 있었다.

그림 6-11. 『부산일보』(1916.9.10)

1910년대에도 여러 세균의 그림을 보여 주며 병의 원인과 치료 방법을 소개하는 글이 신문과 잡지에 실리곤 했다. 광고는 세균설을 중심으로 한 의학 담론을 적극 활용했다. 의약품 광고에 자주 등장하는 현미경도 그 보기 가운데 하나이다. 〈그림 6-11〉처럼 의약품 광고에 등장하는 현미경은 세균의 존재와 함께 현미경을 통한 시야의 확장을 상징한다.

세균이 질병을 일으킨다는 생각은 '내 몸은 몸 안의 세포와 밖에서 들어온 세포들이 치열하게 싸우는 전쟁터'라는 생각으로 이어졌다. 질병을 이겨 내려면 더 많은 무기를 동원해 전쟁에 이겨야 한다. 이를 위해 동원한 무기는 화학요법제와 항생제였다. 세포와 세균 사이의 끊임없는 군비경쟁이 시작되고, "세포들의 전쟁터인 우리 몸은 첨단무기를 거래하고 소비하는 시장터가 되었다."[5] 전쟁에 빗댄 약품 광고는 아주 많다. 때마침 1914~1918년에 1차 세계대전이 있었으니, 그런 광고가 더욱 성행했다. 그 가운데 하나를 보자.

그림 6-12. 『매일신보』(1915.1.1)

왼쪽 상단에는 제1차 세계대전에서 전쟁에 활용하기 시작한

5 강신익, 앞의 책.

비행선이 두 척 떠 있고, 제약회사 '화평당'의 대포가 병마를 물리치고 있다. 이 병마는 세균이다. 그런데 포탄에 맞아 죽어 가는 세균을 의인화했거나 꼬리 달린 벌레로 그렸다. 오른쪽에는 '팔보단 장군 대승첩'이라는 비석이 서 있다. 흔히 병마를 도깨비로 상징했던 여느 광고와 다르다. 한약재인 이 약은 세균설에 근거하되, 아직 무의식 속에 강하게 남아 있는 전통에 호소하는 광고기법을 썼다.

눈으로 보는 맛,
이미지로 읽는 음식

최규진
청암대학교 재일코리안연구소

1. 광고와 '고백(告白)'

"거짓도 천 번 말하면 진실이 된다." 독일 나치스 정권에서 선전장관을 했던 파울 괴벨스(Paul Joseph Goebbels)가 한 말이다. 1910년대 중반부터 각국은 모든 매체를 활용해서 정부 정책을 선전했다. 정부의 선전은 정치를 판매하는 수단이다. 이와는 달리 상품을 판매하는 수단을 일컬어 광고라고 한다.

물건을 만들어 파는 때부터 어떻게든 상품을 알리는 행위가 있었을 테지만, 우리나라 최초의 근대 광고는 1886년 2월 22일에 실린 세창양행의 광고로 알려져 있다. 독일 회사인 세창양행은 동양에 진출하려고 홍콩에 본사를 두고 이 땅에도 손을 뻗쳤다. 세창양행은 광고라는 말 대신 '고백(告白)'이라고 적었다. '아룀'이라는 뜻으로 쓴 이 한자어는 '광고'라는 말이 뿌리내리기 전의 용어였다. 그 뒤 일본 상인들이 광고라는 말을 쓰기 시작하면서 그 말이 널리 퍼졌다. 상품이 늘고 매체가 발달하면서 광고가 생활 깊숙이 파고들었다. 다음 그림을 보자.

그림 7-1. "광고도 일종의 신문이다", 『매일신보』(1915.3.27)

"광고도 일종의 신문 기사이기 때문에 우리의 생활상 필요한 광고문을 숙독하라"라는 신문 광고다. 잡지에서도 이와 비슷한 광고가 있다.

"광고는 다만 영리만 위하여 취급함이 아니요, 일반 사회의 견문을 넓히는 일종의 중요한 기사이오니 주의하여 숙독완미하면 실익과 취미가 불소합니다. 본지의 광고를 보시고 광고주에게 주문 혹은 교섭할 시는 개벽의 광고 보신 일을 명기하시오."[1]

이제 광고와 삽화로 일제강점기의 음식문화 한 자락을 살피자.

2. 습관이 된 화학조미료

싱거울 때는 간장을 넣으면 되지만 맛이 없을 때는 어떻게 할까? 비빔

1 「광고도 기사」, 『개벽』 제16호(1921.10).

밥이라면 양념장을 좀 더 넣거나 참기름을 몇 방울 더 뿌릴 수도 있겠다. 문제는 국물이다. 밍밍한 국물 맛을 어떻게 할까? 예전에는 모든 집에서 화학조미료를 늘 갖추었다. 숟가락으로 국물 맛을 보다가 아니다 싶으면 습관처럼 조미료를 더 넣었다. 습관이란 자기도 모르게 저절로 하는 행동이다. 화학조미료는 어떻게 우리네 음식문화에서 습관처럼 굳어졌을까?

1907년 동경제국대학 교수인 이케다 기쿠나에[池田菊苗]가 단맛, 신맛, 짠맛, 쓴맛이라는 4개의 기본 맛에 더해 다섯 번째 맛인 '우마미'를 발견했다. 감칠맛이다. 그는 일본에서 음식의 맛을 내려고 썼던 다시마의 핵심 성분이 글루탐산이라는 것을 발견했다. 그리고 스즈키제약(아지노모도사)이 이것을 상품으로 만들어서 '마법의 가루'인 아지노모도를 생산했다.

아지노모도사는 1910년 말에 서울의 쓰지모토 상점, 부산의 복영상회를 특약점으로 삼아 상품을 팔기 시작했다. 아지노모도사는 1920~1930년대에 식민지 조선뿐만 아니라 동아시아 전체를 시장권으로 삼는 '맛의 제국주의'를 성립시켰다. 아지노모도사는 광고계의 큰손이 되어 신문과 잡지에 수많은 광고를 실었다. 식민지 조선에서도 1915년부터 모든 음식을 맛있게 한다고 줄기차게 선전했다. 아지노모도사는 광고기법도 빼어났다.

그들은 근대 여성은 모두 아지노모도를 쓰며, '문명적 조미료'인 아지노모도야말로 좋은 맛의 지름길이라고 선전하면서 주부들을 파고들었다. 그들은 양념값을 적게 들이고도 그럴싸한 맛을 내야 하는 음식점도 공략했다. 아지노모도사는 '광고의 조선 현지화 전략'을 펼치면서 각계각층의 생활영역을 구석구석 파고들었다. "일정한 자극을 되풀이하면 습관으로 굳어진다." 아지노모도사는 끊임없이 광고로 사람들을 자극했다. 결국, 옆의 광고 문안처럼 "싱거울 땐 간장을, 맛이 없을 땐 아지노모도를" 습관처럼 넣는 사람들이 생겨났다.

그림 7-2. 파마를 한 신여성이 아지노모도로 음식 맛을 내고 있다. 『매일신보』(1937.12.14)

일제강점기에 '아지노모도'라는 화학조미료는 음식에 감칠맛을 내면서 서구식 문화생활의 상징처럼 되었다. 한때 "아지노모도의 원료는 뱀이다"라는 헛소문이 돌만큼 화학조미료는 뭇 사람들에게 강한 인상을 남겼다. 식민지 조선에서 아지노모도 판매는 크게 늘었다. 아지노모도사는 서울과 부산, 평양 등을 집중 공략했다. 특히 평양은 면의 고장으로 냉면집이 많았고, 육수와 곰 국물 요리도 많았다. 따라서 아지노모도사는 평양을 중요한 목표로 삼았다.

화학조미료 아지노모도가 인기를 끌자 뒤이어 '가루가 아닌 결정체'로 된 아지노미라는 제품도 나왔다. 아지노모도는 1939년 가을부터 생산이 줄어들기 시작했다. 원료가 되는 대두, 소맥분을 제대로 확보할 수 없었기 때문이다. 태평양전쟁에서 비롯된 전시식량통제로 더 큰 타격을 받았다. 아지노모도사는 1943년 7월에 조선 사무소의 문을 닫았다.

해방 뒤에도 아지노모도에 입맛을 들인 부유층은 밀수한 아지노모도를 줄기차게 찾았다. 1950년대 초만 하더라도 아지노모도를 반찬에 뿌리고, 왜간장에 밥을 비벼 먹는 것을 특별한 맛 내기로 여겼다. 그만큼 아지노모도는 사람들의 입맛을 길들여 놓았다. 아지노모도에 길든 혀를 달래려고 이 땅에도 화학조미료 공장이 들어섰다. 글루탐산나트륨, 흔히 MSG라고 부르는 화학조미료는 지금까지도 우리에게 친숙한 조미료이다. 설령 각 가정에서 MSG를 넣지 않는다고 해도 음식점과 인스턴트식품, 패스트푸드 등을 통해 날마다 MSG를 먹고 있다.

그림 7-3. 아지노모도 유사상품 아지노미 광고. "과학은 진보한다." 따라서 뒤에 나온 아지노미가 더 '과학적'이라는 내용이다. 『삼천리』(1935.12)

3. 공장에서 만든 기호품

조선 시대부터 내려오는 우리의 고유 기호식품은 떡, 약과, 다식, 강정, 엿 등이었다. 1900년대부터 수입한 설탕을 써서 만든 양과자가 생산

그림 7-4. 일본 과자 따위로 아이들의 코 묻은 돈까지 "알뜰하게 긁어 간다"라는 만화. 『동아일보』(1925.1.25)

그림 7-5. 서울특별시시사편찬위원회(2002), 『사진으로 보는 서울 2, 일제침략하의 서울』, 327쪽

되면서 옛 한과류는 차츰 쇠퇴하고 빵, 케이크, 아이스크림, 과자 등의 기호식품이 뿌리내리기 시작했다. 1885년 무렵 서울 진고개에 일본 과자를 파는 집이 생긴 뒤부터 낯선 과자가 차츰 늘어났다. 그리고 일본의 가내 수공업식 소규모 과자 업체가 잇따라 들어오면서 갖가지 일본 과자를 선보였다. "꿀보다 더 단 것은 진고개 사탕이라네"라는 동요까지 생겨났다. 사람들은 일본인이 파는 과자를 왜떡이라고 불렀다. 1910년대 서울에는 '왜떡' 장수가 많았다. 밀가루에 설탕을 넣고 반죽해서 구워 내도 잘 팔렸다.

〈그림 7-4〉를 보면 풍선을 달아 아이들 눈길을 끌고 기모노를 입은 일본 여인이 '왜떡'을 팔고 있다. 이 그림은 그때 그 모습을 제대로 그린 것일까. 거의 똑같은 장면을 포착한 사진이 있다.

〈그림 7-5〉는 1920년대 경성 큰길 어디쯤, 아마도 어느 초등학교 앞에서 찍은 사진일 것이다. 일본 여인은 카메라를 의식한 듯 등을 돌리고 있다. 헤어스타일과 패션이 눈길을 끈다. 흰 두루마기에 모자를 쓴 초등학생들이 일본인 노점상 앞에 몰려 있다. 이 무렵 남자아이들은 그렇게 교복을 입었고 여자아이들은 그냥 한복을 입고 학교에 갔다. 사진으로는 공중에 떠 있는 것이 무엇인지, 노점에서 무엇을 팔았는지 분명하지 않다. 〈그림 7-4〉의 만화와 견주어 보면 그것은 풍선이고 과자였음을 알 수 있다.

예전부터 먹었던 엿마저도 일본 제과업자가 조선인 취향에 맞추어 만들었다. 그러나 그나마 일본 과자에 밀리기 시작했다, 벌이가 시원치 않았던 엿장수 이야기를 들어 보자.

> 요사이 같아서는 죽을 지경이올시다. 왜떡이니 사탕이니 별별 군것질거리가 난 뒤로는 말이 아니올시다. 시앗에게 밀린 본마누라 격이지요. 그래도 갓 쓴 양반이나 늙은 양반들이 가끔 옛 회포가 새로워서 몇 가락씩 사 가고, 과자 맛을 채 모르는 애기 두신 안부인네 덕에 겨우겨우 지내 갑니다.[2]

〈그림 7-6〉을 보면 엿장수 옆을 지나가는 '왜떡' 장수가 있다. 일본 과자 행상은 네모진 유리 상자에 생과자(生菓子, 나마카시)와 찹쌀떡(모찌)을

2 「사탕, 왜떡이 원수」, 『동아일보』(1924.1.1).

그림 7-6. '왜떡' 때문에 엿이 팔리지 않는다. "패자의 비애는 여기에도 있다", 『동아일보』(1923.12.12)

담아 다니면서 팔았다. 팥소를 넣은 찹쌀떡은 흰색과 분홍색이었다. 생과자, 전병(煎餠, 센베이)과 같은 일본식 과자와 단팥빵, 크림빵, 케이크와 같은 양과자는 조선인의 혀끝을 자극했다. 수프, 아이스크림 등도 이 땅에 뿌리를 내리기 시작했다.

전통적으로 가정에서 만들어 먹는 화채, 식혜, 수정과와는 달리 공장에서 만든 사이다, 천연 탄산수 따위도 나왔다. 상점에는 캐러멜, 비스킷, 건빵, 양과자, 양갱, 전병 등

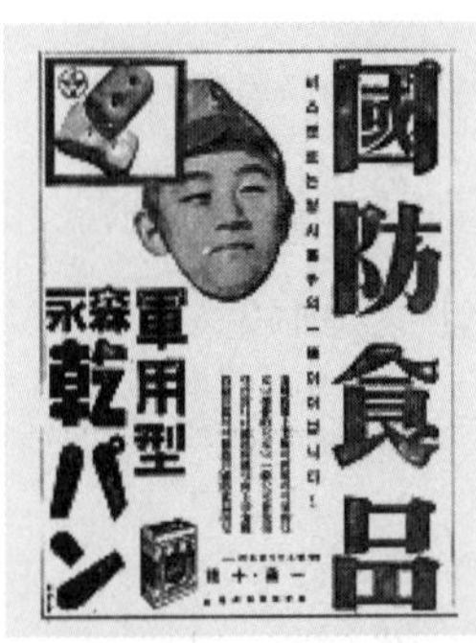

그림 7-7. "건빵은 국방식품이다", 『동아일보』(1938.11.25)

그림 7-8. 광고에서는 건빵을 새로운 주먹밥이라고 했다. 1931년 만주사변 뒤에 주먹밥이 소형이 되었다는 내용이 눈길을 끈다. 『조선일보』(1939.4.11)

그림 7-9. 초콜릿이 연인에게 주는 사랑의 선물임을 내세우고 있는 초콜릿 광고. 『조선일보』(1927.3.17)

이 진열되면서 보는 사람들의 발걸음을 멈추게 했다. 캐러멜은 '소풍 갈 때 먹는 것', '건강의 비결'이라는 광고로 사람들에게 널리 알려졌다.

건빵은 군에서 식량 대용으로 먹던 것이었다. 전시체제이던 1930년대 말에 '국민의 휴대식', '새로운 주먹밥', '국방 식품'이라는 광고와 함께 시중에 건빵이 유통되기 시작했다. '목으로 넘기지 않는 특별한 과자'인 껌은 1920년대 중반까지만 해도 광고로 '사용법'을 설명해야 할 만큼 신기한 먹을거리였다. '가장 모던(modern)한 과자' 초콜릿은 '사랑을 낚는 미끼'로 소개되기도 했다.

4. 예사롭지 않은 호떡

언제부터인가 서울에 호떡 바람이 불었다. 특히 겨울 호떡이 인기가 치솟았다. 어떤 이가 적었다. "밤에 외출했다가 돌아오는 길에 호떡을 두어 개 사서 신문지에 싸서 돌아와 이불 속에서 먹는 것은 별미다."

호(胡)라고 하면 오랑캐를 뜻하며 중국을 나쁘게 부른 말이다. 필자가 어릴 적만 해도 시골에는 호떡이 없었다. 읍내에 가면 풀빵, 국화빵, 붕어빵 등이 있었지만, 호떡은 서울로 전학 와서야 먹어 볼 수 있었다. 하물며 일제강점기야 더 말할 나위 없겠다. 신문에서는 호떡을 이렇게 설명했다.

"호떡이란 중국 사람이 만든 밀가루 떡이다. 그 모양은 둥글납작하고 그 속에는 거무스름한 설탕을 살짝 발라서 누릇누릇하게 구워 놓은 가장 값이 헐한 요리품인데, 5전이다."

서울에 유학 온 지방 학생들이 방학 때 선물로 가져가는 것 가운데 호떡은 빠지지 않았다.

호떡은 중국인이 사는 곳에서부터 퍼져 나갔다. 호떡집에 불났다는 말이 있을 만큼 호떡이 인기를 끌었다. 설탕 넣고 구운 것과 찐 것, 팥 넣고 구운 것과 찐 것. 아무것도 안 넣고 찐 것 등 호떡에도 여러 종류가 있었다. 사람들은 흔히 중국 사람과 일본 사람을 낮잡아 부를 때, 호떡 장사하는 중국인, 빙수 가게 하는 일본인이라고 했다.

그림 7-10. 노동자와 학생 그리고 가난한 봉급쟁이가 중국인이 운영하는 호떡집을 이용하고 있다. 호떡집 건너편에 중화요리 집 간판이 보인다. 「호떡집 대번창」, 『동아일보』(1931.1.15)

중국인이 집단을 이루어 이 땅에서 살기 시작한 것은 1882년 '조청상민수륙무역장정'부터다. 중국인들은 '비단 장사 왕서방'처럼 상업을 하거나 농사도 짓고 음식점과 이발소를 차리거나 쿨리[苦力, coolie]가 되었다.[3] 가난한 쿨리가 쉽게 먹을

---

3 '쿨리'는 본디 인도어의 Kuli에서 유래했다고 한다. 날품팔이라는 뜻이다. 이 쿨리라는 말을 음역하여 고력(苦力)이라 했다.

수 있는 음식이 호떡이었다. 중국인이 운영하는 음식점 가운데 '중화요리 집'도 있었지만 대부분 호떡집을 했다. 호떡집 주인은 돈을 모아 언젠가는 2층 벽돌집에 중화요리 집을 차리는 것이 꿈이었다. 사람들은 호떡집 주인을 장궤라고 불렀다. 장궤란 중국어로 가게 주인이라는 뜻이다. 뒷날 장궤는 중국인을 비하하는 말인 '짱깨'가 되었다.

호떡집은 '하류 계급'이 많이 찾는 곳이었다. 날품팔이 노동자가 잘해야 하루 50~60전의 돈을 받았으니 5전짜리 호떡도 마음껏 먹기 힘들었다. "막걸리 한 잔에 지게를 지고 호떡 한 개로 빨래품을 판다"라는 말은 그래서 생겼을 것이다. "아침에 호떡 두 개로 끼니를 잇고 점심때 국밥집에 가서 15~20전짜리 국밥 한 그릇을 먹는" 사람이 적지 않았다. 값싸고 배부른 호떡을 즐겨 먹는 '호떡인'이 돈 없는 사람들만은 아니었다. 호떡은 '학생 요리'이기도 했다.

군것질로 남학생은 호떡, 여학생은 군고구마를 즐겨 먹었다. 남학생은 점심시간이면 몇십 명씩 무리를 지어 호떡집으로 갔다. 그들은 단골 호떡집을 정해서 '무슨 호텔 무슨 호텔' 하며 날마다 다녔다. 시래깃국 아니면 두붓국이나 먹는 기숙사 학생에게 호떡은 더없는 은인이었다. 학생들만 군것질하라는 법은 없다. 호떡은 점심에는 점

그림 7-11. 배고픈 중학생이 허겁지겁 호떡을 먹고 있다. 『조선일보』(1940.5.26)

심 추렴, 밤에는 밤참 추렴, 길가다가 시장할 때 어느 때고 값싸고 간단하게 이용할 수 있는 군것질감이었다. 육당 최남선도 호떡을 즐겼다.

중국인만 호떡을 판 것은 아니었다. 길가에서 호떡을 구워 파는 조선 사람이 생겼다. 가난한 여인네들이다. 학생과 노동자가 호떡집을 자주 이용하는 것을 눈여겨보던 노동운동가들도 있었다. 그들은 아예 호떡집을 만들어 학생과 노동자와 접촉하고 독립운동의 발판을 만들려고도 했다.

중국인 호떡집은 만주사변과 중일전쟁 바람을 탔다. 전쟁이 터지면서 많은 중국인이 조선을 떠났다. 그러자 "우동, 탕수육, 잡채는 그만두고 그렇게 흔하고 천하던 호떡"조차 맛보기 힘들게 되었다. 긴 전쟁 끝에 쌀이 귀해지자 길가에서 호떡을 파는 조선 사람이 늘어나는가 싶더니 호떡이 아기 주먹만큼 작아졌다. 전쟁 막바지에는 밀가루와 설탕을 구하기 힘들어 아예 호떡이 자취를 감추었다.

경성부민의 여름 나기,
한강 변 수영장

김윤정
동국대학교 대외교류연구원

지금으로부터 백 년 전, 사람들이 한여름 혹서를 견디는 풍경은 어떠했을까. 그늘진 처마나 길거리 나무 밑으로 온 가족이 총출동하고, 냉수와 부채질, 아이스크림과 빙수로 더위를 해결할 수 없으면 결국 서늘한 바람을 느낄 수 있는 산과 물을 찾아 떠났다. 서울 사람들에게 가장 만만한 곳은 한강 변이었고 그다음으로는 삼청동, 악박골, 장충단 등지였으며 재정적·시간적 여유가 있는 사람들은 바다를 찾았다. 현재에도 서울 사람들에게 없어서는 안 될 쉼터인 한강 변의 일제강점기 모습을 살펴본다.

1. 전통 시대의 물놀이

현대를 살아가는 우리로서는 '물놀이' 하면 으레 해수욕장과 수영장을 생각하지만, 전통 시대에도 다양한 피서법 중에 물놀이는 빼놓을 수 없는 것이었다. 서울은 산으로 둘러싸여 있고 곳곳마다 계곡이 있었다. 북쪽에는 북악산, 동쪽은 낙산, 서쪽에 인왕산, 남쪽은 목멱산이 솟아 있다. 북악산 위 기슭의 삼청동은 송림과 성제정(星祭井)의 약수로 유명했다. 옥류천이 흐르는 인왕산 기슭의 송석원(松石園), 창의문(彰義門) 밖의 세검정 등도 가까운 피서지로서 빼놓을 수 없었다. 계곡마다 맑은 물이 흘렀고, 여기서 발을 담그면서 더위를 식히는 풍습은 전통 시대부터 흔히 볼 수 있는 여름 풍경이었다.

대표적으로 음력 6월 15일 유두(流頭)에 '물맞이' 풍속이 신라 시대부터 있었음이 조선 후기 홍석모(洪錫謨)가 편찬한 『동국세시기(東國歲時記)』에 나온다. 동쪽으로 흐르는 물은 양기가 풍부하고 여기서 머리, 다리 등 신체를 담그면 부정한 것을 씻어 줘, 한여름 더위를 먹지 않고 건강해진다는 것이다. 유두날에는 맑은 개울을 찾아 목욕하고 머리를 감았으며 계곡이나 수정(水亭)을 찾아 풍월을 읊으며 즐겼다. 유두뿐만 아니라 삼복, 칠석, 백중, 처서에도 폭포 밑에서 물을 맞거나 머리를 감고 냇물에 발을 씻는 이른바 '탁족회'를 가졌다. 식민지 시기에도 복날에 장충단에서 탁족을 하고 서대문 감옥 뒤의 악박골 약수를 마시는 풍습은 유명했다.

2. 경성부민의 물놀이와 한강 변의 부상

물이 있는 곳은 어디든지 피서를 하는 공간이었기에 한강도 여름철에 꽤 유용한 물놀이 공간으로 기능했다. 한강에 수영장이 생기기 훨씬 전인 1913년 신문 기사에서, 용산강 근처에서 선유도 하고 고기 잡고 헤엄치며 피서했다는 내용이 나온다. 또 1910년에 태어난 소설가 안회남(安懷

南)은 어렸을 적 매일같이 한강에 나갔던 것을 추억한다. 서울 사람들에게는 한강에 나가는 것이 특별한 여가 활동이라기보다는 오히려 일상에 스며든 친숙한 일이었다. 한강 변에서 피서했다는 자료를 조선 시대나 일제강점 이전의 자료에서 찾기 힘든 것은 바로 이 '일상성'에서 비롯한 이유일 것이다.

여름 한강에 본격적으로 다수의 군중이 몰려들게 된 계기는 무엇일까. 우선 교통체계의 역할이 크다. 전차 정거장과 연결된 한강 인도교 수영장, 경성 궤도를 통해 시가지와 연결된 뚝섬 수영장, 특별열차를 운행한 서빙고 수영장 등 한강 변으로 다수가 모일 수 있는 '수단'이 생긴 것이다. 특히 1910년 한강철교 부설과 1917년 인도교 부설은 교통체계의 편리함을 넘어선 무엇인가가 있었다. 그것은 '볼거리'의 제공이다.

근대식 교량이 신설된 모습이 갖는 시각적 효과는 상당했다. 조선 시대 임금이 도강할 때 만든 주교(舟橋)만 봐 왔던 경성부민에게는 다리 자체가 구경거리였을 것이다. 또 다리 밑이라는 공간은 낮에는 자연적으로 여름철 불같은 뙤약볕을 피할 수 있는 곳이 되었고, 밤이 되면 밝혀지는 수백 개의 전등이 독특한 풍취를 자아내면서, 한강 변이 여름철의 '노는' 공간으로 대중화되는 데 일정한 역할을 했을 것이다.

한강철교와 인도교로 경성의 전차 노선이 용산, 마포, 노량진까지 그 범위가 넓혀지면서 도심에서 한강에 이르는 지역이 모두 하루에 거쳐 갈 수 있는 일정에 들어가게 되었다. 신용산 종점에 내려 한참 가면 한강 물 중천에 떠 있는 달빛과 가늘게 부는 저녁 바람을 받으며 산책을 즐길 수 있었다. 한강철교 아래로부터 인도교 좌우편 난간에는 젊은 남녀 천지였다.

다음으로 한강 변이 여름철 군중 행락지로 부상한 이유는 해수욕장 문화의 상륙과 무관하지 않아 보인다. 1910년대에 해수욕장 문화가 부산, 인천, 원산 등 일본인 거류지가 밀집한 개항장을 중심으로 이식되었다. 그러나 해수욕장 초기에는 대다수 경성부민이 멀리까지 해수욕을 즐기러 갈 여유가 없었고 이의 대안으로서 한강의 백사장 문화가 시작된 것이 하나의 이유가 아닐까 생각된다. 해수욕장의 풍경인 다이빙대, 천막, 파라솔, '뽀트' 등이 그대로 한강 백사장에서 재현되는 모습을 볼 수 있다.

또 이는 수영의 발달과 무관치 않다. 전근대에는 수영이라기보다는 사전적 의미에서의 '유영(遊泳)', 즉 미역을 감거나 가장 자연스러운 영법인 '개헤엄'을 즐겼다. 본격적으로 근대적 수영 영법이 전해진 것은 1890년대부터 무관학교 학도들의 훈련 수단으로 수영 영법을 가르친 것이 시초로 보인다. '풀'이 생기기 전이었던 당시 수영법 교습이나 수영 대회를 열려면 강가나 바닷가의 가설 풀이 최적지였을 것이다.

3. 한강(漢江)은 한강(恨江)

한강 주변에 인파가 넘치게 된 것과 비례하여 여기서 죽는 사람들도 늘어났다. 사고로 인한 익사는 당연히 사람이 많이 모여드는 여름이 제일 많았지만 의외로 자살은 봄에 제일 많았다. 하루로 따지면 오전보다 오후가 많고 낮보다 밤이 또한 많았다. 자살 이유는 연애문제나 가정불

화 같은 것도 있었으나 생활 곤란에 대한 비관이 제일 많았다. 장소는 대개 세 곳으로 철교의 복판과 한강신사(漢江神社) 앞, 수도국 입수구(入水口) 돌기둥 앞이었고, 그 외에는 걸어 들어가 자살하거나 또는 보트를 타고 중류 혹은 상류의 사람이 없는 곳에 가서 죽었다. 용산경찰서는 철교 복판에 "좃토 오마치쿠다사이[一寸御待チ下サイ]", 즉 잠깐 기다리라는 '자살방지패'를 써 붙이기도 했다. 그러나 대다수의 조선인이 잘 알지도 못하는 일본어 게시물을 보고 죽으러 가는 발걸음을 멈추는 것은 아니었다. 이렇게 한강철교는 "귀문교(鬼門橋)·저승 다리", 인도교는 "자살교", 한강은 "마(魔)의 한강" 또는 한 깊은 "한강(恨江)"으로 불리기도 했다.

1930년대 초에 일반적인 유행어는 아니었지만, 강가 사람들은 누구나 아는 말로 '15전짜리 정사(情死)'라는 말이 있었다고 한다. 연애를 하는 청년 남녀들이 최후에 같이 죽자고 하여 두 명이 전차비 10전을 써서 한강에 가서, 같이 죽기는 싫으니까 상대방에게 말하길 '네가 먼저 죽으면 내가 따라 죽겠다'라고 하면, 어리석은 상대방은 그 말을 곧이곧대로 듣고 먼저 빠져 죽는다. 그러면 한 사람은 따라 죽지 않고 일금 5전에 전차를 타고 돌아온다는 것이다. 청춘 남녀가 같이 놀러 오는 것을 보면 어린아이들까지도 '15전짜리 정사꾼이 또 왔다'라고 했다고 한다.

4. 한강 수영장의 이모저모

대표적인 한강 변의 수영장은 세 군데가 있었다. 서빙고 앞, 한강철교와 인도교 주변, 그리고 뚝섬이다. 서빙고 앞 한강 변은 한강 수영장의 효시로, 1910년대부터 경성에 거주하는 일본인 자녀들의 심신단련을 위한 수영 연습 장소로 활용되기 시작했다. 남만주철도주식회사 경성관리국은 서빙고 한강 변에 가는 학생들을 위해 경성학교조합에서 관리하는 9개 소학교 아동과 직원들에게 왕복 할인 승차권을 발행하고 임시열차도 운행했다.

다음으로 한강철교와 인도교 주변의 수영장이다. 인도교 부근에 본격적으로 수영장을 설치하려는 계획은 1925년 한 일본인이 경성부청에 허가원을 제출한 기록이 보이며, 1928년부터 용산경찰서와 경성부가 인도교와 한강철교 중간에 수영장을 만들었다. 1933년부터는 인도교 상류 600m 지점, 즉 지금 이촌한강공원에 부영 수영장을 개설하고 다이빙대와 탈의장, 세면소 등을 설치했다.

그림 8-1. 다이빙대. 「활빙과 수영」, 『동아일보』(1931.8.8)

이 부영 수영장에는 위험방지 경계선과 감시원이 배치되었으나 이는 턱없이 부족한 것이었다. 경성부 당국은 개인의 경솔한 행동으로 익사의 이유를 치부했으나, 당국의 시설과 경비가 불충분한 것이 불상사의 주요 원인이라는 목소리도 컸다. 한강 수영장을 관할하는 용산경찰서에는 원래 경비선으로서 모터보트가 배속되어 있었고 한강 범람으로 시가지가 침수될 때 구조용으로 쓰였다. 그러나 1925년의 을축대홍수 뒤, 한강 유역에 대대적으로 제방 공사가 실시되었고 일본인들이 많은 용산은 제방이 일찍 완성된 후 경비선은 폐지되어 버렸다. 이후 수영열이 높아지고 보트 놀이가 유행하면서 용산경찰서는 경비선을 상부에 요구했는데 긴축정책이라는 이유로 거절되었다. 겨우 민간 선박을 빌려 사용했으나 그것으로 광범위한 길이와 넓이의 한강을 제대로 단속할 수는 없었다.

한강에는 수영객과 밤의 산책객 외에 보트 놀이를 하는 선유객도 많았다. 강 위를 왕래하는 보트는 1921년 여름의 경우 한 시간에 40~50전가량이면 탈 수 있었다. 보트 놀이는 용산, 서빙고, 뚝섬 가리지 않고 일제강점기 내내 유행한 납량법이었다. 사공이 딸린 '놀잇배[遊船]'도 있었는데 술상을 차려 놓고 기생들이 장구를 치고 노래를 부르며 놀았고 상류층에 속하는 사람들이 이용했다.

보트 빌리는 값이 저렴하고 배 젓는 것은 즉시 배울 수 있으므로 남자뿐 아니라 여자들끼리도 많이 보트 놀이를 했다. 그러나 보트 놀이를 하다가 무참히 익사하는 경우가 많았고 보트 안에서 소위 '에로 행동'을 하거나 경찰의 눈을 피해 배를 중류에 띄워 놓고 도박을 하는 사람들도 있어 단속의 대상이 되었다. 게

그림 8-2. 한강에 널린 보트. 『동아일보』(1936. 4.13)

다가 1937년 등화관제 실시 이후 인도교의 전등과 양쪽 강변, 유선구락부의 불빛이 자취를 감추고 암흑천지가 된 이후는 더욱더 이런 행동이 비일비재하여 당국에서 야간 승선과 산책을 중지해 달라고 호소하기도 했다.

세 번째로 대표적인 한강 수영장은 뚝섬이었다. 교통이 발달되기 전에는 한강 상류에서 충북 강원 등 각지로 이동하는 물화를 거의 이 뚝섬 선창에서 배로 실어 냈기 때문에 뱃일하는 사람들을 중심으로 상당히 번창했다. 그러나 교통이 편해지고 뚝섬에 모이는 물화가 줄고 1925년 을축대홍수 때 집이 많이 줄면서 쇠퇴해졌다. 1930년대부터는 오히려 포도, 양딸기, 수영장, 방수림 등으로 사대문 안 사람들의 하루 행락지로서 더 유명한 곳이 되었다.

뚝섬 나들이객이 1930년대 급증한 것은 사설 철도인 '경성교외궤도주식회사'가 왕십리에서 동뚝섬까지 4km의 노선을 만들어 운행하고 나서부터다. 1932년부터는 동대문에서 왕십리까지 연장선을 준공해서 운전했다. 이 회사는 1934년에 동뚝섬의 600m 되는 지점 한강 변에 유원지와 수영장을 만들었는데, 개장하자마자 대참사가 일어났다. 조선신문사 주최, 경성궤도주식회사 후원으로 열린 시민 위안 납량 대회에서 '물에 띄운 수박 잡기'라는 해괴한 행사를 벌였는데, 주최 측이 배 3척에 수박을 가득 싣고 강물 위에 수백 개의 수박을 띄우기 시작하자 군중이 달려들어 보트는 전복되고 천여 군중이 물에 잠겨 버리면서 17명의 조난자를 냈다. 이듬해 1935년 여름에는 엎친 데 덮친 격으로 폭우로 전부 물에 잠겨 버리고, 제대로 개장된 것은 1936년부터였다.

그림 8-3. '강상청풍', 『동아일보』(1935.6.1), 석간

이렇게 한강은 휴양지로, 삶의 터전으로 오랜 세월 서울 사람들의 사랑을 받았다. 한여름에는 하루에도 2만~3만 명이 찾을 만큼 경성부 물놀이의 핵심이었고, 겨울에는 스케이트장이나 낚시터로 변신했다. 더위에 시달려도 땀에 전 채 하루하루를 벌어먹는 사람들에게 바라만 보아도 시원한 한강의 검푸른 물과 서늘한 강바람은 없어서는 안 될 위안처였다. 낮이나 밤이나 한강에 몰려 나가는 모습은 현재 봄부터 가을까지 한강공원을 찾는 서울 사람들의 일상과 크게 다르지 않았다.

신채호의
「독사신론(讀史新論)」

류시현
광주교육대학교 사회과교육과

1. 새로운 역사의 필요성

신채호의 「독사신론」은 1908년 8월 27일부터 같은 해 12월 13일까지 『대한매일신보』에 50회에 걸쳐 연재된 글이다. 글 제목을 그대로 풀면 "역사를 읽는 새로운 이론"이다. 글을 쓴 과정에 관해 그는 "역사를 읽는 여가에 그때그때 느낀 대로 기록해 둔 것들을 들어서 국내의 동지들에게 보여 주고자 하는"[1] 것이라고 언급했다. 뜻을 같이하는 사람들과 자신의 역사 인식을 함께 공유하고자 했다.

목차에서 나오는 '지나'는 중국을 의미한다. '이철'은 다른 수레바퀴란 뜻으로 삼국의 서로 다른 역사적 운명을 표현한 것이다. 그렇다면 새롭다는 것의 의미는 무엇일까? 전통적인 역사 인식은 물론 당대 역사가들의 인식과 다르다는 것을 의미했다. 신채호가 비판적으로 본 역사책과 역사 서술은 무엇이며, 단군 시대부터 발해까지의 한국고대사를 통해 독

---

1 "讀史餘暇의 隨感隨錄ᄒᆞᆫ 바를 擧ᄒᆞ야 海니同志에게 質코ᄌᆞ ᄒᆞ노니", 「讀史新論」, 『대한매일신보』 (1908.8.27).

| 「독사신론」의 목차와 구성 |

서론
1. 인종
2. 지리
제1편 상세(上世)
제1장 단군 시대
제2장 부여왕조와 기자(箕子)
제3장 부여족 대발달 시대
제4장 동명성왕의 공덕
제5장 신라
제6장 신라·백제와 일본의 관계
제7장 선비족·지나족(支那族)과 고구려
제8장 삼국 흥망의 이철(異轍)
제9장 김춘추의 공죄(功罪)
제10장 발해의 존망(存亡)

자에게 하고 싶은 이야기가 무엇일까? 이 글은 110년 전에 국한문혼용체로 쓰였기에 읽기가 매우 어렵다. 그래서 본문 내용은 박기봉의 현대문 번역을 인용했다.

신채호에게 한국고대사는 어떤 의미를 지녔을까? 「독사신론」이 발표된 1908년은 일제에 의해 식민지가 되기 직전의 상황이었다. 성균관 박사 출신의 그가 계몽운동의 일환인 언론 활동에 참여한 것은 1905년 을사늑약에서 비롯되었다. 학자로 그대로 활동했다면, 오늘날 국립대학 총장과 같은 성균관의 대제학과 같은 높은 지위와 명예를 누릴 수도 있었다. 그럼에도 월급도 제대로 나오지 않은 언론계에 들어가서 「독사신론」

을 포함한 많은 글을 쓴 이유는 무엇일까? 절박한 심정으로 독자층인 민족(民族)을 계몽하고자 했기 때문이었다.

민족은 오래된 것처럼 보이지만 새롭게 만들어진 개념어였다. 왜냐하면, 민족은 전통 시대 신분제 사회를 넘어서 공동체 구성원이 모두 수평적 관계를 지녀야만 성립 가능한 개념이기 때문이다. 양반, 중인, 평민, 노비 등의 신분이 없어져야 민족이란 공동체가 만들어질 수 있다. 일본에서 영어 Nation을 민족으로 번역했고, 이후 이 개념은 동양 삼국에 전파되었다. 동일한 언어와 문화를 공유하면서, 긴 역사적 경험과 기록을 가지고 있는 한국인에게도 민족은 익숙하지만 적용하기 까다로운 개념이었다.

민족이란 개념처럼 민족주의도 낯설었다. 신채호는 민족주의에 관해 "민족주의로써 전 국민의 완고한 꿈을 불러 깨우고, 청년들의 새 두뇌에다 국가 관념을 불어넣어 우존열망의 시대적 갈림길에서 한 가닥 아직도 남아 있는 국맥(國脈)이라도 계속 유지하고자 한다면 역사 말고는 다른 방법이 없다"[2]라고 밝혔다. 그는 독립 의지를 높이기 위해 민족에게 민족사를 전해 주고 싶었던 것이다.

신채호는 민족과 역사는 밀접하게 관련되었다고 이해했다. 그는 「독사신론」에서 "한 국가의 역사는 그 민족의 소장(消長)과 성쇠의 상태를 살펴서 서술한 것이므로 민족을 버리고는 역사가 없을 것이며, 역사를 버

---

2 "民族主義로 全國의 頑夢을 喚醒ᄒᆞ며 國家觀念으로 靑年의 新腦를 陶鑄ᄒᆞ야 優存劣亡의 十字街頭에 幷進ᄒᆞ야 壹綫尙存의 國脉을 保有코자 ᄒᆞᆯ진대 歷史를 捨ᄒᆞ고ᄂᆞᆫ 他術이 無ᄒᆞ다", 「讀史新論」, 『대한매일신보』(1908.8.27).

리고는 한 민족의 자기 국가에 대한 관념이 크지 못할 것이니, 오호라, 역사가의 책임 또한 무겁도다"[3]라고 밝혔다. 역사, 국가, 민족이 거의 같은 위상으로 논의되었다.

신채호에게 역사는 한국사였다. 한국사를 민족사의 관점에서 본다는 것은 무엇을 어떻게 서술하는 것일까? 그는 "국가는 이미 민족정신으로 구성된 단순한 혈족(血族)으로 전해져 온 국가는 말할 것도 없고 혼잡한 여러 민족으로 결집된 국가일지라도 반드시 그중에 항상 주동(主動)이 되는 특별한 종족이 있어야만 비로소 그 나라가 나라로 될 것이다"[4]라고 주장했다.

민족사를 쓴다는 것은 민족의 주체를 설정하고 이를 중심으로 역사를 서술하는 것을 의미했다. 신채호는 역사를 "나라의 주인 되는 한 종족(種族)"을 중심으로 서술해야 한다고 보았다. 주체를 설정하는 것은 여러 물음이 제기될 수 있다. 그 안에서 다수(major)와 소수(minor)가 구분될 수 있다. 신채호도 이를 고려했다고 판단된다. 그럼에도 불구하고, "주권상의 주족과 객족의 경계는 역사가들이 어쩔 수 없이 엄격하게 논변"해야 한다고 밝혔다. 만일 그렇지 못하면 이는 "정신 없는 역사"이며, 정신 없는 역사는 "정신 없는 민족을 낳고, 정신 없는 국가를 만들" 두려운 일이

---

3 "國家의 歷史ᄂᆞᆫ 民族消長盛衰의 狀態를 閱敍ᄒᆞᆫ 者라 民族을 捨ᄒᆞ면 歷史가 無ᄒᆞᆯ지며 歷史를 捨ᄒᆞ면 民族의 其國家에 對ᄒᆞᆫ 觀念이 不大ᄒᆞᆯ지니 嗚呼라 歷史家의 責任이 其亦重矣哉ㄴ져", 「讀史新論」, 『대한매일신보』(1908.8.27).

4 "國家가 既是民族精神으로 構成된 有機體인즉 單純ᄒᆞᆫ 血族으로 傳來ᄒᆞᆫ 國家ᄂᆞᆫ 姑舍ᄒᆞ고 混雜ᄒᆞᆫ 各族으로 結集된 國家일지라도 必也其中에 恒常主動力되ᄂᆞᆫ 特別種族이 有ᄒᆞ여야 於是乎其國家가 國家될지니", 「讀史新論」, 『대한매일신보』(1908.8.27).

라고 보았다.[5]

2. 「독사신론」 서술의 목적

「독사신론」의 구성은 질문에 답을 하는 방식으로 이루어졌다. 신채호가 했던 질문은 “강한 국력을 가졌던 고구려와 발해가 끝에 가서는 멸망당할 수밖에 없었던 것은 무슨 까닭인가?”, “우리 민족의 실력이 압록강 밖으로 넘어가 조상의 발상지를 되찾지 못하는 것은 무슨 까닭인가?”, “기자의 자손들이 천여 년 동안이나 평양을 차지하고 제후라 칭하고, 왕이라 칭하였으니, 이는 과연 어찌 된 까닭인가?”, “김부식이 우리나라 역사를 지으면서 발해를 없애 버린 것은 과연 무슨 까닭인가?” 등등이었다. 공동체의 역사와 운명에 관한 고민이 깊었음을 알 수 있다.

통사(通史)의 주인공을 민족으로 설정하는 것이 민족사적 서술의 핵심이다. 구체적으로 “부여족은 곧 우리 신성한 종족인 단군의 자손들로서, 지난 4천 년 동안 이 땅의 주인공이 된 종족”이라고 보았다. 민족사의 주족(主族)을 단군의 후예인 ‘부여족’으로 설정한 것이다.

부여족 중심의 역사를 서술하는 목적은 무엇일까? 그는 한국고대사의

---

5 “歷史의 筆을 執ᄒᆞᆫ 者ㅣ 必也其國의 主人되ᄂᆞᆫ 壹種族을 先ᄇᆞᆯ現ᄒᆞ야 此로 主題ᄅᆞᆯ 作ᄒᆞᆫ 後에 其政治ᄂᆞᆫ 若何히 張弛ᄒᆞ얏스며 其實業은 若何히 漲落ᄒᆞ얏스며 其武功은 若何히 進退하얏스며 其習俗은 若何히 變移ᄒᆞ얏스며 其外來 ᄀᆞ族을 若何히 吸入ᄒᆞ얏스며 其他方異國을 若何히 交涉ᄒᆞᆷ을 敍述ᄒᆞ여야 於是乎 歷史라 云ᄒᆞᆯ지니 萬壹不然ᄒᆞ면 是ᄂᆞᆫ 無精神의 歷史라 無精神의 歷史ᄂᆞᆫ 無精神의 民族을 産ᄒᆞ며 無精神의 國家를 造ᄒᆞ리니 엇지 可懼치 아니ᄒᆞ리오”, 「讀史新論」, 『대한매일신보』(1908.8.27).

새로운 역사 서술을 통해 "첫째, 민족주의를 천명하고, 둘째, 국가정신을 발휘하며, 셋째, 우리 고대사의 빠지고 없어진 부분을 보충하며, 넷째, 수천 년의 동양 역사상 우리 민족이 처했던 지위를 말하고자 한다"[6]라고 밝혔다. 민족의 과거를 새롭게 해석해서 민족주의와 국가정신을 높이고자 했다.

이러한 관점에서 보면 당대의 역사책과 역사가의 인식은 민족사적 관점에서 크게 벗어나 있었다. 신채호는 당시 학교에서 사용하는 역사 교과서 가운데 가치 있는 것이 거의 없다고 보았다. 왜냐하면, 한국고대사를 중국·선비·말갈·몽골·여진·일본 민족의 일부분에서 시작한 것처럼 서술했기 때문이었다.

이러한 교과서가 집필된 원인에 관해 신채호는 김부식과 고려 시대에 편찬된 『삼국사기』에서 비롯되었다고 보았다. 그 이유를 첫째, 민족사의 중요 요소가 '독립'에 있는데 김부식의 역사 인식이 그러하지 않았으며, 둘째, 발해를 민족사에서 배제했다는 점에서 찾았다. 민족 공동체의 정체성을 고민하는 민족주의에서 영토문제는 민감한 사안이 된다. 영토의 넓이가 국력을 대변해 주는 요소로 간주되었기 때문이다.

영토를 강조한 것은 오늘날의 역사 인식과 부합되지 않는 점도 많다. 하지만 민족사를 구성하고자 했던 신채호는 고구려를 계승한 발해에 관

6 "本章은 三扶餘分立時代에 起ᄒᆞ야 三國初起時代에 至ᄒᆞ기ᄭᆞ지 我扶餘族이 如何히 盛衰ᄒᆞᆷ과 我扶餘族이 他族과 如何히 關係됨을 壹壹히 詳敍ᄒᆞ야 [壹]民族主義로 闡明ᄒᆞ며 (貳)國家精神을 발揮ᄒᆞ며 (三)我古代史의 殘缺을 補ᄒᆞ며 [四)數千年東洋史上 我民族의 處ᄒᆞᆫ 地位를 論코ᄌᆞ ᄒᆞ노라", 「讀史新論」, 『대한매일신보』(1908.10.30).

한 서술 배제를 용납할 수 없었다. 그는 "수백 년 이래 우리나라 역사가들이 전부 다 김 씨의 오류를 그대로 답습하였기 때문에 발해의 역대(歷代)가 우리 역사에 보이지 않게 되었던 것"[7]이라고 단정했다. 여기서 김 씨는 김부식을 가리킨다.

한편 당대 일본인 역사가의 역사 인식에 '오염'되었다고 지적했다. 오염은 「독사신론」에 직접 사용된 표현이었다. 일본인의 학설을 그대로 인용·번역한 대표적인 사례가 바로 '임나일본부설'이다. 일본의 진구황후[神功皇后]가 한반도의 남쪽을 공격해서 4~6세기 200여 년 동안 이 지역을 다스렸다는 일본 학자들의 주장을 말한다. 1892년에 나온 하야시 다이스케[林泰輔]의 『조선사』가 대표적이다.

신채호는 "근래 역사를 편찬하는 자들은 저들의 '진구황후가 침범해 왔다'고 한 구절의 주장을 정신없이 수입하고 있다"라고 비판했다. 그리고 "신라 때 임나부를 두었다는 설은 우리 역사에는 보이지 않는 것이니, 저들(日本)의 역사에서 운운한 것을 경솔하게 믿고 근거 자료로 삼아서는 안 된다"라고 거듭 강조했다. 또한 일본인의 한국사 인식을 따르는 것은 "일본을 숭배하는 노예근성"이며, 이로 인해 "우리의 신성한 역사를 속이고 욕보이고" 있다고 주장했다.[8]

---

7 "余의 窃歎하는 바는 數百年來의 歷史家가 都是金氏의 謬□를 因ᄒᆞ야 渤海歷代가 我史에 不見ᄒᆞ얏도다", 「讀史新論」, 『대한매일신보』(1908.12.13).

8 "近日歷史家는 日本을 崇拜ᄒᆞᄂᆞᆫ 奴性이 又長하야 我神聖歷史를 誣蔑하니 嗚乎此國이 將且何地에 稅駕ᄒᆞᆯ는지 諸公諸公이여 歷史를 編ᄒᆞᄂᆞᆫ 諸公이여 諸公이 此를 聞ᄒᆞ면 必曰日人이 雖妄이나엇지 史記이 捏造ᄒᆞ리오 此必實事가 有ᄒᆞᆫ것인즉 不可不我史에 收入ᄒᆞ리라ᄒᆞ야 彼를 妄信ᄒᆞ며 我를 自欺ᄒᆞᆷ이로다", 「讀史新論」, 『대한매일신보』(1908.11.8).

3. 민족사로 본 한국고대사

역사를 새롭게 본다는 것은 민족사의 관점에서 접근함을 의미한다. 즉, 민족 공동체의 주족인 부여계를 중심으로 하면서 다른 민족의 활동을 구분한 것이다. 신채호에게 한국민족사의 시작은 단군과 고조선에서 시작된다. 그는 공간적으로 태백산을 백두산으로 설정했고, 시간적으로 단군 시대부터 "우리 부여족이 이 삼천리 낙토를 차지"했다고 보았다.

고조선의 역사에서 민감한 주제 가운데 하나가 단군이 왕위를 물려주었다고 전해지는 중국 은나라 출신의 기자(箕子)와 그가 세웠다는 기자조선문제였다. 조선 시대에는 단군은 민족의 시조로, 기자는 문명의 시조로 함께 역사적 의미를 부여했다. 하지만 민족사의 관점에서는 기자가 중국 은나라 출신인 점이 문제가 되었다.

신채호는 기자가 은나라의 학정을 피해 조선에 온 것을 인정했다. 하지만 기자조선이 단군조선을 계승했다는 역사적 위상은 부정했다. 그는 기자를 "멸망한 은의 한 나그네"로 보았다. 더불어 민족사의 입장에서 "기 씨가 이 나라에 와서 주인처럼 권력을 행사했다고 하여 우리나라 역대사의 한 부분으로 포함시킬 수는 없는 것"이라고 단정했다. 위만과 위만조선도 같은 맥락에서 비판했다.[9]

---

9 "彼箕氏王朝를 我歷代에 入ᄒᆞ다가ᄂᆞᆫ 駸駸然 衛滿 崔理 等도 我歷代에 入ᄒᆞᆯ지니 嗚乎라 同是異種異族이거니 誰ᄂᆞᆫ 陞ᄒᆞ며 誰ᄂᆞᆫ 黜ᄒᆞ리오", 「讀史新論」, 『대한매일신보』(1908.10.29).

이처럼 기자조선과 위만조선은 민족사에서 배제한 반면, 삼국 시대부터의 역사는 민족사의 주된 서술 대상이 되었다. 삼국 시대의 고구려, 백제, 신라 세 나라 가운데 어디에 중점을 두었을까? 신채호는 "내가 우리의 고대사를 엮음에 있어서 부여족의 주인공은 어디까지나 고구려라고 인정하지 않을 수 없는 것"이라고 해서 고구려를 주인공으로 설정했다. 이러한 역사 인식 속에서 수나라와의 전쟁을 승리로 이끌었던 을지문덕에 관한 전기를 쓰기도 했다.

백제의 멸망은 한말 상황에 역사적 교훈을 준 사례로 활용했다. 그는 백제가 망한 이유를 "백제는 항상 외부의 도움을 얻어서 나라를 방비하고자 하면서, 저희가 일본을 가르치고 이끌어 준 공덕을 믿고 항상 일본의 군대를 이용하여 이웃의 적을 막으려고 하였으니, 참으로 어리석도다"[10]라고 서술했다. 외세의 역할을 경계하고자 한 것이다.

신라의 역사는 삼국 통일 과정에서 당이라는 외세의 도움을 얻었다는 이유로 비판했다. "신라가 만년의 원대한 계책을 생각지 않고 반대로 구적(寇賊)을 도와서 형제를 쳤으니, 이 또한 우리 민족 역사상 일대 수치"[11]라고 본 것이다. 민족사의 관점에서 백제와 고구려를 '형제'로 설명하고 있다.

계속해서 "다른 종족을 불러들여 동족을 멸망시키는 것은 도적을 끌

---

10 "百濟ᄂᆞᆫ 不然ᄒᆞ야 恒常外援을 得ᄒᆞ야 國防을 作코ᄌᆞ홀ᄉᆡ", 「讀史新論」, 『대한매일신보』(1908.11.27); "彼가 日本을 教導ᄒᆞᆫ 功德에 依하야 恒常日本兵을 用ᄒᆞ야 隣敵을 防ᄒᆞ니 愚哉라 其爲國의 謀여", 「讀史新論」, 『대한매일신보』(1908.11.28).

11 "彼新羅가 萬年遠大의 計ᄅᆞᆯ 不思ᄒᆞ고 反히 寇賊을 助ᄒᆞ야 兄弟를 討ᄒᆞ얏스니 此亦我民族歷史上의 壹大遺耻라", 「讀史新論」, 『대한매일신보』(1908.11.22).

어들여 형제를 죽이는 것과 다를 바 없다"[12]고 보았다. 이러한 구분은 "망상을 지어내어 이족(異族)으로 하여금 동족(同族)을 멸망시키도록 한 김춘추여! 이따위 주의를 고취하여 우리나라를 깎아 나가고 약하게 만든 역사가들이여!"[13]라고 해서 김춘추와 신라 중심의 역사 인식을 비판하는 입장으로 연결되었다.

신라의 삼국 통일 과정이란 고대사가 한말의 상황과 어떻게 연결되는 것일까? 신라의 역사는 삼국 통일 과정에서 당이라는 외세의 도움을 얻었다는 사실 때문에 비판적으로 이해되었다. 즉, 이는 한말의 상황에서 일본과 중국은 물론 서구열강 등 외세의 역할을 경계하고자 한 것이다. 이러한 역사에서 얻을 수 있는 교훈은 "스스로 강해질 방도를 닦지 않고 남의 도움만 기대는 자는 반드시 망하게 되어 있는 것"이라고 밝혔다. 스스로 강해지는 자주(自主)와 자강(自强)을 바탕으로 한 독립의 길을 강조한 것이다.

4. 「독사신론」의 현재적 의미

「독사신론」은 신채호가 "가슴이 답답"하다면서 기존과 다른 새로운 관

---

12 "異種을 招ᄒᆞ야 同種을 滅ᄒᆞᆷ은 寇賊를 引ᄒᆞ야 兄弟ᄅᆞᆯ 殺ᄒᆞᆷ과 無異ᄒᆞᆫ 者니", 「讀史新論」, 『대한매일신보』(1908.12.3).

13 "此等妄想을 發ᄒᆞ야 異族으로 ᄒᆞ야 同族을 滅ᄒᆞᆫ 金春秋여 此等主義를 皷吹ᄒᆞ야 吾國을 削弱케 ᄒᆞᆫ 歷史家여", 「讀史新論」, 『대한매일신보』(1908.12.8).

점에 입각해서 역사 이론을 밝힌 글이다. 한말 시기는 우승열패에 근거했던 사회진화론이 진리로 여겨지던 시절이었다. 승자가 약자를 지배하는 것이 당연하다는 논리였다. 대한제국의 국력이 부족한 상황에서 독립의 희망을 민족에게 기댈 수밖에 없었다. 이런 상황에서 신채호는 역사가 국민의 정신을 진작시키는 데 중요하다고 보았다.

이러한 절박한 심정을 시대적 상황에서 확인할 수 있다. 앞서 밝혔듯, 당시 신채호는 민족주의를 통해 "전 국민의 완고한 꿈을 불러 깨우고, 청년들의 새 두뇌에다 국가 관념을 불어넣어 우존열망(優存劣亡)의 시대적 갈림길에서 한 가닥 아직도 남아 있는 국맥(國脈)이라도 계속 유지하고자 한다면 역사 말고는 다른 방법이 없다"라고 주장했다. 때문에 한국사를 —특히 고대사를— 민족의 관점에서 새롭게 독자들에게 전달하고자 했다.

1908년 국망 시기에 급하게 쓴 글임에도 불구하고 「독사신론」의 영향은 컸다. 이 글은 이후 1910년 8월 잡지 『소년』에서 「국사사론(國史私論)」이란 제목으로 전재되었고, 1910년 9월부터 1911년 1월 사이에는 『신한국보』에 「독ᄉ신론」으로 연재되었으며, 1911년 10월 하와이에서는 재미한인 소년서회(少年書會)가 이 글을 한글로 발행했다.

『대한매일신보』와 『소년』에 실린 「독사신론」은 마지막 부분에 미완(未完)이라고 적혀 있다. 미완이 아니었으면 어떤 글이 되었을까? 중국에 대한 '사대'에 관해서 신채호는 "단지 그 내용이 복잡한 원인으로 인하여 이런 괴상한 모습을 만들어 내었던 것이니, 이에 대하여는 후편(後篇)에서 상세히 설명하고자 한다"[14]라고 밝혔다. 만약 조선 시대 역사까지 서술했다면, 그는 조선과 중국과의 외교문제를 다루었을 것이다.

신채호가 쓰고 싶은 역사와 전체 구상은 무엇이었을까? 그는 "우리나라의 지형이 그리스나 이탈리아 등과 유사한 반도인데도, 그 인민들을 쇄국을 편안히 여기며 항해·원정의 사상이 일어나지 않았음도 무슨 까닭인가?", "인민들의 가족 관념은 강하고 국가 관념은 옅으며, 단결력이 환산(渙散)하여 고립을 즐기는 것은 무슨 까닭인가?"[15] 등의 물음을 제기했다. 한반도의 지정학적 위치와 공동체가 지향해야 할 민족성을 밝히고자 했다고 판단된다.

민족사 서술의 기반이 된 민족주의는 공동체에 대한 유일하고 배타적인 주의란 점이 강조될 수 있다. 심지어 국수주의 같은 부정적인 요소도 존재한다. 이러한 '약점'에도 불구하고, 당시 일제의 식민지가 되는 과정에서의 절박함이 「독사신론」의 집필 의도였음을 이해해야 한다. 또한 새롭다는 것은 젊음과 미래와 연동된다. 신채호는 "여러 사람의 지식과 여러 사람의 힘을 합하여 조국 역사의 매몰된 광명을 다시 빛나게 할 수 있을 것이니, 이는 저자가 간절히 바라는 바이로다"[16]라고 밝혔다. 따라서 과거에서 현재 문제의 해결 방안을 찾고자 하는 사람들에게 「독사신론」은 여전히 새롭게 읽혀질 텍스트라고 할 수 있다.

---

14 "按此後六百餘年을 經過ᄒᆞ야 前明朱氏가 勃興ᄒᆞᄆᆡ 本朝가 彼에 對ᄒᆞ야 幾乎徵공國關係를 有ᄒᆞ얏스나 此ᄂᆞᆫ 彼의 往服을 受홈도아니며 又彼의 威燄에습홈도아니오 只是內容複雜의 原因을 由ᄒᆞ야 此怪象을 巧造홈이니 此ᄂᆞᆫ 後編에 詳論코ᄌᆞ하노라", 「讀史新論」, 『대한매일신보』(1908.11.24).

15 "我國地形이 希臘伊太利等과 類似ᄒᆞᆫ 半島나 其人民이 鎖國에 自安ᄒᆞ야 航海遠征의 思想이 不起홈은 何故오? … 人民의 家族的觀念이 厚ᄒᆞ고 國家的觀念이 薄ᄒᆞ며 團結力이 渙散ᄒᆞ야 孤立을 喜홈은 何故오?", 「讀史新論」, 『대한매일신보』(1908.9.1).

16 "衆知衆力을 合ᄒᆞ야 祖國歷史의 埋沒ᄒᆞᆫ 光明을 再放ᄒᆞ리니 此ᄂᆞᆫ 著者의 區區切望ᄒᆞᄂᆞᆫ ᄇᆡ로라", 「讀史新論」, 『대한매일신보』(1908.8.29).

참고자료

강만길(1990), 『신채호』, 고려대학교 출판부.

노관범(2014), 「대한제국기 신채호의 '아(我)' 개념의 재검토」, 『개념과 소통』 14, 한림대학교 한림과학원.

단재신채호전집편찬위원회 엮음(2007), 『단재 신채호 전집』 3, 독립기념관 한국독립운동사연구소.

신채호(2007), 『조선상고문화사(외)』, 박기봉 옮김, 비봉출판사.

이만열(2007), 『한국 근현대 역사학의 흐름』, 푸른역사.

장신(2016), 「일제하 민족주의 역사학의 유통 —박은식과 신채호를 중심으로」, 『정신문화연구』 39-3, 한국학중앙연구원.

장지연의
『조선유교연원』

김우형
연세대학교 근대한국학연구소

장지연(張志淵, 1864~1921, 호는 韋庵, 嵩陽山人)의 『조선유교연원(朝鮮儒敎淵源)』(1922)은 우리나라 최초의 근대적 유학 통사라 칭해진다. 일찍이 현상윤의 『조선유학사』(1949)는 장지연의 이 저서로부터 큰 영향을 받은 것으로 알려져 있으며, 이후에도 『한국유학사』의 저술은 배종호(1974), 이병도(1987), 윤사순(2012) 등으로까지 이어졌다. 적어도 이 같은 점을 미루어 본다면, 장지연의 『조선유교연원』은 우리나라 근대 학술에 있어 한국유학사 저술이라고 하는, 하나의 지적 운동의 연원이 된다고 볼 수 있는 것이다.

한국유학사의 연원을 이루는 『조선유교연원』을 논하기에 앞서, 먼저 저자인 장지연의 학문 세계에 대해 대략적으로 살펴볼 필요가 있다. 장지연은 경상도 상주(尙州)에서 장용상(張龍相)과 부인 류씨(柳氏)의 외아들로 태어났다. 그의 집은 조선 중기 학자 여헌(旅軒) 장현광(張顯光, 1554~1637)의 가문에 속했지만, 그가 태어났을 때는 사실상 몰락한 향반이었다.

그는 14세부터 5년 동안 친척인 장석봉(張錫鳳)에게서 경학(經學)과 예학(禮學) 등 주자학을 배웠고, 장석봉이 별세한 후에는 퇴계학(退溪學)과 성호학(星湖學)을 전수한 허훈(許薰, 1836~1907)을 통해 실용성을 중시하는 학문을 연마하게 된다. 이때부터 그는 박학(博學) 지향의 학문적 성향을 보이게 된다. 이후 과거시험을 위해 1890년부터는 서울에 거주하며 경화(京華) 세계를 체험하게 되는데, 독립협회 등을 통해 서양문명을 흡수하고 대한제국의 성립과 광무개혁을 경험하면서 이른바 '개신유학자'로서 성장하게 된다.

장지연의 학문관에서 주목할 점은 그가 사학(史學)을 중시했다는 것인데, 이는 허훈의 사학 정신을 계승한 것으로 볼 수 있다. 요약하자면, 장지연은 당시 전통 유학의 여러 학풍에 영향을 받으면서 성장했으며, 성리학·경학·예학·경세학을 두루 섭렵하되 특히 사학을 중시하는 학문관을 지니게 되었고, 이러한 경향은 서울에서 접한 신문물과 신학문을 폭넓게 수용하는 쪽으로 강화되었다. 한마디로, 그의 학문관은 전통과 근대의 교착, 그리고 박학 지향으로 요약할 수 있다.

『조선유교연원』은 조선유학에 대한 장지연의 역사적·사상사적 관심에서 저술된 것이다. 다만, 장지연은 처음부터 유교를 학술사상보다는 하나의 종교로서 간주하였으며, 국민의식을 개혁하기 위해 유교를 개혁하는 일에 관심을 지니고 있었다. 이러한 관심에서 그는 1909년, 박은식(朴殷植, 1859~1925)과 더불어 대동교(大同敎)를 창립하고 유교개혁 운동에 매진하게 된다. 그는 유교개혁에 대해 다음처럼 말하였다.

> 대동교라는 것은 지성선사(至聖先師)이신 공부자(孔夫子)가 가르침을 세운 것이며, 자사(子思)와 맹자(孟子)가 통서(統緖)를 전수한 것이다. … 대

개 종교(宗敎)의 신앙이 없는 자는 그 정신이 통일되지 못하고 그 마음과 의지는 확고하지 못하며 그 기백과 힘은 용감하지 않으니, 매번 외부의 침략과 구속을 받아서 쉽게 법으로 막을 수 있는 범위 밖으로 흘러가게 되어 스스로 돕고 자립할 수 있는 자가 드물다. 그러므로 철학가(哲學家)는 말하길 '종교는 실로 국민의 뇌를 주조하는 원료이고 한 나라의 강약과 흥폐가 거기에 달린 것'이니, 진실로 국민의 인식능력을 증진시키고자 한다면 국민의 사상을 변화시키지 않을 수 없고, 진실로 국민의 사상을 변화시키고자 한다면 습관과 신앙하는 것에서 구습을 제거하고 새로운 것을 펴지 않을 수 없으니, 이는 바로 오늘날 종교개혁의 시기인 것이다. —「대동교육회취지문」

장지연은 유교가 조선의 주된 종교이므로, 유교의 개혁 없이는 개인과 국가의 발전이란 불가능하다고 보았던 것이다.

장지연이 이 같은 유교개혁 운동에서 한 걸음 더 나아가 유교를 대상화하여 고찰하고 우리나라 역사에서 유학자들의 사상과 행적에 관한 일종의 학술사로서 『조선유교연원』을 저술하게 되는 직접적 계기는, 바로 다카하시 도루[高橋亨, 1878~1967, 호는 高橋天室]라는 일제 어용학자와의 논쟁이었다. 장지연은 1915년 5월 15일 자 『매일신보(每日申報)』의 「경학사상(經學史上)의 운양집(雲養集)」이라는 기사에서 다카하시가 행한 강연 내용을 보고 먼저 그에게 질의하였고, 이에 대해 다카하시가 응대하면서 논쟁이 일어났던 것이다.

전체적인 논쟁은 다카하시가 제기한 "유자(儒者, 유교 교리의 실천자)와 유학자(儒學者, 유교를 대상적으로 공부하는 학자)는 구별된다"라는 주장과 이에 연관하여 "조선유학사는 성리학(유학) 일변도로 흘렀다"라고 한 주장을 장지연이 반박하는 양상으로 진행되었다. 그리고 다카하시와의 논쟁으로 인해 장지연은 이론과 실천이 통일된 조선유학자들에 관한 역사서를 서술해야겠다는 생각에서 『조선유교연원』을 구상하게 되었다. 결국, 장지연은 다카하시에 대한 비판에도 불구하고, 그와의 논쟁을 통해서 유교를 대상화하고 역사적으로 고찰할 필요성을 자각하였고, 이는 그로 하여금 조선의 유교를 대상화하고 그 흥망성쇠를 역사적 서사로서 기술하도록 하는 계기로서 작용했던 것이다.

장지연은 다카하시와의 지상논쟁(紙上論諍) 이후 1917년 4월 5일부터 12월 11일까지 『매일신보』에 국한문혼용체로 「조선유교연원」을 연재하였는데, 그의 사후 1년 뒤에(1922) 그의 아들 장재식(張在軾)에 의해 한문본으로 편집·출판되었다. 여기서 한 가지 언급할 필요가 있는 것은, 장지연의 『조선유교연원』도 다카하시 도루에게 영향을 미쳤다는 점이다. 다카하시의 「이조유학사에서 주리파·주기파의 발달」(1929)은 장지연의 조선유학사에 대한 주리(主理)·주기(主氣)의 도식을 빌린 것이었다. 두 사람 사이의 논쟁은 양자의 대표작에서 단적으로 드러나듯 서로에게 상당히 큰 영향을 끼쳤던 것이다.

『조선유교연원』이 지닌 주요 특징 가운데 하나는 그것이 전통적인 '연원록(淵源錄)'의 형식을 취하고 있다는 점이다. '연원록'이란 주희의 『이락연원록(伊洛淵源錄)』에서 기원한 저술 방식으로서, 유교적 도통(道統)의 전수 계보를 밝히기 위해 관련 인물에 관한 생애와 사적, 주요 학설 등을 간략히 기술하는 것을 말한다.

『조선유교연원』은 이러한 방식에 의거하여 조선유교의 시초와 전파에 관해 총 3권에 걸쳐 기자(箕子)부터 조선 말기까지 유학자 190여 명을 학파나 학적 입장에 따른 분류 없이 시대순으로 인명을 나열하는 방식으로 간략하게 소개하고 있다. 이 점에서 『조선유교연원』은 도통의 연원을 체계적으로 밝힌 『이락연원록』에 비해 오히려 계통적인 구조가 부재한 것으로 보일 수 있다.

그럼에도 주목할 점은, 조선의 도통이 시작되고 전파되는 것에만 그치지 않고 그 곡절과 쇠망에 이르는 과정도 언급하고 있다는 것이다. 즉, 『조선유교연원』은 전통적인 연원록의 양식에 그치지 않고 조선유교의 쇠망사라는 거대한 역사 서사를 창안했다는 점에서 사상사로의 지향을 내포하고 있는 것이다. 장지연은 「총론」의 말미에서 다음처럼 말한다.

> 대개 우리 조선의 유교는 조선 중엽 이전에는 사화로 인해서 참혹하게 짓밟혔고, 중엽 이후에는 붕당의 피해를 입어 스스로 결박당하였으며, 근세에 와서는 저절로 시드는 나무나 불 꺼진 식은 재처럼 점점 사라지고 스스로 부패하기에 이르렀다. 아, 조선의 유교가 그 본말이 대체로 이와 같을 뿐이니 회복되어 생기에 넘치고 왕성해질 날이 있겠는가?[1]

---

1 장지연(2009), 『조선유교연원』, 이민수 옮김, 명문당, 636쪽.

장지연의 말은 『조선유교연원』이 도통의 전수 계통을 밝힌 단순한 '연원록'이라기보다는 조선유교 전체를 대상화하여 회고적으로 그 성쇠를 조명한 유학사상사에 가깝다는 것을 말해 준다. 장지연은 다카하시가 제시한 유교와 유학, 유자와 유학자의 구별을 비판했으면서도, 은연중 유교를 대상화하여 연구하는 유학자적 입장에서 『조선유교연원』을 서술했던 것이다.

두 번째로, 『조선유교연원』에는 성리학에 대한 부정적 인식이 은연중 노출되어 있다는 점도 주목할 필요가 있다. 이는 장지연이 이전부터 갖고 있던 것이지만, 다카하시와의 논쟁을 통해 더욱 강화되었다고 할 수 있다. 장지연은 조선 멸망의 원인을 붕당의 해독으로 돌리되, 붕당은 유교 자체의 문제가 아니라 정치와 부유(腐儒, 부패한 유학자)에 그 원인이 있다고 함으로써 여전히 유교 내적 관점에서 유교를 옹호하는 입장을 여전히 나타냈다. 다음 언급은 이 점을 말해 준다.

> 전현의 이른바 오래도록 선한 정치가 없는 것은 어찌 붕당의 해독이 아니겠는가? 그러나 이런 것이 어찌 유교가 그렇게 한 것일까. 실은 바로 정치가 점차로 그렇게 길들여진 것이다. 그리고 또 유교의 이름을 빌려 세상을 속이고도 아닌 듯이 위장하여 부끄러운지조차 알지 못하는 자의 죄이다. 이는 다만 선왕의 죄인일 뿐만 아니라 바로 공맹의 죄인이거늘, 이것을 가지고 유교를 죄책하면 유교가 어찌 이를 수긍하겠는가?[2]

그러나 위의 주장은 유교에 있어 이론과 실천, 학문과 정치는 통일되어 있다는 장지연 자신의 견해에 자기모순을 내보이는 것이다. 조선의 몰락이 부패한 유학자와 그에 말미암은 정치권 때문이라는 논리는, 성리학 시대에 왜 부유가 득세하는 정치 구조를 띠게 되었는지, 그리고 왜 일본에 비해 조선에서만 부유가 많은 것인지 등의 의문에 근본적으로 해답을 제시할 수 없다. 이로 인해 결국 장지연은 성리학에 문제가 있다는 부정적 인식을 뚜렷이 갖게 된 것이고, 끝까지 그것을 철학으로 전환시키려는 발상을 가질 수 없었다.

그는 사칠논쟁에 관한 부분에서 결국 "당파싸움에 대해서는 이것이 유가의 불행인지라 기술하는 사람도 기술하고자 하지 않으며, 독자들 또한 듣기를 원하지 않을 것이므로 언급하지 않겠다"[3]라고 말한다. 이는 곧 사칠논쟁이 정치적 붕당으로 이어졌음을 시인한 것이자, 성리학이 필연적으로 당파싸움과 망국으로 이어졌음을 승인한 것이다. 이는 조선유학은 성리학 일색이라는 다카하시의 비판과 더불어 강화된 성리학에 대한 부정적 인식이 작용한 것이라 하겠는데, 이러한 인식은 『조선유교연원』에 오늘날 양명학자나 실학자로 분류될 수 있는 학자들을 의식적으로 대거 수록하는 결과로 이어졌다.

한편, 『조선유교연원』이 연원록의 형식을 취하고, 또 신문에 기고된 글을 엮은 것이라는 점에서 사상 내용에 근거한 학파의 구분이나 학적

2 장지연, 앞의 책, 645쪽.

3 장지연, 앞의 책, 171쪽.

논리의 해명에 미흡한 면이 있다고 볼 수 있지만, 그럼에도 장지연의 뛰어난 학문적 안목이 드러난 곳이 적지 않다. 즉, 장지연은 인물에 대한 소개 이외에도 학문적으로 중요한 대목이라고 생각되는 곳에는 관건이 되는 문헌을 적절히 인용하고 있다. 예를 들어, 사칠논쟁을 설명한 곳에서는 다음과 같은 글들을 수록하고 있다.

① 이황의 「천명도설후서(天命圖說後敍)」의 요약과 개요

② 기대승과 이황의 사단칠정(四端七情)논변 왕복 서한 발췌

③ 기대승의 「사단칠정후설(四端七情後說)」과 「총설(總說)」 및 관련 서한

④ 성혼과 이이의 왕복 논변서의 개요

⑤ 이이 『성학집요(聖學輯要)』의 「심성정설(心性情說)」

⑥ 이익의 사칠이기(四七理氣)에 관한 몇 가지 왕복 서한들

이 같은 인용문들은 전통적인 연원록이나 학안(學案)의 방식을 따라 저자의 설명 대신에 관련 원문을 직접 인용한 것이지만, 그것의 취사선택은 장지연의 견해와 식견을 우회적으로 말해 준다. 즉, 사칠논변은 『천명도설』이라고 하는 우주와 인간에 관한 저작에서 비롯되었다는 점, 기대승이 「후설」과 「총설」에서 자신의 주장을 번복했다고 함으로써 해석적 문제가 없진 않지만 관련 문헌을 발췌 수록함으로써 논의의 여지를 남겨두고 있다는 점, 성혼과 이이의 논변이 이황과 기대승의 논변을 확대시켰고 이이의 입장은 「심성정설」에 분명하게 드러난다는 점, 그리고 이익의 사칠이기설이 최종적인 해답이라는 자신의 견해까지 소상히 밝히고

있는 것이다.

이 외에도 권2에서는 양명학을 설명하는 대목에서 이황의 『왕양명전습록변(王陽明傳習錄辨)』을 상(上)·하(下)로 나누어 인용한 부분이 눈에 띄며, "호락학파의 분열"에 관해 특별히 해설하고 있는 부분, 성호 이익의 「홍범설(洪範說)」과 「후천조하도설(後天祖河圖說)」 등을 인용한 부분도 이목을 끈다. 권3에서는 조선 말기 경(京)·가(嘉) 양파의 분열에 관한 해설을 특기(特記)하고 있다. 이러한 특별한 인용과 해설들은 『조선유교연원』을 그나마 밋밋하지 않도록 하는 조미료의 역할을 하고 있다.

그러나 마지막으로 언급하지 않으면 안 될 것은, 장지연이 이른바 주리(主理)·주기(主氣) 개념을 사용해서 조선유학사에서 주요 학파인 퇴계학파와 율곡학파를 변별했다는 점이다. 말 그대로 '주리'는 '리를 주로 하는 것'을 뜻하고, '주기'는 '기를 위주로 삼는 것'을 의미한다. 즉, '주리'는 사단칠정논변에 있어 이황의 입장을 나타낼 때 사용하며, '주기'는 기대승과 이이의 입장을 지시하는 용어인 것이다. 장지연은 송시열(宋時烈) 항목에서 다음처럼 말한다.

> 상고하건대, 우암의 학문은 오로지 기를 주로 하고 리를 주로 하지 않았다. 그래서 그 말에 이르기를, "심은 기요, 성은 리이다. 기는 바로 음양이요, 리는 곧 태극"이라고 했다. 또 말하기를, "대개 성은 작위함이 없는 물건이요, 심은 운용하는 물건이며, 정은 부지불각에 튀어나와 사람의 헤아림[商量]을 경유하지 않는 물건이요, 의는 비교하고 따지며 꾀하는 물건이다"라고 했으며, 또 말하기를, "여기에서의 심은 기

(器)요, 성은 그릇 가운데의 물[水]이요, 정은 이것이 쏟아져 나온 것"이라 했다.[4]

송시열은 "오로지 기를 주로 하고 리를 주로 하지 않았다"라고 함으로써 장지연은 노론(老論)의 학문 노선을 가리켜 '주기'로 지목한 것이다. 즉, 장지연은 비록 이황과 이이 당시에는 아직 학파적 분기가 발생하지 않았고 송시열에 이르러야 나뉘게 된다고 본 것이지만, 어쨌든 남인(南人)을 주리파로, 노론을 주기파로 각각 구분하고 있는 것이다. 흔히 조선유학사에서 주리와 주기의 학파적 구분은 다카하시가 최초로 시도한 것으로 알고 있는 사람이 많은데, 그것은 사실이 아니며 위에서 보듯 장지연이 조선유학사에 관한 서술에 처음으로 사용했던 것이다.

물론, 주리와 주기라는 용어 자체의 사용과 그것에 함축된 관점의 차이는 이황에서 처음 비롯된 것이다. 이황은 기대승과의 논변에서 사단과 칠정을 설명할 때 각각 "리를 주로 한 것"과 "기를 주로 한 것"이라는 의미로 '주리'와 '주기'라는 표현을 사용했다. 그러나 기대승이 감정[情] 일반으로서의 칠정 안에 사단(도덕감정)이 포함된다고 주장하면서 사단과 칠정을 리와 기 양변으로 나누어 상대시켜 설명하는 자신의 관점을 부인하자, 기대승의 입장을 "기를 위주로 하는 관점"이라고 여겼던 것이다. 다시 말해서, 이황은 표면적으로 사단의 발동은 주리로, 칠정의 발동에 대해서는 주기로써 설명했지만, 이 같은 상대적 설명에 반대하는 기대승의

---

4 장지연, 앞의 책, 303~304쪽.

입장 자체도 곧 리보다는 기를 위주로 사유하는 주기의 관점이라고 보았던 것이다.

이런 맥락에서 이황은 명나라 시대의 기론자(氣論者)인 나흠순(羅欽順)을 거론하면서 기대승에게 그와 같은 입장인지를 물었다. 이에 대해 기대승은 부인하면서 자신도 이기론에 있어 리를 중시하는 입장임을 밝혔다. 그러나 사단과 칠정을 리와 기로 분속시켜 설명할 수 없다는 입장은 결국 "기를 주로 해서 설명하는" 관점으로 귀착될 수밖에 없는 것이었다. 왜냐하면, 사단과 칠정을 각각 리와 기로 분속시켜 설명할 수 없다는 입장은, 궁극적으로 사단은 기가 주동이 되어 일어나는 칠정 안에 포함된다(칠정은 사단을 포함한다[七包四])는 주장에 귀착되기 때문이다. 따라서 기대승 본인이 스스로 주기의 입장이라는 것을 부인하더라도, 객관적으로 볼 때 기대승은 주기의 입장에 귀결될 수밖에 없는 것이다.

이렇듯 주리와 주기라는 용어를 처음으로 만들고 그것의 인식론적(知覺論的) 관점의 차이를 규정한 것은 비록 이황에서 비롯된 것이지만, '근대적' 조선유학사의 서술에 있어서 그것을 최초로 활용한 사람은 다름 아닌 장지연이었다. 즉, 조선유학 전통에 내재되어 있던 주리와 주기의 학파적 구도를 조선유학사에 대한 근대적 서술에 적용한 것은 장지연에서 기원한다는 것이다.

장지연의 이 같은 주리·주기의 도식은, 이미 언급했듯, 다카하시에게 다시 깊은 영향을 주게 된다. 다카하시도 장지연처럼 조선유학사를 주리와 주기라는 용어를 가지고 파악했기 때문이다. 적어도 이 점에서 다카하시가 「이조유학사에서 주리파·주기파의 발달」의 서언에서 "조선유학의 2대 학파는 주리파와 주기파인데, 이 두 흐름이 나온 원천은 이황·기대승 두 사람의 사칠론이다"라고 말했을 때, 이는 실상 그다지 참신한 견해라고 볼 수 없는 것이다.

다만, 다카하시는 장지연에 비해 주리·주기 개념에 관련된 문제를 좀 더 철학적으로 접근하는 시도를 했다고 볼 수 있다. 다카하시의 철학적 접근은 이후 정인보나 현상윤 등에게 일정한 영향을 주었다고 할 수 있지만, 전체적으로 볼 때 장지연 이후 한국유학사에 대한 접근은 철학적 측면보다도 사상사적인 측면에 치중해 왔다고 하겠다. 더구나 최근까지도 조선유학사에 대한 인식에 있어 주리·주기 개념을 계속 사용해야 하는가를 둘러싸고 논란이 진행 중이다.

주리·주기 개념에 대해 비판적인 입장은, 그것이 일제 어용학자인 다카하시에 의해 근대에 작위적으로 고안된 것일뿐더러, 조선유학사의 실제적 전개와 맞지 않고 전체를 포괄할 수도 없기 때문에 폐기해야 한다고 본다. 그러나 이러한 주장은 앞서 살펴본 것처럼 그것의 유래와 '근대적' 활용에 대해 정확히 인지하지 못한 것에서 비롯된 것이다. 주리·주기 도식을 '근대적' 조선유학사 서술에 최초로 활용한 사람은 다카하시가 아니라 장지연이었다. 더구나 주리·주기 개념 자체는 이미 이황에서 기원한 것으로서 많은 철학적 함축을 지닌 용어라고 할 수 있다. 따라서 주리·주기 개념의 함의에 주목하고 철학적으로 탐구할 필요가 있는 것이다.

장지연의 『조선유교연원』이 오늘날 우리에게 주는 시사점은, 그것이 지난 1백 년 동안의 한국사상사와 철학사를 반성하도록 이끈다는 것이다. 장지연의 이 책에서 시작하여 최근까지 이루어지고 있는 한국유학사의 저술은 거시적인 한국사상사 탐구라는 맥락에서 진행되어 왔다고 할 수 있는데, 이에 비해 상대적으로 '한국철학'의 연구는 미미했다고 할 수 있다. 아마도 그 이유 가운데 하나는, 다카하시에 대한 반감으로 인해 주리·주기에 대한 철학적 분석을 연구자들이 외면했기 때문이다. 더구나 근대 이래의 성리학에 대한 부정적 인식이 이러한 상황을 더욱 악화시켰는데, 지금까지도 그것은 여전히 불식되지 않고 있다고 할 수 있다. 비록 조선 패망의 책임에 있어 성리학이 완전히 자유로울 수는 없을 것이지만, '한국철학'의 근원이 되는 조선성리학 전통을 외면하면서 그것을 철학적으로 전환하는 것 없이 한국철학의 정립이나 발전을 기대하기는 힘들다고 생각한다.

유영모의
주체적 생명철학의 의의

심상우
나란히희망철학연구소

1. 들어가며

구한말 조선왕조가 몰락하고 지배 이데올로기가 쇠퇴함으로써 조선은 사상적 전기가 필요했다. 역사적 과정에서 조선은 어떤 문제가 생기면 자기성찰적 철학과 종교를 계승·발전시키기보다는 수입된 철학을 통해 현실의 문제를 해결하려는 경향이 강했다. 구한말의 역사도 예외는 아니었다. 당시 실학파 지식인들은 우리의 사상과 전통을 통해 당면한 문제를 해결하려 하기보다는 서구의 인권사상에 보다 경도되어 있었다.

특히 그들은 관존민비와 양반과 평민을 구분하는 것이 가장 큰 문제라 생각하며 모든 사람이 평등하다고 가르치는 서구의 인권사상을 적극적으로 받아들이게 된다. 나아가 서구의 인권사상을 수용하기 위해선 조선인들 모두는 스스로 생각하는 능동적 주체성을 가져야 했다. 한마디로 말해 생각하는 백성이라야만 노예가 아닌 참된 주인으로서 살아갈 수 있는 것이다.

개화파 실학자들은 주체적 삶이야말로 현실의 난관을 지혜롭게 헤쳐나가는 힘이라고 생각했다. 그들 중 일부는 조선이 외세에 의존적일 수

밖에 없는 문제를 우리의 철학을 통해 이해하고 해결하려고 노력하였다. 동학, 대종교, 원불교와 같은 사상을 통해 우리의 전통을 창조적으로 계승하려는 노력이 대표적인 예이다. 이처럼 개화파 실학자 중 일부는 주체적이고 자생적인 노력을 통해 역사의 변혁을 기했지만, 그들 대부분은 일본의 무력에 의한 상실을 끊임없이 경험해야만 했다.

그럼에도 불구하고 그들은 국력을 키우기 위한 노력을 멈추지 않았다. 민중적 삶을 대변하는 종교로서 우리의 전통을 창조적으로 계승하려는 노력이 대표적인 예이다. 이러한 경향은 오늘날도 크게 다르지 않다. 반면 다수의 주류 학자들은 수입된 남의 철학에 주석을 다는 정도로 문제를 인지하고 있었다. 그러다 보니 우리 스스로 우리의 정체성을 성찰하는 데에는 노력을 게을리하는 우를 범하고 있었다. 물론 수입된 세계관이 전적으로 부정적인 측면만 있는 것은 아니다. 불교와 유교의 정신이 오랜 기간 우리의 전통과 결합되는 과정을 거치면서 우리 것이 된 역사적 경험도 있다.

이 글에서 살펴볼 개화파 실학자인 유영모는 주체철학의 새로운 장을 연 한국의 대표적인 철학자다. 그는 서구사상을 배타적으로 바라본 것이 아니라 아주 큰 장점이 있음을 인지하고 이를 적극적으로 수용하였다. 그는 조선이 일제강점기를 겪을 수밖에 없었던 이유를 평등사상의 결여와 주체성의 상실에서 찾았기에, 아주 적극적으로 서구의 기독교를 수용하였다. 물론 그렇다고 그가 기독교만을 전적으로 맹신한 것은 아니다. 오히려 그는 기독교사상과 서구철학을 능동적으로 수용하면서 동시에 동양철학과 종교의 만남을 창조적으로 시도했다. 따라서 그를 두고 서구

사상과 동양사상의 만남을 통해 창조적 회통을 시도한 대표적인 철학자라고 평가한다. 한국철학의 새로운 가능성을 회통의 방식에 두고, 바로 이로써 철학을 시도했기 때문이라고 볼 수 있다.

유영모는 서구사상을 주체적으로 받아들이는 과정에서 우리의 풍토와 정서들을 고려한 창조적 수용을 시도하였다. 자유와 평등에 기반을 둔 '상놈의 종교'로서 기독교야말로 민중의 삶을 보호해 줄 수 있는 이론적 토대를 제공했다. 따라서 그는 기독교를 통해 조선의 계급문제를 해결할 수 있다고 확신했으며 주체성 회복의 길을 열 수 있다고 단언했다. 나아가 기독교에 기반을 둔 서구사상이야말로 탈식민지화, 근대화, 민주화의 역사적 과제를 적극적으로 실천할 수 있다고 생각했다. 그러나 그가 수용한 기독교는 오늘날 근본주의에 가까운 기독교의 형태와는 달랐다. 그의 '기독교'는 동양적인 전통을 적극적으로 수용한 기독교였기에, "동양문명의 뼈에 서양문명의 골수를 넣으려 했다"라는 말로 정의될 수 있다.

2. 동아시아의 주체 이해와 유영모의 생각

자기를 상실한 민족은 정신의 가난함을 견디어 내기 어렵기에, 유영모는 동서양 정신의 회통을 통해 고양된 자기 정체성을 확립하고자 했다. 그는 서구의 정신에 동양의 정신을 창조적으로 결합한 사상의 예술가였다. 창조적 예술가의 기본 요건은 한편에서는 외부로부터 부여받은 진리로 나를 바라볼 수 있는 것도 필요하지만 또 다른 한편에서는 내 속의 참 나를 성찰할 수 있어야 한다. 유영모는 후자에 보다 주목했다. '속의 속'을 성찰하는 힘이야말로 가장 강력한 힘이며 얼이 있는 주체가 된다. 참된 주체가 된다는 것은 하나님이 주신 자기 안의 '씨올(씨알)'을 바라볼 수 있어야 함이며 하나님의 씨알이 내 속에 있기에 지속적으로 성찰할 수 있어야 한다는 것이다.

유영모의 씨알사상은 자기 세계를 스스로 기투하고 지탱하는 힘을 지닌 주체로서 거듭나게 한다. 유영모의 자기 인식은 곧 서구사상, 유교, 불교, 도교 그리고 전통 종교의 정신들의 지혜들을 모아 자기성을 확립하려 시도했다. 이러한 시도는 곧 새로운 정신사와 대면하는 과정에서 전통과 새로운 대화를 만드는 과정이라 할 수 있다.[1] 이렇게 기독교의 정신을 한국적 정신으로 풀어 가는 독창성을 지닌 인물이 유영모였다. 그의 한국적 기독교사상에서는 예수, 공자, 석가, 노자가 곧 함께 진리를 추구한 인물로 평가된다. 그는 성서를 인(仁), 공(空)과 무위자연(無爲自然)의 세계를 추구하는 사상과 결합하면서 새로운 정신적 지평을 열어 갈 가능성을 제시했다.[2] 이처럼 그의 철학적 사유는 동서양의 철학들을 결합하여 더욱 강력한 주체철학을 만들었다.

---

1 박재순(2017), 『다석 유영모』, 홍성사, 361~62쪽.

2 박영호(2001), 『다석사상으로 본 불교, 금강경』, 두레, 27쪽.

1) 유교적 주체성과 유영모

유영모는 유교경전을 해석하면서 공자와 예수가 모두 군자라고 정의한다. 참다운 인간이 되기 위해서는 먼저 자신의 주체성을 확보하는 서구적 주체성의 의미와 달리 유교는 타자와의 관계 속에서 이루어져야 한다는 사실을 명확히 한다. 유교의 기본토대가 되는 인(仁)은 곧 타자와의 관계성을 선명하게 드러낸다. 인(仁)이란 관계의 전적인 표현이자 사람의 마음이다[仁人心也].[3] 짐승과 달리 사람 노릇하게 하는 것이 인(仁)인데, 이것은 짐승의 나가 참나를 깨달아 하나님으로부터 얼을 부여받아 자유로운 하나님의 아들이 되는 것이다.

즉, 유영모에 따르면 탐·진·치(貪瞋痴)의 제나[自我]에서 벗어나 얼나[靈我]로 자리하는 것이 인(仁)이며, 예수와 공자는 곧 군자(君子)다. 여기서 군자는 유교의 이상적인 인격을 지칭한다. 고양된 인격을 지닌 주체는 홀로 주체성을 이야기하는 것이 아니라 더불어 공존하는 존재로서 타자들을 위한 살신성인의 자세를 지닌다. 마치 예수가 인류를 위한 자기희생 행위를 통해 인을 실현한 것처럼 군자란 거짓인 몸나에서 참인 얼나로 자리할 때 가능하다.[4]

주체성과 관련해 유영모는 중용(中庸)을 중심으로 명확하게 설명하고 있다. 여기서 언급된 중용의 어원을 분석하면 중(中)은 양단의 합일점이고 용(庸)은 영원한 상용성(常用性)을 의미한다. 즉 중용은 곧 지나치거나

---

3 류영모 옮김(2012), 『다석 중용 강의』, 박영호 풀이, 교양인, 258쪽.

4 유영모의 『다석 중용 강의』에서 군자의 도를 예수와 연관시켜 보다 명료하게 설명하고 있다.

모자람이 없는 상태로서 하늘이 부여한 인간의 본성이다. 기존의 유학자들이 중용을 이해할 때 천리·천명의 차원에서의 일치와 변하지 않는 특징으로 보았다면, 유영모는 정태적 특징과 달리 매우 역동적인 차원에서 이해했다.

기독교의 옷을 입은 차원에서 논의되는 중용은 '줄곧 뚫림'으로 표현된다. 이것은 곧 절대자인 하나님과의 지속적인 소통을 의미한다. 중(中)을 뚫림을 통해 '속의 속'으로서 참나에 이르는 길이라 본 것이다. 이는 곧 하나님이 내게 '속나'를 낳아 주셨기에 그 길을 좇아야 한다는 것으로 이어진다. 그러므로 중용은 '속나'가 성령을 받아 짐승 탈출을 기하는 활동인 것이다. '속의 속'을 검토하는 과정이 곧 신통이며 그 과정에서 하나님의 뜻을 알게 되고, 얼나로 살려는 노력을 하게 된다. 그럴 때만이 '참나'가 될 수 있으며 나라와 역사를 바로 세울 수 있다.

2) 도교의 주체성과 유영모

도교의 주체는 유교와 반대로 사회구성원들과의 관계에서 주체성이 확보되는 것이 아니라 자연의 이치에 맞게 자연인으로서 행동할 때 확보된다. 도교의 중요한 덕목에 해당되는 무위(無爲)는 인간의 본성을 지켜나갈 때 확보되기 때문이다. 따라서 자연 앞에서 겸손하고 자연스럽게 행동할 때 참다운 인간이 될 수 있다.

여기서 자연스럽다는 것은 현재 스스로 그렇게 있는 그 상태로 '방임'해 둔다는 얘기다. '방임'이라는 말은 일반적으로 부정적인 특징을 지니는데, 도교에서는 매우 긍정적으로 해석된다. 그대로의 본질을 본다는 것을 의미할 때 '방임'이라는 말이 사용된다. 자연이 스스로 되어 가는 것처럼 스스로 되어 가는 자연의 생명 원리에 따르는 것이 곧 주체성의 회복에 해당한다.

도교의 주체성은 곧 자연과의 관계에서 자신을 규정할 때 바람직한 인간이 될 수 있다고 보았다. 이에 따르면 인간 스스로 자신의 주체성을 정립해 나갈 수 있다는 서구적 관점과는 달리, 사람은 자연의 이치처럼 스스로 되게 해야 한다. 즉 인간은 자연에 동화되거나 아니면 적어도 자연에 철저히 의지하고, 자연의 법칙에 순응해 살아갈 때 바람직한 인간이 될 수 있다. 인간이 주체성을 갖는다는 것은 자연 앞에 선 주체가 될 때 가능하다. 자연 앞에 선 주체는 마음대로 하고 몸대로 되는 자유로운 경지에 이른다.

유영모는 도가적 정신에 입각해 '빈탕한 데'로 나아가 자연을 벗으로 삼아 살려 했다. 그의 눈에 서양은 눈에 보이는 것에 초점을 맞추는 반면에 동양은 그 배경이 되는 없음을 확인하는 눈을 가지고 있다. 즉 서양은 항상 변하지 않는 것을 찾는 반면에 동양은 보이지 않지만, 항상 변하는 그 무엇을 찾는다. 따라서 동양인은 항상 없는 것을 추구한다. 유가 아닌 무가 그리고 허공이 참이며 그것이 존재론적인 우선권을 가진다. 따라서 하나님도 '없이 계신 님'인 것이다.

주체인 내가 되기 위해서는 얼의 정신을 곧게 해야 하늘에 도달하는 내가 될 수 있다. 유교에서 그러했듯이 얼을 깨닫는 지혜는 하나님이 입혀 준 능력에 해당된다.[5] 뿐만 아니라 그는 삶과 죽음을 초연해 흔들림 없는 마음을 지니고 살면서 언제라도 세상을 떠날 준비가 된 듯 삶을 살았다.[6] 도(道)심은 인위적이고 제도적인 억압에서 벗어나 마음과 몸을 자연 원리에 맞춰 사는 것이 중요하다. 이때 도심의 중심에는 내 마음이 제대로 작동하는 사랑이 있어야 한다.[7] 사랑은 늘 도심으로서 자연스럽게 이루어져야 한다.

3) 불교의 주체성과 유영모

불교에서 주체를 이야기할 때 이 주체는 허구이며, 주체가 있다고 하더라도 이 주체는 그것의 구성원으로 나누고 나면 남는 것이 없다. 제법무아론(諸法無我論)에서 주체론은 연기와 공(空)의 철학이다. 모든 문제는 타자와의 인연 속에서 탄생하며 그런 인연과 관계 자체가 곧 그 주체를 구성한다. 주체를 구성한다는 말은 주체가 독립적으로 탄생한다는 의미가 아니다. 주체가 구성되는 것도 인간이 자신의 인식론적이고 존재론적인 편의를 위해서 임시방편으로 만드는 수단이라는 의미에 한해서이다. 즉 주체가 구성된다는 말을 하는 이유는 주체가 잘못 구성된다는 주장을 펼치기 위함이며 따라서 불교에서 주체라는 개념은 인간의 정체성에 대한 정확한 규정은 아니다. 인간의 정체성은 무아(無我)이며 공(空)이다. 무아(無我)인 공(空)이 곧 주체를 이해하는 데 핵심 철학인 셈이다.

---

5 류영모 옮김(2013), 『노자와 다석』, 박영호 풀이, 교양인, 392쪽.

6 박영호(2001), 『진리의 사람 다석 유영모』 상, 두레, 29쪽. 그는 삶과 죽음을 하나라고 생각하며 죽는다고 해서 죽어 없어지는 것이 아니라고 말한다. 나아가 그는 죽는 것이야말로 축하할 일일지 모른다고 생각하거나 혹은 살려 준다고 해서 좋아할 것도 없다고 말하며 생사를 벗어나 신적인 삶에 기대어 살았다.

7 박재순(2013), 『다석 유영모의 철학과 사상』, 한울, 43쪽.

유영모는 공(空)사상에 기초해서 만물을 공(空)으로 보고 하나님의 본성도 공으로 보았다. 그가 말한 공(空)은 이미 내 마음 안에 있다고 생각한다. 공을 실천하기 위해 삼독인 탐·진·치(貪瞋癡)의 세계로부터 벗어나야 한다. 내가 된다는 것은 진리인 불성이 내 속에 있다는 것을 믿는 것으로 보고 하나님의 진리의 근원이라는 것을 알면 진리의 생명으로 영생한다는 사실을 알 수 있다. 자아를 '없음과 빔[空]'으로 보기 때문에 권리 개념이 없는 셈이다.

자아가 없으니 권리도 없고 싸울 일도 없다. 불교에서 말하는 허공을 모르고서는 모두 거짓이다. 공은 깨끗하기에 공을 알고 존중하며 살 때 주체는 아름답고 깨끗한 삶을 살 수 있다. 여기서 그는 만물과 사람의 본성인 바탈[性]을 근거하고 있다.[8] 주체가 공을 좋아하고 물질을 멀리할 때 본래 제대로 된 사람이 된다. 공이란 빔이 마음 안에, 마음이 빔 안에 있다. 불교에서는 자아가 부정되고 해탈의 몰아, 세계로 몰입하는 경향이 있다. 유영모에 따르면 자신의 마음속 욕심을 뽑아서 빔[空]에 이르러 자유와 해탈에 이르게 된다. 허공을 진리로 만물을 바탕으로 본 것이 불교의 가르침이다. 공은 곧 하나님의 마음이다.

유영모가 볼 때 사람의 존재와 본성은 없음과 빔에만 머물러 있지 않기에, 인간 존재는 끊임없이, 머무름 없이 마음을 비우고 앞으로 나가야 한다. 인간은 자아를 부정하고 없애면서 역사 속에서 똑똑하고 분명한 실천 주체로 다시 땅 위에 세워야 한다. 인간 이해가 돋보인 유영모는 가

8 박재순(2017), 앞의 책, 353쪽.

온 찍기(나의 한복판을 맞추어 '참나'를 깨닫는 일)를 통해서 자연의 중심을 넘어 얼 생명의 중심에 있고 자아의 중심을 비워 전체 생명의 중심을 드러내려고 했다.

3. 데카르트의 주체성과 유영모

유영모는 주체성에 관해 한편에서 동양사상과 또 다른 한편에서는 서구철학과 대화를 지속한다. 후자와 관련해서 그는 근대를 이끈 대표적인 철학자 데카르트에 깊은 존경심을 표한다.[9] 이미 잘 알려져 있듯이 데카르트에게는 "나는 생각한다. 그러므로 나는 존재한다[cogito, ergo sum]"라는 대표적 명제가 있다. "나는 생각한다"라는 사실에서 비추어 내가 존재한다는 사실을 알 수 있다는 것이 주장의 핵심이다. 따라서 데카르트의 주장, 인식론적 차원에서 생각하는 '나'는 '너'와 '타자' 그리고 '만물'과 구별된 독립된 존재다. 생각하는 나의 밖에는 아무것도 없으며, 나의 밖에 있는 것은 무의미한 것이며, 비존재와 같다. 타자 역시 참된 의미에서 나의 밖에 존재하지 않는다.

데카르트는 나 속에 아닌-나를 정립하는 것이 나 자신이기 때문에 주체성의 확립이 가능하다고 생각했다. '나' 자신의 성찰에 기인한 나는 이성을 통해 '나'를 발견할 수 있다. 여기서 생각함이란 곧 '나'의 존재를 확

---

9 류영모(2016), 『다석 강의』, 다석학회 엮음, 교양인, 229쪽.

인하고 '나'의 속으로 파고들어 진리를 발견할 수 있게 만드는 활동이다. 의문을 제기하는 방법적 회의를 통해 진리에 이르는데, 이때 경험적 증거가 아닌 관념들이 보다 명석하고 판명하게 우리의 생각 앞에 나타난다. 이렇듯 데카르트가 인식론적 차원에서 주체에 대한 이해를 가지고 있다면, 유영모는 존재론적 차원에서 주체를 검토한다. '참나'는 생각하기 때문에 존재하며, 생각이야말로 나를 바로 세우고 살리는 힘이다.

유영모는 데카르트의 한계로 생각이 자연과학적 진리에 머무르는 것을 비판하며 생각은 곧 '정신의 불꽃'으로 절대 진리를 알게 하는 힘임을 강조한다. 생각을 통해 신과 소통함으로써 생명의 출발인 '얼나'로 거듭날 수 있다. 주체 됨이란 제나[自我]인 자신의 몸과 진지한 싸움에서 이김으로 얼나[靈我]가 되는 것인데, 얼나는 단순하게 자신에게 머물러 있는 것이 아니라 공생과 상생으로서 타자들의 다름을 지켜 주는 자세로서 곧 대립과 갈등을 넘어 하나 됨에 이르게 할 수 있다.

데카르트의 주장처럼 생각이 단순하게 '나'에 집중하게 하는 것에 머무르면 안 된다. 생각하는 '나'는 자연, 타인, 하나님에 대해서 무한히 열리고 뚫려 있는 존재로 이해되어야 한다. 생각을 통해 보면 자연의 생명은 '나' 안에서 '나"와 함께 실현되고 완성된다. 박재순은 이를 "생각하기 때문에 생각의 주체인 내가 있고, 생각하는 주체인 내가 있기 때문에 생각의 주체를 있게 하는 생명의 주체인 하나님이 있음을 알 수 있다"라고 정리한다.

유영모에게 생각하는 주체는 제나에 해당하는 나의 몸의 욕구를 극복하고 '속의 속'인 얼나로 자리하는 것을 의미한다. 따라서 제나에 해당하는 이기적 자아로부터 해방된 주체가 곧 생각하는 주체다. 데카르트의 신 존재에 대한 깊이 있는 이론적 논증을 깊게 검토하지 못한 한계를 지닌 유영모지만, 그는 얼나[靈我]적 주체가 하나님과 일치된 '나'라는 차원의 동양적 자기 이해를 시도하였다. 서구에서 말하는 자아에 해당하는 제나[自我]는 신통의 주체가 아니다.[10] 다만 제나에서 얼나를 깨닫기 위해선 하나님의 뜻을 알아야 한다. 이때 하나님의 뜻은 곧 유교에서의 인(仁)과 성(誠)이자 기독교에서의 사랑이다.

신은 나에게 생각을 살려 주어 인과 성 그리고 사랑을 알고 실천하게 만든다. 사랑은 서로에게 희생 제물이 되어 서로를 깨끗하고 힘 있는 삶으로, 내가 타자들의 먹이나 희생양이 되어 상대방의 밥이 되거나 희생양이 되어 상대를 깨끗하고 힘 있게, 새롭게 만들어 준다. 즉 서로의 희생양이 되어 서로를 변화시키는 상호주관적 관계를 전제한다. 이때 나를 불살라 타인들에게 바치는 주체의 깊이 있는 사유는 나의 자유로운 주체로서 하나의 자리에 선 주체가 되고, 상대를 주체로서 새롭고 힘 있게 세운다.

결과적으로 데카르트가 나의 존재를 확인하고 자연 세계에 대한 탐구로 나갔다면, 유영모는 '나'의 존재를 확인하고 '나'의 속으로 파고들어 절대자를 탐구했다. 그는 물질적 대상 세계의 존재를 부정하고 '나'와 '생각'을 확증한다. '나'는 절대자를 발견하는 자리이며 '생각'은 절대자인 신과

---

10 "류영모에게 긋(點)은 '긋'의 ㄱ은 하늘이고, ㅡ는 땅이고, ㅅ은 사람이다. 이것들이 합쳐져서 '긋'이 된다", 박영호 엮음(2002), 『제나에서 얼나로』, 올리브나무, 255쪽.

의 연락과 소통을 통해 '참나'가 되는 조건인 셈이다. 생각하는 곳에 신이 있으며 그것이 곧 생명이기에 유영모는 힘과 마음을 다해서 생각한다. 생각 속에는 생명에 해당하는 '씨올'과 말씀과 정신이 있다.

이처럼 생각을 삶의 행위로 본 그는 삶의 주체인 '나'를 생각의 끝머리, '생각의 불꽃'이라고 칭했다. 따라서 유영모에게는 생각이 곧 '나'의 존재를 생성하는 행위다. 이처럼 생각은 내 존재를 불사르고 철저히 부정하는 행위로부터 나를 곧게 세우게 되는 일로 확장된다. 즉 '나'는 생각을 통해 '나'를 불태우므로 '나'는 새롭게 형성되는 존재이자 늘 '나를 낳는 존재'가 된다. 자기 의식은 낡은 자기를 스스로 버림으로써 새로운 자기가 되어 가게 된다. 그 과정에서 자기에게 소원해지는 결과를 낳기도 하지만 결코 주체를 포기하지 않고 더 크고 넓은 실재적인 자기가 되어 감을 경험하게 된다.

4. 결론을 대신해서

한반도의 근대사를 이야기할 때 가장 뼈아픈 상처는 주체성의 상실에 있다. 주체가 없는 삶은 곧장 외세에 의해 점령당할 수밖에 없다는 사실 때문에 유영모는 적극적으로 주체철학을 강조하였다. 앞서 보았듯이 서구열강에 의해 자기를 상실한 조선 후기 수난의 역사는 현대에 이르기까지 지속적인 영향력을 끼쳤다. 그 결과 외세가 주는 압박으로 인해 우리는 자기 인식이나 자기 존중을 할 수 없는 상황으로 내몰렸다.

이러한 아픈 역사 속에서도 사상의 거장 유영모는 적극적으로 주체철학을 모색하였다. 21세기 묻혀 있던 한국적인 사상을 끌어올리는 일을 다시금 시작할 때가 되었다. 생각이 제한됨으로 인한 주체성의 상실을 벗어나 이제는 동태적 주체로서 생각의 길을 열어야 한다. 생각 속에서 대상을 규정하고 그런 자기를 돌이켜 생각하는 것이야말로 주체성의 자기 회복이다. 그리고 내가 나를 주체로서 정립하기 위해선 다양한 사상과의 회통이 가능해야 한다.

다양한 곳에 진리가 있다는 사실은 생각하는 주체가 겸손하게 진리를 바라보게 만든다. 유영모의 주체철학은 동서양 사상의 거처에서 진리의 가능성을 찾았다. 그는 기독교와 동양종교에서 그리고 동서양의 철학에서 참된 진리를 발견하였다. 주체가 된다는 것은 배타적이지 않다. 열린 길 안에서 상호주체적인 만남으로 이어질 때 너와 내가 상호 공존할 수 있다. 유영모의 주체성은 타인과 하나님에 대해서 무한히 열리고 뚫려 있다. 말씀을 부여잡는 나는 우주의 중심이자 끝이다. 생각하는 나는 앞으로 나아가는 존재이며 보다 나은 미래를 만들 능력을 지닌 존재이다. 생각함으로써 자신을 불태워 새로운 존재가 된다. 모든 생명의 길은 나에게서 비롯되고 생겨나기에, 생각함으로 나를 갈고닦는 노력을 멈춰선 안 된다.

최남선의 『조선 역사강화(朝鮮歷史講話)』

— 식민지 민족과 미완의 역사

윤영실
숭실대학교 한국기독교문화연구원

1. 역사의 격동과 육당 최남선의 굴곡진 삶

대중의 기억 속에서 최남선(1890~1957)은 어떤 인물로 각인되어 있을까? 중고등학교 시절 배웠던 한국 최초의 신체시 「해에게서 소년에게」(1908)나 국토순례기행문인 『백두산근참기』(1926) 정도가 먼저 떠오를 듯하다. 혹은 대표적인 변절 지식인이자 '친일파'라는 부정적인 이미지가 앞설 수도 있겠다. 역사적 인물들의 공과를 꼼꼼히 따지는 것은 과거를 성찰하고 더 나은 미래를 모색하기 위해 필요하고도 바람직한 일이다. 그러나 역사 기술을 둘러싼 논쟁들이 보여 주듯, 역사란 그 자체로 투명한 사실들의 집적물로 우리 앞에 놓여 있는 게 아니다. 어떤 관점에서 바라보는가에 따라 같은 사실들도 전혀 다른 역사적 이야기로 조직될 수 있으며, 상이한 의미로 해석될 수 있다.

그렇다고 어떤 역사든 픽션에 불과하다는 냉소주의나 무슨 역사든 다 괜찮다는 상대주의를 마냥 긍정하자는 것은 아니다. 진리가 하나의 정답으로 미리 주어져 있지 않기에 역사에 대한 탐구는 더욱 깊고 치열해야 하며, 종국에는 인식의 불투명함이나 무지를 감수한 채 특정한 관점을 선택해야 하기에 역사를 써 내려가는 이들의 윤리가 더욱 무겁고 엄중하다. 식민지 시대의 온갖 굴곡과 함께했던 최남선이라는 역사적 인물에 대한 평가도 이렇게 깊고 치열하고 엄중하고 무거운 역사 쓰기와 다시 쓰기의 무수한 반복을 통해 비로소 윤곽이 잡혀 가고 공동체의 합의에 도달할 수 있을 것이다.

이 짧은 글에서는 다만 최남선의 여러 행적을 짧게 훑어보고 그중 『조선역사강화』로 대표되는 식민지 민족사 기술이 지닌 의미를 살펴보도록 하자. 1890년 서울 중인 가문의 차남으로 태어난 최남선은 일찌감치 신문물을 접하고, 일본 유학길에 오른다. 그러나 황실 유학생으로 선발되었던 1차 유학과 와세다대학에 진학했던 2차 유학은 모두 길게 지속되지 못한 채 중단되었다. 1차 유학은 함께 유학했던 양반 자제들의 나태와 거들먹거림에 실망해서 중단했다는 풍설이 있고, 2차 유학 중단은 와세다대학 모의국회(1907)에서 일본 학생이 대한제국 황실을 장차 일본의 화족(華族)으로 삼자 한 말에 격분한 한국 유학생들의 동맹휴학이 계기가 되었다.

학교를 그만둔 최남선은 자산가인 아버지를 설득해 받아 낸 거금으로 인쇄 기계를 사서 귀국했고, 한국 최초의 근대 잡지로 평가받는 『소년』(1908.11)을 창간했다. 활달한 사상과 문체로 주목받는 청년 문사가 된 최남선은 안창호의 감화로 청년학우회 활동에 앞장서는 한편, 신문관과 광문회를 통해 신지식의 출판 보급과 민족 '전통' 세우기에 힘썼다. 무단정치기인 1910년대에도 최남선은 잡지 『청춘』, 『붉은 저고리』, 『아이들보이』, 『새별』 발간을 통해 조선 문화의 명맥을 꾸준히 이어 갔다. 1919년

3·1운동 당시 「기미독립선언서」 작성으로 수감되었던 최남선은 출옥 후 『동명』, 『시대일보』 발행으로 잠시 언론 출판 활동을 병행하다가, 1920년대 중반부터 본격적인 학자로서의 길을 걷는다. 단군을 중심으로 조선 민족의 '기원'을 규명하고, 고전의 발굴·수집·출간·연구로 민족 '전통'을 천명하며, 『백두산근참기』, 『심춘순례』 같은 국토순례기행문들로 민족의 정서적 공감을 불러일으키고, 일본 학자들과 논전을 벌이며 민족의 '역사'를 기술했던 것이 모두 1920년대의 일이었다.

그러나 만주사변 이래 일본의 패권이 만주를 장악하고 중국 내륙까지 뻗어 가면서, 식민지 조선의 민족운동도 큰 동요를 맞게 되었다. 특히 일본제국과 중국 국민당 정권, 공산당의 항일무장투쟁 사이에 끼어 난민화되었던 수백만 재만조선인 문제를 두고, 독립 노선을 포기하고 일본제국 내에서 조선인의 생존과 번영을 도모해야 한다는 현실론이 점차 확산되어 갔다. 1930년대 중반 이래 최남선은 일본 신도의 틀을 빌려 단군 신앙 부흥을 도모했던 '위태로운 행정'을 펼치고, 조선총독부의 '동화(내선일체)'보다는 만주국의 '협화(오족협화)' 이념에서 조선 민족의 정치적 전망을 찾고, 1943~1944년 일본의 패망을 예견하면서도 조선 청년들에게 전쟁에 나가 군사기술을 배워 두라고 독려했다.

오늘날까지 그가 민족의 배신자요, 대표적인 '친일' 지식인으로 비판받는 이유들이다. 1948년 대한민국이 수립되고 친일 청산을 위한 반민특위 법정이 열렸을 때, 그는 자신의 대일협력 행위가 모두 '조선 민족'을 위한 고심에 찬 선택이었음을 주장하면서도, '국민'의 엄정한 심판을 달게 받겠다고 수긍했다(「자열서」). 그러나 반민특위가 해산되고 식민지 잔재 청산이 좌절되면서 최남선에 대한 역사의 '심판'도 미결 상태로 남겨지고, 그는 오늘날까지 역사의 법정에서 끊임없는 '소송'에 휘말리고 있다.

2. 역사 기술을 통한 식민지의 '민족-만들기'와 '시간적 해방'

최남선의 대일협력 행위에 대한 역사적 평가는 여전히 진행 중이지만, 1920년대까지 최남선이 민족의 기원, 전통, 역사를 구축하기 위해 펼쳤던 다방면의 활동은 오늘날까지도 부정할 수 없는 유산으로 남아 있다. 특히 근대적 민족 관념이 채 무르익기 전에 일본의 식민지로 전락했던 조선에서 가장 시급한 과제 중 하나는 '민족'의 역사를 기술하는 것이었는데, 최남선의 『조선역사강화』는 한국인이 지은 최초의 근대적 통사로서 그 과제를 담당했다.

민족의 역사를 쓰는 것은 민족 외부, 무엇보다 제국 일본을 향해 조선인이 독자적 네이션의 '자격'을 지녔음을 입증하고 설득하는 과정이었다. 과거의 역사 기술이 대개 중화사관을 바탕으로 했으며, 일제의 식민사관이 고대 이래의 한반도 거주민을 북방 계통과 남방 계통으로 나누어 각기 중국과 일본에 복속된 집단으로 그려 내고 있었기에, 조선인의 주체적 민족사 서술은 식민지 조선 민족의 '시간적 해방'과도 같은 의미를 띠고 있었다. 왕조나 영웅들이 아닌 '민족' 전체의 이야기를 실증적, 과학적 역사 기술로 일목요연하게 서술할 때, '조선 민족'은 비로소 고대부터 현대까지 면면히 이어진 집단적 정체성으로 스스로를 증명하며 독립의 정당성을 주장할 수 있을 터였다.

그런 까닭에 신채호는 일찍이 「독사신론(讀史新論)」(1908)에서 "국가의 역사는 민족 소장성쇠의 상태"를 서술하는 것임을 주장하며 민족사 기술의 필요성을 주장했다. 그러나 이 과제는 하루아침에 이뤄질 수 없었다. 이를 위해서는 먼저 '역사'가 왕후장상이나 영웅들의 이야기가 아니라 '민족'의 이야기라는 관점의 전환이 필요했다. 이런 자각이 이루어졌다고 해도 역사를 '민족'의 이야기로 조직하는 것은 또 다른 어려움을 야기했다. 종족들의 이합집산, 영토의 팽창과 수축, 국가들의 생장과 소멸로 흩어진 과거의 사건들을 어떻게 조선 민족의 탄생과 성장, 시련과 극복의 일목요연한 드라마로 만들 수 있을 것인가. 전자가 역사의 주체와 관련된다면, 후자는 역사의 플롯과 관련된다. 최남선의 『조선역사강화』는 바로 이 두 가지 점을 성취함으로써 한국 최초의 근대적 통사로 자리매김될 수 있었다.

3. 영웅의 이야기에서 민족의 이야기로

신채호는 한국 최초의 근대사론인 「독사신론」에서 역사는 민족 소장성쇠의 서술이어야 한다고 선언했지만, 그에 따른 역사 기술은 쉽게 이뤄질 수 없었다. 『이순신전』, 『을지문덕』, 『동국거걸 최도통』 같은 서사들이 그 빈자리를 채우며 일종의 '대체 역사'로 기능했으나 이들은 '민족 영웅'의 행적을 기록한 전기적 서사일 뿐 아직 집단으로서의 '민족'의 역사는 아니었다. 왕과 제후장상, 영웅들의 이야기가 아닌 민족의 이야기로서의 역사는 연대기적 기술인 편년체나 여기에 인물들의 전(傳)을 가미한 기전체와는 전혀 다른 서사 형식을 요구했고, 무엇보다 '역사' 그 자체에 대한 근본적인 인식 변화를 요구했다.

최남선은 신채호의 문제의식을 계승하여 동아시아 역사 담론을 수용하고, 수많은 시행착오를 거치며, 민족의 역사라는 관념을 조금씩 발전시켜 갔다. 동아시아에서 '역사'에 대한 인식 변화는 1900년대 후반 '영웅과 시세'론이나 '무명 영웅'론 같은 담론들로 발현되었는데, 최남선의 『소년』은 그 끝자락에 놓여 있었다. 역사가 몇몇 영웅들의 소관이 아니라 '국민' 일반의 지덕의 수준에 따라 결정된다는 후쿠자와 유키치의 '영웅과 시세(時勢)'론, 무비(武備)의 시대에서 생산의 시대로의 이행을 점치며 각 산업 분야의 전문가들이야말로 새 시대가 요구하는 무명 영웅임을 주장했던 도쿠토미 소호의 평민사회론의 영향도 『소년』 곳곳에 엿보인다.

그러나 1880년대 후쿠자와나 도쿠토미의 주장들이 1900년대 말 식민지 상황의 조선에 곧바로 적용될 수는 없었다. 청일전쟁 이래 서양열강들의 견제를 넘어 제국으로 팽창하던 일본에서 도쿠토미는 군국주의자로 전향했고 민우사(民友社, 민유샤)의 영웅전기들을 통해 새삼 '힘(力)의 복음'을 설파했다. 반면 국망의 상황에서 『소년』의 영웅 담론은 '국가적 영웅'상에서 탈피하여 국가 없는 시대에도 존속할 '정신적 국민', 곧 식민지 '민족' 자체를 타락한 세계와 시련을 극복할 '영적 영웅'으로 발견하고 있었다.

1900년대 말 『소년』에서 국가적 영웅 담론의 해체는 이후 최남선이 나아갈 세 가지 방향을 예비했다. 도산 안창호의 영향 아래 영웅에서 '수신'으로 나아가는 길, 조선광문회의 인적 교류를 매개로 단군 중심의 '민족' 담론으로 향하는 길, 그리고 영웅에서 사회 일반의 '역사'로 나아가는 길이 그것이다. 최남선이 『소년』과 『청춘』에 꾸준히 수신 관련 글을 싣고, 『격몽요결』을 출간하고, 『자조론』을 번역한 것은 첫 번째 길을 예시한다. 그리고 최남선이 『소년』에 연재했던 「나폴레옹대제전」(『소년』, 1908.12~1910.6)이 애초에 국가적 영웅에 대한 전기적 서사로 기획되었으나 프랑스혁명의 사회문화사로 일관하다가 끝을 맺은 것이나, 『레미제라블』의 번안인 「역사소설 ABC계」가 역시 비슷한 사회문화사의 모습으로 변형된 것은 세 번째 길을 예시한다. 1920년대 최남선이 본격적으로 역사가의 길을 선택했을 때 수신 담론은 더 이상 채용되지 않았지만, 민족과 역사를 결합하여 민족의 역사를 쓰는 것은 그에게 필생의 과제로 남아 있었다.

특히 3·1운동을 민중 스스로가 '민족'적 자각을 이룬 역사적 사건으로 높이 평가했던 최남선은 이 자각을 더욱 단단히 다지기 위해서는 "먼저 자기의 역사에 대하여 정확한 관념을 가"져야 함을 주장하며 본격적인 역사가의 길로 접어들었다. 조선의 역사 기술마저 일제의 주도로 넘어간 상황을 조선인 "최후의 정신적 파탄"이라고 크게 경계하면서, 스스로 호랑이 굴인 조선사편수회에 들어가 단군 중심의 조선사 기술을 관철하기 위해 일본인 학자들과 논쟁을 벌이기도 했다. 그러나 자신의 의견이 총독부의 조선사 기술에 반영되지 못하는 상황에서 최남선은 독자적인 조선사 기술에 박차를 가했고, 그 결과물이 『조선역사강화』였다.

4. 민족사의 플롯 만들기

최남선의 『조선역사강화』는 출간 당시부터 가장 성공적인 조선 통사로 상찬되었다. 경성제대 사학과 출신인 신석호는 이를 두고 "조선 민족과 조선 문화의 발전 과정을 과학적 방법으로 일목요연하게 정리한 조선문으로 쓰인 대표적 통사"라고 지목했으며, 1932년 무렵 문일평은 조선의 역사를 '상고부터 근세까지 학습'하기 적당한 책으로 최남선의 『조선역사(강화)』를 추천했다. 20세기 한국의 '사학사'를 정리한 조동걸은 이 책을 '한국 최초의 근대적 통사'로 평가했다.

그렇다면 『조선역사강화』의 성공 요인은 무엇이었을까? 폭넓은 사료 참조와 꼼꼼한 고증, 간결한 서술 등 여러 요인을 들 수 있다. 그러나 무엇보다 정제된 플롯이야말로 종족들의 이합집산, 영토의 팽창과 수축, 국가들의 생장과 소멸을 '조선 민족'의 탄생과 성장, 시련과 극복에 관한 서사로 만들어 내는 힘이었다.

최남선 최초의 본격적인 역사 기술인 「계고차존」[『청춘』 제14호(1918.6)]은 부여, 읍루, 옥저, 예맥 등 다양한 고대 부족들이 종족도 풍습도 상이한 채로 병존했음을 보여 줄 뿐 '민족'의 윤곽을 제대로 그려 낼 수 없었다. 3·1운동 이후 "민중 자신의 자조적 활동"(「조선민시론」)으로 비로소

'민족이 발견'되었다는 감격에 휩싸였던 최남선은 이렇게 '발견'된 민족을 태고부터 면면히 이어져 온 역사적 실체로 '규명/발명'하기 위한 학자로서의 사명을 자임한다. 그 한 축이 민족의 토대(Grund)가 되어 줄 단군 연구였다면 다른 한 축이 민족사의 플롯 만들기였다.

그러나 민족에 안정적인 토대를 부여할 것으로 기대했던 단군 연구는 신화학, 인류학, 언어학, 민속학 등 제반 과학을 통해 엄정한 논리로 접근할수록 역설적으로 민족의 토대-없음을 드러낼 뿐이었다. 혈통도 언어도 문화도 하나의 민족에 명확한 '경계'와 견고한 '토대'를 부여할 수 없다는 깨달음은 학자로서의 최남선이 도달한 역설적 진실이었다. 그렇기에 1920년대 말 최남선은 민족을 역사 공동체로 자리매김한다. 삼국의 통일에서 비로소 고구려, 백제, 신라가 하나의 민족으로 성립하고(「조선역사강화」), 신라와 발해까지 남북이계를 포섭한 고려의 출현이 있고서야 "조선인의 전일 민족적 성립"(「단군소고」)이 이뤄졌다는 것이다.

최남선의 사상에서 민족이 역사 공동체로 자리매김되는 만큼 민족의 역사 기술은 더욱 중요한 의미를 띠었다. 『조선역사강화』는 역사가 "사실의 쓰레기통"이나 "연대의 실꾸리가 아니"라 "그 민족, 사회, 문화의 발전 성립한 내력을 가장 단적하게, 요령 있게, 인과적으로 표현한 자"여야 한다는 명확한 자의식의 산물이었다. 「계고차존」에서 종족들의 분할과 잡거로 그려졌던 고대사는 태양 내지 천(天) 숭배라는 공통신앙과 문화를 지닌 '붉민족(밝민족)'의 이주와 분산의 이야기로 재조직되었다.

이후 조선의 전 역사는 내부의 통합과 분열의 플롯, 타민족들과의 갈등의 플롯으로 전개된다. 조선의 역사는 밝민족이 세운 최초의 국가인 고조선에서 시작되었다가 여러 방국으로 흩어졌고, 이후 한사군 설치 같은 「지나인의 북새질」(2장)을 겪으며 다시 「민족의 자각」(3장)을 이룬다. 민족 통합을 위해 「삼국이 패(覇)를 다툼」(4장)은 「신라의 통일」(6장)로 일단락되었다가 「발해의 따로 남」(7장)으로 다시 분열된다 등등의 이야기들은 민족 내부의 통합과 분열의 플롯을 따른다. 한편 「수와 당의 입구(入寇)」(5장), 「여진과의 관계」(12장), 「몽고의 화」(15장)처럼 계속되는 외침과 항쟁의 기록들은 민족 내외부 갈등의 플롯이다. 나아가 최남선은 이 두 가지 플롯들 사이에 시계의 톱니바퀴처럼 맞물리는 인과율을 설정했다. 조선 민족이 내부적으로 단결할 때 대외적으로 번영·팽창하고, 조선 민족이 내부적으로 분열할 때 대외적인 시련에 빠진다는 인과율이 그것이다.

5. 민족적 일치를 향한 노력 요청

최남선은 정제된 플롯과 인과율을 통해 『조선역사강화』에 근대적 민족사로서의 명료함을 부여할 수 있었다. 그러나 근대의 일반적인 내셔널 히스토리(national history)가 국민국가(nation-state)의 완성을 통해 의미상 종결(closure)되는 것과는 달리, 국가를 잃은 식민지 민족의 역사는 아직 종결될 수 없었다. 그 때문인지 『조선역사강화』의 대한제국기 부분은 날짜별로 일본 세력의 침투와 민족적 저항을 보여 주는 사건들만 나열된 연대기 형식을 띠고 있다.

조선 민족은 이 힘들의 쟁투에서 패배했기에 일제의 식민지로 전락했지만, 민족사의 결말은 아직 미래를 향해 열려 있다. 3·1운동 직후 최남선은 "민족의 완성(독립)"이 곧 임박했다는 희망에 차 있었기에, 시련을 딛고 궁극적인 해방을 향해 나아가는 갈등과 구원의 드라마로 조선 역사를 구상할 수 있었다. 그러나 일본제국의 세력은 절정에 이르고 조선 민족의 역량은 위축되어 가기만 하던 1930년의 『조선역사강화』는 원래 구상대로 쓰일 수 없었고 마침내 역사 기술의 말미가 연대기로 해체되고 말았다.

이런 맥락에서 최남선이 『조선역사강화』에 부록으로 붙인 「역사를 통하여서 본 조선인」의 의미를 해석해 볼 수 있다. 이는 조선인의 장단점을 열거한 일종의 민족성론이다. 연면성, 지구성, 강인력, 융화력, 창조력이 장점으로 열거된 반면, "사회로 응집성과 민족으로 결속력이 부족하여, 내(內)로 실력을 향상함과 외(外)로 적환(敵患)을 탄발(彈撥)함에 단합적 위력을 발휘하는 능력이 심히 박약"하다는 것이 단점으로 지적된다.

그런데 이 글이 아직 종결되지 못한 민족사의 부록으로 붙어 있다는 점을 고려한다면 글의 메시지는 이렇게 해석될 수 있다. "민족사의 열린 결말이 민족의 소멸로 귀결될지 민족의 완성으로 귀결될지는 오로지 현재의 '일정일동(一靜一動)', 곧 '민족적 일치'를 향한 구성원들의 노력 여부에 달려 있다." 최남선은 민족적 일치를 이루지 못한 과거를 비판하고 현재의 노력을 촉구하면서, 민족의 '구원(久遠) 완성으로의 일전기(一轉機)'를 마련하고자 했던 것이 아닐까.

6. '친일'과 분단, 미완의 민족사

해방 직후 최남선은 『조선역사강화』를 개작한 『국민역사강화』(1945)에서 끝부분을 이렇게 바꾸었다. "한국인은 내외일치, 불요불굴하는 협동력으로써 민족 부흥의 서광을 맞이하였다. 그리고 한국 역사의 연면성(連綿性)은 잠시의 우곡(紆曲)을 지나고 다시 자여(自如)한 본태(本態)로 돌아왔다." 그 뒤에 「총론」을 덧붙여 한국인의 결점인 "내부분열의 관성적 작용"이 영락없이 "국민적 화해(禍害)"를 가져왔음을 상기시킨다. 해방 직후 격렬했던 좌우익의 분열상을 염두에 둔 구절일 터다.

오늘날 최남선은 한국 근대의 개척자로 기념되기도 하고 대표적인 친일파로 비판받기도 한다. 최남선에 대한 상반된 평가는 오늘날 한국의 분열상과도 의미심장하게 맞닿아 있다. 그런데 정작 최남선 개인을 기념하거나 단죄하는 것보다 중요한 것은 식민지나 분단이라는 위기를 넘어서기 위한 '민족적 일치의 노력'이 아닐까. 획일적, 배타적, 팽창적 민족주의는 마땅히 경계해야겠지만, 약소국의 구성원들이 함께 살아가기 위한 '민족적 일치의 노력'마저 포기할 수는 없기 때문이다.

조선학과 조선사 연구의 방향 전환, 백남운의 『조선사회경제사』

조형열
동아대학교 사학과

■ 이 글은 역사계간지 『내일을 여는 역사』 2020년 봄호(통권 78호)에 수록한 원고를 수정 · 보완한 것임.

1933년 9월 9일 출간된 한 권의 역사책은 조선 사상계에 적지 않은 충격을 던졌다. 그 책은 조선의 지식인이 저자였지만, 일본 도쿄 가이죠샤[改組社]의 경제학 전집 시리즈 가운데 하나로 세상에 나왔다. 우리말로 쓴 것도, 게다가 당시 유행하던 읽기 편한 이야기책도 아니었다. 좀처럼 손이 가지 않을 450쪽에 이르는 전문 학술서가 웬만큼 글줄깨나 읽은 사람이라면 반드시 읽어야 할 독서 목록에 오르게 된 것이다. 식민지 조선의 대표적 역사학자 백남운(白南雲, 1894~1979)이 쓴 『조선사회경제사』는 이처럼 큰 유명세를 탔다.

기왕 이 책에 쏟아진 조선인 사회의 관심을 이야기했으니, 그 양상을 조금 더 자세히 들여다보자. 당시 한글로 발행한 민간의 3대 신문인 『동아일보』, 『조선일보』, 『조선중앙일보』는 모두 책 출간 소식을 실시간으로 전하는가 하면, 백남운의 학문적 업적을 조명하고 진지한 서평의 장을 마련했다.[1] 게다가 10월 16일에는 여운형(呂運亨), 송진우(宋鎭禹), 서춘(徐

1 「白南雲氏新著 朝鮮經濟史」, 『동아일보』(1933.9.9); 「經濟史研究의 柱礎, 白南雲教授의 大著《朝鮮社會經濟史》全五卷中第一卷出版」, 『조선중앙일보』(1933.9.16); 金洸鎭,「白南雲教授의 新著《朝鮮社會經濟史》」, 『동아일보』(1933.9.21); 「우리들도 群婚을 지내왓단다. 이래서는 붓그러운 東方禮義國, 白衣

그림 13-1. 『동아일보』에 실린 『조선사회경제사』 출판 축하회의 모습. 『동아일보』(1933. 10.17)

椿), 백낙준(白樂濬) 등 20여 명이 함께 준비하여 출판 축하회를 개최했다.[2] 이념적으로, 출신 지역으로 보더라도 하나로 묶이기 어려운 사람들이 모여서 그가 이룩한 성과를 축하했다. 백남운이 지식인들 가운데 차지하고 있던 위상을 짐작할 만하다.

族의 身分調査를 하는 延專 商科 研究室 白南雲 教授」, 『조선일보』(1933.9.22); 李天鎭, 「(Book Review) 朝鮮社會經濟史 (上)」, 『조선일보』(1933.11.30); 李天鎭, 「(Book Review) 朝鮮社會經濟史 (下)」, 『조선일보』(1933.12.1).

2 「市內有志發起 白南雲氏慰勞」, 『동아일보』(1993.10.14); 「白南雲 氏 著書 朝鮮社會經濟史 出版 祝賀會」, 『조선일보』(1933.10.15); 「社會經濟史 出版紀念會 十六日明月舘서」, 『조선중앙일보』(1933.10.15).

1. 백남운, 식민지 조선학계와 북한학계를 이끌다

백남운은 신채호(申采浩, 1880~1936)나 최남선(崔南善, 1890~1957)에 비하면 후대 사람들에게 덜 알려졌지만, 민족문화와 학술계의 발전에 미친 영향은 적지 않다. 신채호는 1910년대 이후 해외에서 활동하면서 민족사(民族史)의 진로를 실천적·학문적으로 모색했고, 최남선은 일제 지배 아래 조선학(朝鮮學)의 필요성을 역설하면서 학문의 촉진에 기여했다. 백남운은 마르크스주의를 수용한 뒤 조선학의 재정립을 주장하고, 남북 분단 과정에서 월북하여 북한학계의 초석을 닦았다. 그는 한국 근현대의 대표적인 마르크스주의 학자였고, 학문의 사회적 의의와 학문하는 방법에 대한 논의를 풍성하게 만든 주역이었다.

전라북도 고창에서 태어난 백남운은 수원농림학교를 졸업하고 잠시 강화간이농림학교·강화공립보통학교 교원, 강화산림조합 기수(技手)로 일하다가 1918년 일본으로 건너갔다. 그는 도쿄상과대학(지금의 '히토쓰바시대학')에서 수학하면서 조선경제사에 관심을 가졌다. 당시 도쿄상대의 교수진은 후쿠다 도쿠조[福田德三]를 비롯해 독일 역사학파의 영향을 받은 학자들이 주축이었다. 이들은 일본과 달리 조선을 봉건제도조차 제대로 갖추지 못한 정체된 사회라고 인식했다.

백남운은 제1차 세계대전 종전 이후 사회개조의 바람이 불던 다이쇼[大正] 데모크라시 시기의 영향을 받으면서, 조선에 대한 정체성론을 깨뜨릴 방법으로 점차 마르크스주의로 다가갔다. 『조선사회경제사』는 바로 이 무렵부터 조선경제사의 연구계획 가운데 첫 출발점으로 구상한 것이었다.

백남운은 1925년 조선에 돌아와 연희전문학교 상과 교수로 재직했다. 식민지 조선학계에서 백남운이 빛을 발했던 대표적인 두 장면이 있다. 첫 번째는 1935년 조선 후기 실학자 정약용(丁若鏞)이 세상을 떠난 지 100년을 맞아 개최된 기념제에서, 다산(茶山)의 사회개혁 의지를 높게 평가한 것이다. 마르크스주의자로서는 흔치 않게 '조선학 운동'의 현장에 발을 들여놓으면서, 국수(國粹)만을 강조하는 조선학이 아닌 역사발전 법칙에 따라 조선을 연구하자는 취지에서 '과학적 조선학'을 제창했다.[3]

두 번째는 그가 객원(客員)으로 참여하고 있던 동아일보사의 '문화조선 건설'을 위한 제언 집필 요청을 받아들여, 1936년 1월 1일 자 신문에 모든 학문 분야를 총괄하는 중앙학술기구를 건설하자고 제안한 것이다.[4] 백남운은 이미 조선사정조사연구회(1925)·조선경제학회(1933) 등에 참가하면서 사회운동단체보다 학술 활동에 매진했는데, '과학적 조선학'의 주장과 함께 조선 전체 학술계를 조망하는 넓은 시야를 갖게 되었다.

이렇듯 백남운은 식민지 시기 대표적인 마르크스주의 학자로 민족주의 지식인들과 폭넓게 교류하면서 조선학계의 발전을 위해 힘썼다. 그러나 1938년 3월 일제의 치안유지법이 더 이상의 학술 활동을 가로막았고, 1940년 7월 석방된 뒤 전쟁의 그늘이 갈수록 깊어 가던 상황에서 침묵의

---

3 白南雲, 「丁茶山의 思想」, 『동아일보』(1935.7.16); 白南雲(1935.8), 「丁茶山百年祭의 歷史的 意義」, 『신조선』 12, 新朝鮮社.

4 朝鮮經濟學會 白南雲, 「學術基幹負袋의 養成 中央아카데미 創設」, 『동아일보』(1936.1.1).

나날을 보내야 했다.

1945년 8월 16일 해방 다음 날, 그는 조선학술원 위원장이 되어 다시 세상에 나왔다. 12월에는 경성대학 법문학부 경제학 전공 교수로 선임되었다. 해방된 조선은 미소의 분할점령으로, 좌우익의 대립으로 복잡한 상황에 빠져들었다. 백남운도 학문 연구에만 안주할 수 없었다. 그는 조선신민당·사회노동당·근로인민당 등에 가담하면서 좌익 정당의 규합과 좌우합작의 달성을 위해 힘썼다. 그리고 1948년 월북하여 교육상(1948), 과학원 원장(1952), 민주과학자협회 위원장(1956) 등을 역임하며 북한학계를 조직했다. 60대 중반이 넘어서는 최고인민회의 의장을 맡기도 했지만, 그는 학자로서 가장 빛나는 삶을 살았다.

백남운은 평생 동안 많은 저술을 남겼다. 역사 분야에서는 고대사를 다룬 『조선사회경제사』, 통일신라 시대와 고려 시대를 연구한 『조선봉건사회경제사 상』(1937)이 대표적이다. 아울러 월북한 이후에는 『조선민족해방투쟁사』(1949)의 조선 후기 부분을 맡아 그동안 미처 다루지 못했던 봉건제 해체기의 문제를 검토했다. 이 밖에도 해방 직후 정세 인식과 운동 방향을 담은 『조선민족의 진로』(1946), 정부 대표단의 일원으로 소련에 다녀온 방문기 『쏘련인상』(1950) 등을 남겼다.

2. 『조선사회경제사』, 역사유물론에 따른 정상적·발전적 조선사 인식

백남운의 첫 저서 『조선사회경제사』는 조선의 원시 씨족사회로부터 삼국 시대까지를 연구한 결과이다. 그런데 이 책이 많은 관심을 받게 된 것은 무엇보다 서문과 서론에서 조선의 학문 연구와 역사학이 지향해야 할 방향에 대해 상세히 설명하고 있었기 때문이다. 실제 분석 내용에서는 후속작 『조선봉건사회경제사 상』에 비해 밀도가 떨어지지만, 더 높은 관심을 끌게 된 이유도 여기에 있다. 백남운은 크게 두 가지 문제에 이론적으로 접근했다.

그림 13-2. 백남운, 서재에서. 『동아일보』(1931.5.11)

첫째, 조선사 전반의 연구방법론이었다. 그는 마르크스주의자답게 역사유물론을 강조했다. 그러나 당위적 주장을 내세우기보다 선행 연구에 대한 비판으로부터 필요성을 도출했다. 정통주의 또는 연대기적 서술에 매몰된 과거의 역사학이든, 민족주의자나 식민주의자가 채택한 조선의 특수 사정을 강조하는 역사학이든 본질적으로 조선사의 보편사적 발전 과정을 제대로 재현하지 못한다는 것이었다. 그렇기 때문에 새

역사학의 방법은 "조선 민족의 사회적 존재를 규정한 각 시대 경제조직의 내면적 관련, 내재적 모순의 발전 및 거기서 생겨난 생산관계의 계기적 교대의 법칙성과 불가피성을 과학적으로 논증하는 것"이어야 한다고 역설했다.

둘째, 신화 연구의 방법이었다. 그는 특히 단군신화 분석이 선사 시대 이해의 열쇠라고 생각했다. 이 또한 신채호·최남선 등의 선학(先學)이 단군신화를 신성화하면서 동방문화의 기원인 위대한 상고사(上古史)를 욕망하는 것과 일본인 학자들이 아예 가공된 허구로 보는 양극단을 넘어서기 위한 시도였다. 백남운은 신화가 당대 사회의 생산관계를 반영한 관념 형태라고 규정하면서, 비판적 분석을 통해 원시 사회상을 발견할 수 있다고 보았다. 즉 단군신화는 정치적·종교적 지배자인 단군왕검의 지배력 강화를 목적으로 한 내러티브였고, 풍백·우사·호랑이·곰 등의 등장은 농경사회 그리고 부족사회적 특징을 반영한다고 해석했다.

이와 같이 글머리에 조선사 전체와 고대사 연구의 시각을 제시한 뒤, 그는 모계제와 족내혼을 근간으로 한 원시 씨족 공산사회가 대략 8천 년간 지속되었고 삼한과 부여 등에서 계급사회인 원시 부족국가가 출현했다고 논증했다. 또한 원시 부족국가 내에서도 계급적 분화가 활발하게 일어났기 때문에 집단적 소유 형태인 종족 노예제가 생기고, 정복국가 고구려를 시작으로 삼국 시대에 왕족과 귀족 등이 소유하는 일반적 노예제가 자리 잡았다고 분석했다.

백남운은 노예제 사회가 왕족, 귀족, 지방 호족, 일반 농민, 노예 등의 계급으로 구성되어 있었고, 이 가운데 노예가 왕족, 귀족 등의 토지(國有

地를 경작하는 게 가장 중심적인 생산 형태라고 설명했다. 그리고 이러한 노예 노동은 일반 농민 즉 자유민 노동과 갈등을 빚으면서 사회적 모순을 낳게 되고, 점차 대토지 소유가 등장하게 되면서 노예와 일반 농민의 농노화가 진행된다고 보았다. 즉 그리스·로마와 같은 전형적인 생산양식의 발전단계를 통해 조선에서도 봉건제가 형성되었다고 주장한 것이다.

3. 보편사를 통한 식민지 조선 역사학 비판과 조선민족사의 재구성

백남운은 『조선사회경제사』를 통해 무엇보다 조선사에 보편의 지위를 부여하고자 했다. 그가 생각한 조선사는 민족주의자들이 강조한 것처럼 특출하게 우수하지 않았다. 그렇다고 해서 그가 도쿄상대에서 배웠던 후쿠다 도쿠조와 같은 식민주의자들이 봉건제도 자체가 없었다고 말하듯이 열등하고 예외적이지도 않았다. 발전 속도에 있어서 조금의 차이는 있을지언정, 또 서양과 다른 동양의 특성이 일부 있다고 하더라도, 조선사는 세계사의 일부였다.

백남운이 보편을 강조한 마음속 깊은 곳의 문제의식은 이 책의 결론에서 확인할 수 있다. 그는 정복군은 항상 스스로를 문명국으로 내세우고, 피정복군을 비(非)문명이라 몰아대면서 제국주의-식민지 관계를 유지하려 한다고 지적했다. 그리고 이러한 지식의 일방적 주입을 통해 "역사법칙에 대한 반동화"가 강화된다면서, "피정복군 스스로가 자기의 특수성을 고조하게 되면 그것은 이른바 갱생의 길이 아니라 무의식적으로 노예화의 사도(邪道)에 빠지는 것"이라고 했다. 그리고 뒤이어 영국과 인도의 예를 들어 상세한 부연 설명을 시도했다.

> "인도의 인사(人士)가 단순히 그 특수 문화를 고조한다면 그것은 감상적인 전통 자만(自慢)으로 끝날 뿐, 영국의 제국주의적 구속으로부터 해탈(解脫)할 갱생의 길은 되지 못한다. 또 영국 정부가 인도의 특수 사정을 고조하는 경우에는, 그 전진할 통로의 차단을 의미하는 것에 지나지 않는다."
>
> —『조선사회경제사』

백남운은 전통 과시와 민족성에 의한 차별 등 모든 특수성론이 제국주의 지배를 깨뜨리는 길이 될 수 없고, 오히려 정당화하는 역할을 한다고 보았다. 과장과 폄훼의 양극단을 넘어선 정상적·발전적 조선사 인식, 오로지 보편사적 발전에 대한 이해, 역사에 대한 법칙적 이해만이 피지배의 현실을 극복하고 자주적 미래를 개척하는 원동력이 될 것이라고 확신했다. 이는 조선 민족의 발전사에 대한 '과학적' 분석을 바탕으로 탈(脫)식민의 길을 모색해야 한다는 의미였다.

또한 백남운은 이 책을 통해 보편 궤도로부터 강제로 이탈당한 식민지 민족 구성원에게 다시 역사의 '바른길'을 회복할 수 있다는 낙관적 희망을 제시하고자 했다. 그는 1957년 『조선사회경제사』를 쓰게 된 동기 가운데 하나가 '조선사가 계급투쟁사인가, 아닌가'를 밝히는 데 있다고 말했다. 백남운은 계급투쟁사라는 결론을 얻었다고 했지만, 『조선사회경제사』나 『조선봉건사회경제사 상』에서 지배계급과 피지배계급 사이의 투쟁을 크게 강조하지는 않았다.

백남운이 생각하는 계급투쟁사는 인민의 땀과 노동으로 역사가 발전해 왔다고 전제하면서도, 지배계급과 피지배계급 각각이 조선 민족의 발전에 미친 영향을 분석하는 것이었다. 그러므로 다른 마르크스주의자들에 비해 지배층의 강역(疆域) 확장 등에 대해서도 민족의 활동 무대를 넓혔다는 의미에서 상대적으로 후한 평가를 내렸다. 즉 백남운이 조선사 연구를 통해서 말을 걸고자 한 대상은 식민지의 노동자·농민 계층만이 아니었다. 그는 조선 민족 모두와 소통하고자 했다. 피압박 대중이 걸어온 고난의 서사를 내포한 조선민족사를 통해서 말이다.

4. '과학'의 씨앗, 우거진 논쟁으로 자라다

백남운은 『조선사회경제사』를 출간하면서 무엇보다 역사 연구에서 '방법'의 필요성을 환기시켰다. 그는 마르크스가 자본주의사회의 비밀을 상품의 분석을 통해 추상(抽象)했듯이, 조선사의 발전 과정을 생산관계의 내면적 구성의 변동을 계기적으로 파악하는 데서 찾고자 했다. 이는 기존 연구들이 도외시했던 사회경제적 토대 분석을 역사 연구의 대상으로 끌어온 것이었으며, 내재적 발전론의 실질적인 출범 선언이었다. 한국사 연구에서 한 시대를 풍미했던 내재적 발전론은 백남운으로부터 비롯된 것이었다.

그러나 『조선사회경제사』가 지지만 받았던 것은 아니다. 강경한 민족주의자들은 역사유물론의 도식적 적용이라고 즉각 반발했다. 조선사 연구는 조선만의 독특한 역사적 전개를 살리는 데 집중해야 한다는 것이었다. 해방 이후 한국철학계의 중심인물이 되는 박종홍(朴鍾鴻)은 '조선의 현 단계에 있어서는 문화유산의 특수성을 시인하며 천명하는 것이 유일한 갱생의 길'이라며 백남운을 비판했다.[5]

그림 13-3. 『조선사회경제사』 표지

마르크스주의자 사이에서도 못마땅하게 생각하는 사람들이 있었다. 아니, 못마땅한 정도가 아니라 그의 학자로서의 행동에 대해 쌓인 감정을 여과 없이 쏟아 냈다. 백남운의 정치적 의식이 투철하지 못하기 때문에 관념적 분석만 내놓는다는 것이었다.[6] 이어서 역사 해석에 대해서는 조선사가 세계사의 일환으로 보편적으로 전개된 것은 분명하지만, 조선사는 아시아 사회 일반의 특수한 유형 가운데 검토해야 한다고 주장했다. 한마디로 추상의 방법을 잘못 적용했고, 그가 '공식주의'적 견해를 갖

5 朴士漸, 「朝鮮의 文化遺産과 그 傳承의 方法(5)」, 『동아일보』(1935.1.6).
6 李淸源(1934.12), 「《朝鮮社會經濟史》を讀む」, 『唯物論硏究』, 唯物論硏究會, 92~93쪽.

고 있기 때문에 아시아적 특수성에 주목하지 않았다는 비판이었다.

백남운은 보편적·내면적 관점의 의의를 다시 한번 강조하면서 여러 지면을 통해 적극적으로 응전했다. 이와 같은 비판과 응답은 사실상 식민지 조선학계에서 연구방법을 둘러싼 최초의 논쟁이었다. 그리고 이 과정에서 자신들의 방법이 제대로 된 '과학'이라며 '과학적' 권위를 확보하기 위한 논의가 자리 잡아 갔다. 백남운이 뿌린 '과학'의 씨앗이 1930년대 내내, 그리고 해방공간을 거쳐 점차 우거진 논쟁의 숲으로 무성하게 자란 것이다.

백남운이 『조선사회경제사』라는 거탄(巨彈)을 던진 지 90년을 눈앞에 두고 있다. 1960~1970년대 내재적 발전론이 풍미했던 시기에 비해, 1980년대 민중 사학이 내재적 발전론의 성과를 껴안고 '진보적 역사학'의 기치를 내걸었을 때보다 백남운에 대한 관심은 눈에 띄게 줄어든 것 같다. 한국사학계를 비롯한 오늘날의 역사 연구관점이 국제적 환경·영향에 주목하는 추세로 바뀌고, 역사 법칙에 대한 신뢰가 줄어든 데서도 그 이유를 찾을 수 있겠다.

그럼에도 불구하고 지금 여기에서 백남운과 『조선사회경제사』를 다시 한번 떠올리는 것은 무슨 의미가 있을까. 일단 백남운은 남북 한국학/조선학의 전개 과정과 관련해서 중요한 연구대상이 될 수 있다. 그는 1930년대 중반 조선학의 방향 전환을 이끌었고, 그가 남긴 족적은 지금, 여기의 학문 상황을 설명하는 데 유용하다.

나아가 현대 역사학의 연구방법론을 모색하는 데도 그의 역사적 경험에 대한 재검토는 필수적이다. 방법론을 고민한 윗자리에 그가 있었기 때문에, 그를 빼놓고 '과학이란 하(何)오'를 따져 봤자 별 소용이 없을 듯 싶다. 마지막으로 자본주의 근대가 여전히 대중의 생존을 곤경에 빠뜨리고 있는 현실에서, 오래전부터 도식적·목적론적·결정론적이라고 호된 비판을 받은 '역사과학'이지만 그 안에 담긴 근대 극복의 의지를 되짚어 보려면, 아직은 백남운과 『조선사회경제사』를 가깝게 곁에 두고 지켜볼 필요가 있다.

참고자료

방기중(1992), 『한국근현대사상사 연구』, 역사비평사.

이공순(1992), 「마르크스주의 조선경제사의 시작과 완성」, 『발굴 한국현대사 인물』, 한겨레신문사.

이성시(2019), 「식민지기 한국의 마르크스주의사학」, 『투쟁의 장으로서의 고대사』, 삼인.

조형열(2015), 『1930년대 조선의 '역사과학'에 대한 학술문화운동론적 분석』, 고려대학교 박사학위논문.

하일식 엮음(1991~1993), 『백남운전집』(전4권), 이론과실천.

박치우의 『사상과 현실』

— 위기의 시대, 철학의 역할

박민철

건국대학교 인문학연구원

1. 한국현대철학과 '박치우'

'한국현대철학'은 최근 철학계가 주목하고 있는 영역이다. 한국의 근현대 철학자들이 복원되거나 새롭게 발굴되고 있으며, 한국현대철학사가 집필되고 '우리 철학'의 정립 필요성이 제기되는 등 활발한 연구가 진행되고 있기 때문이다. 하지만 한국현대철학의 지평은 여전히 회색지대에 가까워 보인다. 그럼에도 불구하고 한국현대철학에 있어 20세기 전후는 급변하는 역사적 현실에 대응하는 식민지 조선의 철학함이 본격화된 시기라는 점에서, 이 시기를 특별히 소환하고 기억해야 할 필요가 있다.

식민지 조선에서 전문적인 철학 연구자가 등장하기 시작한 것은 1930년대를 전후로 한 시점이었다. 경성제국대학에서 공부한 이른바 '서양철학 연구 1세대'라 규정되는 식민지 조선의 지식인들은 나름의 주체적인 철학함을 시도하고 있었다. 이들은 대체로 조국의 상실과 민족독립이라는 식민지의 당면 현실에 바탕을 둔 문제의식, 나아가 그러한 현실을 극복하고자 하는 철학의 적극적인 실천성에 대한 강조를 공유하고 있었다.

험난하고 암울한 식민지 현실을 극복하기 위해 자신의 삶과 생명을 온전히 내던지는 역사적 실천은 일제강점기에 활동한 철학자들의 거의 공통된 문제의식이었다. 그리고 이를 대표하는 철학자가 바로 박치우(朴致祐, 1909~1949)였다.

박치우는 제국 일본이 조선에 건립한 경성제국대학의 일본인 교수 아래에서 서양철학을 학습한 조선의 1세대 철학 연구자이다. 1909년 함경북도 청진에서 태어난 그는 1928년 경성제대 예과, 1930년 경성제대 법문학부 철학과에 진학하여 서양철학을 전공했다. 졸업 후 1934년부터 1938년까지 숭의실업전문학교 교수로 부임했으며, 1938년 일제에 의한 학교 폐교 이후 1940년까지 『조선일보』 기자 활동을 했다. 1940년 『조선일보』 폐간 이후 경성제대 대학원에 입학하였으며 1943년에 중국으로 탈출하여, 1945년 해방 이후 귀국했다. 1946년에는 중도좌파 신문인 『현대일보』 편집 겸 발행인으로 활동하다가 동년 9월 『현대일보』 정간 이후 월북하였다. 1947년 빨치산의 사상교육기관이었던 '강동정치학원'의 정치부원장으로 활동하다가 1949년 11월 빨치산으로서 남하하였으며 남한의 지리산에서 토벌대에 의해 사살되었다.[1]

그의 삶과 연관된 박치우의 사상적 특징은 제국 권력의 교육기관에서 학습한 '식민지 지식인', 파시즘과 전체주의에 대항했던 '마르크스주의 인텔리겐치아', 탈식민의 공간에서 활동한 '민주주의 이론가 및 문예

---

1 보다 자세한 박치우의 연보 및 저작 목록은 박치우(2010), 『사상과 현실』, 윤대석 · 윤미란 엮음, 인하대학교출판부, 598~611쪽을 참고.

비평가', 한반도의 초기 냉전 시대에 희생당한 '빨치산' 등으로 정리할 수 있다.

무엇보다 박치우의 사상적 궤적을 관통하는 핵심은 신남철과 더불어 일제강점기와 해방정국에 활동했던 대표적인 마르크스주의 철학자라는 점이다. 박치우는 시대감각에 예민했고 파토스적 정열을 지니고 있었으며. 식민지 해방의 이론적, 이데올로기적 무기를 마련하기 위한 어떤 사명감 있는 지적 작업에 헌신했다. 이러한 과정에서 그는 '지금, 이곳, 우리'에 닥친 구체적인 현실에 정열적으로 대응하는 동시에 철학적 견지에서 심도 있는 분석을 담은 글들을 발표하였다.

박치우는 평생 아카데미즘과 저널리즘의 영역을 소통시켜야 한다는 문제의식을 지니고 있었으며 그 결과 당대의 현실 문제에 대해 철학적으로 개입하는 글들을 많이 남겼다. 그가 일제강점기 당시에 쓴 철학 논문, 당대 지성계의 현실적·사상적 쟁점을 다룬 단편 글, 휴머니즘론·동양문화론·동아협동체론·세대론 등 30년대 중후반기의 문화비평문을 포함한 수십 편의 글은 여전히 고스란히 남아 우리에게 전해지고 있다.

2. 『사상과 현실』이란 책, 그리고 그의 사상

박치우는 식민지 조선의 당대를 근대적 시민 질서가 붕괴하고 새로운 시대의 원리가 모색되어야만 하는 역사적 전환기로 인식하고 있었다. 이때 철학은 식민지 현실에 대한 객관적인 파악, 그에 기초하여 수행되는 민족해방의 이념과 원리에 대한 근본적인 모색, 나아가 그러한 역사적 활동을 담당할 식민 극복 주체의 생성에 이르는 전 과정을 이론화하는 역할을 담당하는 것이었다. 그러한 상황 속에서 불시에 찾아온 해방은 박치우로 하여금 자신의 철학적 이론들을 정리하고 발전시켜야 할 계기로 작동했다. 그러한 의도 속에서 만들어진 책이 바로 박치우가 남긴 유일한 저서, 『사상과 현실』이다.

해방 직후부터 1950년대까지 문학 · 민속학 · 법학 · 철학 등 단행본 30여 권을 발간했던 백양당(白楊堂)에서 1946년 8월 발간된 『사상과 현실』은 박치우가 식민지 시기와 해방 직후 쓴 자신의 글들을 주제에 따라 총 3부로 모아 편집한 책이다. 제1부에 속한 7편의 글은 일관된 주제가 아닌 글로, 주로 일제강점기에 쓴 글들을 모은 것이다.

특이한 점은 같은 시기에 쓰였으며, 박치우의 철학사상을 이해하는 데 중요한 글로 오늘날 평가받는 「위기의 철학」, 「아카데미 철학을 나오며」와 같은 글들이 누락되어 있다는 점이다. 하지만 제1부의 글들은 '이론과 행동의 변증법적 통일로서 실천'이라는 독특한 박치우의 철학관, '테오리아의 이즘화'라는 철학의 본질적 특성, 그리고 나아가 휴머니즘론 · 고전론 · 세대론 등 그가 관여한 30년대 문화비평의 주요 내용을 망라하고 있다는 점에서 매우 중요하다.

제2부에 배치된 7편은 주로 해방 후 잡지와 언론에 기고한 글들인데, 주로 그가 해방정국에서 수행했던 파시즘 비판 및 민주주의론에 대한 제시가 담겨 있다. 파시즘론과 민주주의론은 해방공간의 수많은 지식인이 열정적으로 묻고 답했던 주제였다. 특히 박치우는 일제강점기부터 학습

해 온 철학적 지식과 논리를 바탕으로 민주주의에 대한 명료하고 설득력 있는 주장을, 무엇보다 민주주의의 현대적 논리 및 그 한계와 관련된 부분에서 당시의 다른 지식인들을 압도했던 주장을 펼쳤다. 물론 박치우의 논의는 현재 '조선공산당'(1925.4 결성)-'남조선노동당'(남로당, 1946.11 결성) 노선의 이론화 및 정당화의 맥락 위에 놓여 있었다고 평가된다.

제3부는 해방 후 박치우가 주필(主筆)로 있던 『현대일보』에 실린 그의 논설과 수필을 추려 모은 글들로 구성되어 있다. 주로 단편 글, 기사, 수필 등의 짧은 글들인데, 상투·토지개혁·정당의 난립·일제 잔재의 잔존 등 해방 직후, 조선의 역사적 현실과 구체적인 상황에 대한 비판과 함께 계몽적 서술을 담고 있다. 이를테면, '상투'의 봉건성을 고수한 채 새로운 조선의 건설에 참여하는 것은 비극이며, 한 인간이 다른 인간의 소유물이 될 수 없듯이 토지는 지주의 소유물이 아닐 뿐만 아니라, 친일 민족반역자의 피난처인 서울보다는 인민들이 살고 있는 지방을 중시해야 하고, 친일파와 극우 민족 파시스트에게 자유는 허용되지 않아야 하며, 당시 조선에 남아 있는 일제의 잔재를 청산해야 한다는 내용이 그러하다.

이처럼 일제강점기에 활동했던 철학자 중에서 비교적 적지 않은 글을 남긴 박치우는 21세기의 시작을 전후로 한국철학계에서 다시 한번 관심의 대상으로 자리매김했다. 적지 않은 연구들 속에서 박치우 철학은 주로 '경성제국대학을 졸업한 아카데미 철학의 진영에서 마르크스-레닌주의를 수용하고 소개한 사회철학자', '반전체주의적 인민민주주의라는 자신의 민주주의론을 과감하게 밝히고 있는 마르크스주의자', '마르크스주의 입장에서 사회주의 운동을 통해 민족의 해방을 추구했던 대표적인 철학자' 등으로 평가된다. 하지만 오늘날까지도 박치우 철학을 평가하는 첫 번째 인식틀은 한반도 분단 시기 북에서 남파된 빨치산으로서 비극적인 최후를 마감한 인물이라는 규정이다.

즉 오늘날 박치우라는 철학자는 '빨치산'이라는 특정 용어와 강하게 흡착되는데, 긍정적으로 활용되든 그 반대이든 빨치산이라는 이 매혹적인 단어는 박치우 철학을 이해하기 위해 허용된 마치 단 하나의 출입문과도 같이 작용한다. 하지만 박치우라는 사상가, 그의 철학을 평가하기 위한 잣대는 반드시 바뀌어야 한다. 이때 그것은 경성제국대학 철학과와 일본인 교수의 조교 생활, 숭실전문학교 교수, 『조선일보』와 『현대일보』의 기자, 남로당과 빨치산 활동 등과 같이 일제강점기의 철학 연구자들 중 식민지와 분단의 특수성을 가장 극명하게 보여 줬던 지식인이라는 점이어야 한다.

3. 박치우 철학의 특징: 현실에 대한 주체적 파악, 그리고 '테오리아(theoria)'와 '이즘(ism)'의 관계

박치우의 철학관의 핵심적 특징은 '현실에 대한 주체적 파악'을 강조하는 데 있다. 여기서 등장하는 것이 바로 '위기' 개념이다. 박치우는 '지금', '이곳', '우리'의 현실을 '위기'로 파악하면서 그것을 극복하기 위한 철학의 역할을 '위기'의 철학이라는 독창적인 규정 안에서 이론화한다. 구체적으로 박치우는 "위기에 있다는 것, 위기에 산다는 것, 위기와 싸워야 한다는 것, 이것들은 현대에 살고 있는 우리에게 부과된 불가피한 운명"이라고 역설한다. 그런데 이러한 위기는 '사상의 위기'가 아닌 전적으로 '사회의 위기'이다.

다시 말해 사상·정신·문화·철학과 같은 '사상의 위기'가 아니라, 오히려 그러한 위기를 파생시키는 구체적인 '사회의 위기'가 바로 오늘날 우리가 직면한 진정한 위기인 것이다. 이처럼 박치우에게 중요한 것은 사상과 철학의 위기를 발생시키는 구체적인 현실의 사회경제적 위기였다. 결국 지금, 이곳의 사회경제적 위기에 직면한 특정 계급의 강력한 요구가 바로 철학이며, 또한 이러한 요구를 담고 있는 철학의 투쟁이야말로 지금 우리가 결코 거스를 수 없는 '운명'이 된다. 박치우가 철학을 순수 학문의 차원이 아니라 그 안에 강력한 투쟁의 역할을 부여한 것은 식민지 현실이 낳은 필연적인 결과였다

하지만 박치우는 위기를 단순히 어떤 상황 속에서 발현되는 사회경제적 위기로서 국한시키지 않는다. 그에 따르면 위기는 '단순히 객체적 모순에서 성립하는 것이 아니라 객체적 모순을 주체적으로 파악'하는 데서 성립한다. 이러한 분석적 해명을 통해 박치우는 위기 개념과 함께 철학의 실천성을 근거 짓는다. 우선 이러한 논리의 출발은 구체적인 현실에 대한 '주체적 파악'이다. 주체적 파악은 자신의 몸과 마음을 바쳐 정열적으로 사태를 파악하는 것, '사태를 로고스(logos)적으로가 아니라 파토스(pathos)적으로 파악하는 것'을 의미하며 세 단계로 구분된다.

구체적으로 주체적 파악은 대상에 대한 감정적 체험인 '교섭적 파악', 구체적인 현실 모순과 함께 그러한 대상이 절실히 인식되는 '모순적 파

악', 끝으로 그러한 모순을 견딜 수 없어 적극적으로 그것을 해결하고자 하는 실천으로서 '행동적, 실천적 파악'의 과정을 거쳐 가는 '이론과 행위의 변증법적 통일' 과정인 것이다.

이러한 과정을 박치우가 쓰고 있는 선명한 비유법을 통해 다시 설명하자면, 쓰러져 가는 집을 바라볼 때 그 집에 살고 있는 사람들의 빈곤을 파악하는 것이 '교섭적 파악'이라고 한다면, 그러한 구성원들의 빈곤 발생의 원인과 과정 등을 꼼꼼하게 따져 물어 과학적으로 인지하는 것이 '모순적 파악'이다. 더 나아가 마침내 그러한 모순을 견딜 수 없어 해결하고자 하고자 그들의 빈곤한 삶에 적극적으로 개입하는 '실천'이 바로 '행동적, 실천적 파악'이다.

그의 주체적 파악설은 식민지 현실의 절박성 앞에서 단지 객관적 분석만 일삼는 지식인의 로고스적 태도(현실과의 몰교섭적 태도)를 비판하고 이론과 실천의 통일을 학문적으로 정초해 보려는 의미 있는 시도라 할 수 있다. 그런데 철학의 실천성과 결부된 '이론과 실천의 관계'에 대한 박치우의 주장은 매우 독특하다. 당대의 많은 이들이 일반적으로 이론과 실천의 통일을 강조하는 데 반해, 박치우는 이론(로고스)과 행동(파토스)의 변증법적 통일로서 '실천'을 강조하면서 이론을 실천의 대립 개념이 아니라 실천의 내적 계기로 설정한다는 점이다.

이제 박치우 철학관의 두 번째 특징이 드러나는데, 그것은 철학이 곧 아카데미즘의 '테오리아'에서 출발하지만, 그에 머물지 않고 '이즘적' 지향성을 지녀야 한다는 점이다. 박치우는 철학이 특정한 사회적 현실에 관한 하나의 사회적인 의식, 즉 '이데올로기'의 하나라고 규정한다. 하지만 이러한 철학의 이데올로기는 이즘과 테오리아의 변증법적 통일을 통해 마련된 이데올로기이다.

박치우의 논리는 다음과 같다. 박치우는 우선 '테오리아'와 '이즘'의 차이를 설명한다. '테오리아'는 냉정한 정태적인 개념이지만, '이즘'은 정열적·동태적인 개념이다. '테오리아'의 내용은 '이론'임에 반해 '이즘'의 내용은 '사상'이며, '테오리아'의 주체는 '학자'이지만 '이즘'의 주체는 '사상가'이다. '테오리아'에는 '엄밀성과 정확성'이 요구되지만, '이즘'에는 '엄숙성과 성실성'이 요구된다. '테오리아'의 진리는 '객관성'이지만 '이즘'의 진리는 '주체성'이다. '테오리아'의 가치는 참인가 거짓인가라는 '진위'에 의해 결정되지만, '이즘'의 가치는 민족과 계급을 위해 좋으냐 나쁘냐 하는 '선악'에 의해 결정된다.

하지만 박치우에 의하면 테오리아와 이즘은 이처럼 구별되면서도 동시에 밀접한 교차 관계, 이행 관계를 지닌다. 즉 '테오리아'는 자신에게 부족한 진리성의 주체적 보증을 얻기 위해 실천을 은연중에 요구할 수밖에 없으며, '이즘' 역시 자기 진리의 합리성을 객관적으로 보증받기 위해 은연중에 자신의 테오리아화를 수행하게 된다는 것이다.

하지만 그럼에도 불구하고 중요한 것은, '철학'에서 볼 수 있듯이 '테오리아의 이즘화'는 필연적이지만, '파시즘'의 사례에서 볼 수 있듯이 '이즘의 테오리아화'는 불가능하다는 역사적 사실이다. 이런 맥락에서 철학은 '테오리아'에서 출발하지만, 인생의 문제, 세계관의 문제 등 다루는 대상의 특징상 '이즘'적 성격을 띠지 않을 수 없다. 따라서 철학은 단순한 '테오리아'가 아니라 '이즘적인 테오리아'의 성격을 지닌다.

4. 1930~1940년대 박치우의 비평들: 『사상과 현실』의 파시즘론과 민주주의론

30년대는 파시즘이 전 세계적으로 고조되고 있는 상황에서 이를 목격했던 식민지 지식인들이 자신들의 사상적 차이를 극복하고 공통의 전선을 형성하던 시기로 파악될 수 있다. 1930년대 후반기 식민지 지식인들의 담론장에서 활발하게 논의되었던 휴머니즘론이나 고전론 등은 당시 파시즘의 대두에 대한 피식민 지식인들의 냉철한 반응이었다. 특히 박치우는 그 당시를 근대의 시민적 질서가 붕괴하고 새로운 시대적 원리가 모색되어야 하는 역사적 전환기로서 파악하였다. 물론 박치우뿐만 아니라 당시의 지식인들 다수가 파시즘 대두 이후 근대 세계가 붕괴되고 있다는 전환기 의식에 사로잡혀 있었다.

새로운 시대적 원리의 모색을 위해 박치우는 파시즘이 시민사회의 내적 모순의 결과임을 역사적으로, 논리적으로 고찰하고자 했다. 박치우에 의하면 자유의 개념은 개인과 함께 근대 시민의 위대한 발견으로서, 이러한 자유주의는 봉건적 억압에서 자신을 해방하려는 시민의 의욕이 하나의 광범한 '이즘'으로 변화한 것이다. 하지만 자유주의가 그 초기의 성격을 볼 때 해방의 의미를 지녔음에도 불구하고, 생산에서 나타난 자유의 질곡화(생산과 소비의 불균형, 이윤 감소)가 정치 형태에도 반영되면서 시민 스스로 파시즘을 받아들이게 되는 결과로 나아가게 되었다. 이때 박치우는 파시즘에 반발하는 자유주의적 경향이 결코 파시즘을 넘어설 수 없다는 점을 자유주의의 역사적 전개 과정에서 논증하고자 했다.

박치우의 파시즘 및 자유주의 비판, 나아가 이를 통한 민주주의론의 전개는 특히 해방 이후 반복 및 본격화된다. 해방정국에서 좌익의 주도적인 이론가 중 한 명으로 자리매김한 박치우는 민주주의에 대립하는 반민주를 이론적으로 대변하는 사상을 전체주의 내지 파시즘으로 설정하고 이를 비판했다. 그는 해방 이후의 조선을 파시즘의 번식이 벌어질 수 있는 위험성 높은 공간으로 인식하고 있었다. 해방의 열망이 가져온 조선의 민족주의가 반역사적인, 국수주의적인 폭력 독재의 형식으로 전개될 수 있다는 점에 우려를 표했다. 이 속에서 박치우는 파시즘을 철학적 관점에서 비판했다.

우선 파시즘의 이론적 근거는 전체주의이다. 전체주의의 핵심은 '부분에 대한 전체의 우위를 주장'하는 데 있으며 이를 정당화하는 논리가 바로 '유기체설적 논리'이다. 즉 개인은 처음부터 전체의 눈이나 팔, 다리처럼 전체의 한 부분으로서만 존재하며 개별적 독자성을 갖지 않는다. 주의해야 할 점은 개인의 자유를 누르고 강압적인 독재 정치를 펴기 위해 유기체설만큼 효과적인 논리는 없다는 점이다. 그러나 유기체설은 단순히 여기서 그치는 것이 아니라, 이 외에도 '피와 흙'이라는 신비주의적 요소로서 우리들의 전체주의적 열망을 증가시킨다.

하지만 박치우에 의하면 그렇다고 해서 개인주의적 자유주의가 그 대안이 될 수는 없었다. 그가 봤을 때 개인주의적 자유주의 또한 모든 이들의 진정한 자유에 도달하지 못하는 '부르주아민주주의'에 불과할 뿐이다. 부르주아민주주의는 개인의 독자성을 존중하는 개인주의이자 개인의 자유를 절대적 가치로 삼는 자유주의이며 다수결주의이다. 여기서 개인과 개인은 오직 일대일(1:1)이라는 형식적인 논리 관계를 맺고 있을 뿐이다. 부자와 빈자가 일대일로 평등하며, 개인의 구체적이고 실존적인 빈곤은 오직 '하나'로서만 고려될 뿐이다. 박치우가 주장하는 부르주아민주주의 비판의 핵심은 이러한 개인의 형식적인 평등 관계가 구체적인 현실의 생생한 평등을 결코 실현할 수 없다는 사실이다.

이처럼 박치우의 민주주의론에는 두 개의 비판적 전선이 설정되어 있는데, 그 하나는 파시즘이고, 다른 하나는 부르주아민주주의였다. 여기서 박치우 철학이 당대의 다른 철학자와 비교될 수 있는 부분은 바로 이론의 철학적, 논리적 근거를 비판적으로 해석한다는 점이다. 박치우는 파시즘과 부르주아민주주의의 철학적 근거를 제시한 후, 신생 조선의 참다운 민주주의를 논한다. 박치우는 민주주의가 당시의 다수자인 노동자들의 현실적인 '일대일'의 요구를 강력히 보증할 수 있는 민주주의여야 함을 역설한다. 즉 박치우가 말하는 '근로인민민주주의'는 형식적인 일대일이 아니라 '현실적인 일대일' 즉 경제적 내용에서도 민주주의적 '공평'이 보장되는 그러한 민주주의다. 무엇보다 개인은 추상적인 고립된 개인으로서가 아니라 항상 역사·사회적 존재로서 현실에 나타나기 때문이다.

5. 박치우 철학의 현재적 의의

20세기 전후, 엄혹했던 한반도의 역사적 현실 속에서 적지 않은 철학자들이 탄생했지만, 기억도 되지 못한 채 사라져 갔다. 그들이 자신들의 목숨을 내던지며 수행했던 제국주의와 분단체제에 대한 철학적 반성과 실천은 오늘날에도 온전하게 소환되지 못한 채 외면된 역사적 기억 속에서 부자유하게 머물러 있을 뿐이다. 이러한 맥락 속에서 몇몇의 선구적인 연구자들은 '마르크스주의'에 무참하게 쏟아졌던 이데올로기적인 적대성, 나아가 그것과 연계되어 더욱 증폭되는 분단체제의 적대성으로 인해 그동안 드러나지 못한 인물들이 있음을 주장해 왔다.

월북과 빨치산으로 대표되는 박치우가 바로 대표적인 인물이었다. 그래서 그동안의 연구들은 분단체제라는 시대적 조건과 그에 따른 이데올로기적 평가에 의해 한국현대철학사에서 온전히 복원되지 못한 채 여전히 은폐되어 있었던 급진적인 철학자, 박치우를 복원하는 작업에 집중해 왔다. 무엇보다 긴박했던 한반도의 현대사의 높은 파고 속에서 차마 기억되지 못한 철학자들을 복원하는 작업은 한국현대철학사의 재구성과 직결된다는 점에서 매우 중요하다.

그런데 이러한 상황 속에서 박치우의 『사상과 현실』이 오늘날까지 전해지고 있다는 점은 고무적이다. 현재 『사상과 현실』은 원본을 제외하고 『사상과 현실 —박치우 전집』[윤대석 · 윤미란 엮음(2010)], 『사상과 현실』[홍영두 엮음(2015)] 등 모두 두 종의 해제, 편집본이 전해지고 있다. 이 두 권 모두 잊혀 버린 철학자인 박치우 사상을 오늘날의 현실 속에서 소환하여 그의 철학이 갖는 현재적 가치와 의의를 이해하는 데 활용할 수 있는 매우 소중한 자료들이다.

그런데 이 외에도 우리가 주목해 볼 만한 것은 박치우의 철학이 계속 전개되지 못한 채 분단 시대의 어느 시점에 —그의 사망과 함께— 중단되어 버렸다는 점이다. 다시 말해 박치우 철학의 현재적 계승이 필요하다는 것이다. 하지만 여전히 박치우 철학에 대한 연구는 비슷한 시기에 활동했던 다른 철학자들에 비해 매우 소략하다. 경성제국대학의 동기생이었던 박종홍(朴鍾鴻, 1903~1976)에 비해서도 그러하고, 그보다 선배였던 신남철(申南澈, 1903~?)에 비해서도 그러하다.

따라서 박치우 철학에 대한 더욱 구체적이고 섬세한 연구가 필요한 시점이다. 이를테면 일제강점기와 해방정국에서 박치우가 가장 몰두했던 주제이자 그의 철학이 최종목적지로 삼았던 민주주의라는 이념은 오늘의 현실에 대한 대입 속에서 다시 한번 음미할 수 있는 주제가 된다. 또한 박치우가 철학이 실천의 학이어야 하고, 이론과 실천의 변증법적 통일을 통해 그것에 도달할 수 있다고 믿었다는 점에서, 마르크스주의적 입장에서 전개된 일제강점기 철학함의 고유한 특징도 중요한 주제가 될 수 있다.

마지막으로 일제강점기와 해방정국 당시 필요한 핵심 가치와 이념, 개념 등을 자유롭게 개진하고 섬세하게 논증했던 박치우 철학함의 방법론 역시 오늘날에도 여전히 수행 가능한 중요한 연구주제가 될 수 있다. 하지만 이를 위해선 몇 가지 돌파구가 필요하다. 이를테면 분단국가주의 속에서 강요되었던 연구의 부자유함, 그리고 이에 의해 여전히 은연중에 존속하고 있는 학계의 경직성에 대한 극복, 충분하지 못한 일차 문헌 및 관련 자료들의 해소, 기존의 연구성과들을 넘어설 수 있는 새로운 연구 방법론 및 주제의 발견 등이 그것일 것이다. 이처럼 여전히 박치우 철학은 우리에게 여전히 다양한 가능성의 영역으로서 남아 있다. 그리고 그러한 가능성의 영역으로 들어갈 수 있는 출발점이 바로 『사상과 현실』이라는 책일 것이다.

위기의 시대의 철학자, 박치우의 사상과 그 현대적 의미

홍준기
경상대학교 인문학연구소

1. 들어가며

하나의 사상으로서 마르크스주의에 대해 논의하는 일은 이제 더 이상 금기가 아님에도 '월북' 철학자의 마르크스주의 사상에 대해 고찰하는 일은 일정 정도, 또는 상당한 의구심을 불러일으킬 수 있다. 그중 아마도 일제강점기 그리고 해방공간에서 우리나라 서양철학 1세대 인물로 꼽히는 박치우가 가장 문제적인 철학자라고 할 수 있을 것이다.

박치우는 월북한 후 다시 '빨치산'으로 남하했으며, 군경에 의해 태백산맥에서 사살되었다. 육이오전쟁이 일어나기 약 6개월 전인 1949년 12월 4일 『동아일보』는 "약 이 주일 전 태백산전투에서 적의 괴수 박치우를 사살"했다고 보도했다. 이러한 이력의 이 철학자가 대중들에게 잘 알려지지 않았던 것은 어쩌면 당연한 일인지 모른다.

그럼에도 우리나라 마르크스주의 1세대 철학자들에 대한 연구가 사실 상당히 오래전에 학계에서 시작되었음은 주목할 만한 일이다. 1968년 조희영의 논문, 「한국의 현대사상에 미친 서양철학의 영향」은 그동안 한국현대사에서 묻혀 있던 마르크스주의 철학자, 박치우, 신남철, 전원배와 그들의 글을 소개함으로써 학계의 주목을 받았다. 그 이후로 박치우에 대한 연구논문들이 간헐적으로 출간되었고,[1] 2012년 마침내 위상복이 박치우의 삶과 사상을 다룬 묵직한 연구서, 『불화 그리고 불온한 시대의 철학』을 출간함으로써 이제 우리는 박치우의 삶과 사상의 모습 전체에 어렵지 않게 접근할 수 있게 되었다.

박치우의 사상을 소개할 때 많은 연구자들이 그의 인간적 모습과 개인적 기개를 거론하곤 한다. 실제로 그의 저서, 『사상과 현실』을 살펴보면, '누이동생에게 부치는 편지'라는 부제가 달린 「졸업하는 여학생에게」[2]라는 글에서 그는 이렇게 말한다. "선택이 네 손에 달렸으며, 또 그러하기 때문에 일체의 책임은 네가 져야 한다." 이렇듯 우리는 여동생에게 애정 어린 응원을 보내는 박치우의 인간적 모습을 볼 수 있다.

그는 난해한 이론적인 글뿐만 아니라 영화와 문학에 관한 글도 남겼다. 또한 우리는 부부 관계에 관한 설문지에도 아내와 함께 유쾌하게 대답할 뿐만 아니라(「남편과 그 아내」)[3] 여름방학에 대하여 후학들에게 조언하는(「하기방학 이용법」)[4] 소탈하고 진솔한 박치우를 볼 수 있다. 박치우에 대해 다음과 같은 증언도 존재한다. "사석에서이긴 하지만 김일성에 대해 비판적 발언을 서슴지 않던 그의 기개가 아직도 눈앞에 선하다."[5]

---

1 이에 대한 문헌 목록으로는 위상복(2013), 『불화 그리고 불온한 시대의 철학』, 도서출판 길, 326쪽 참조.

2 박치우(2010), 『사상과 현실』, 윤대석 · 윤미란 엮음, 인하대학교출판부, 453쪽 이하.

3 박치우, 위의 책, 572쪽 이하.

4 박치우, 위의 책, 574쪽 이하.

5 이한우(1996), 「사라진 철학자」, 『문학동네』 3-4, 문학동네, 416쪽; 위상복, 위의 책, 392쪽에

2. 박치우의 철학사상을 어떤 관점에서 수용할 수 있는가

이제 이러한 '인간적 모습'을 가진 박치우의 철학사상과 그 현대적 의미에 대해 살펴보기로 하자. 그의 인간적 모습에도 불구하고 그의 마르크스주의 철학이 오늘날에도 여전히 분단 시대를 살아가는 독자들에게 어떤 우려를 불러일으킨다는 것은 분명한 사실이다.

그렇다면 우리는 어떤 관점에서 박치우의 철학을 받아들일 수 있는가? 먼저 수용자 입장에서 제기될 수 있는 이러한 해석학적, 이념적 문제를 간략하게나마 다룰 필요가 있어 보인다.

실제로 박치우를 연구했던 선행 연구자들도 그러한 점들을 충분히 인식했던 것처럼 보인다. 예를 들면 위상복은 이렇게 말하고 있다.

> "… 특히 박치우에게는 그의 삶과 철학사상이 밀착되어 있었으며 그 스스로 자신의 삶이 곧 철학사상을 구현하기를 열정적으로 바랐다는 것을 읽을 수 있다. 해방 이후 그가 남로당이나 박헌영과 맺었던 관계가 더욱 세밀하게 밝혀져야 하겠지만, 그러나 그의 생애와 철학사상을 단순히 남로당의 사상적 노선에 귀속된 것만으로 이해하는 것은 지나친 속단이거나 왜곡일 수 있을 것이다."[6]

서 재인용.

또한, 더욱 예민한 문제와 관련해 위상복은 이렇게 말한다.

> "따라서 부르주아민주주의에 대한 박치우의 비판은 남로당의 '「8월 테제」'에 따른 전략적인 단계적 혁명론이라기보다는 그의 철학사상적인 이론적 규명에 한정해서 주장하고 있는 원칙론에 가깝다고 할 수 있다."[7]

즉 위상복은 박치우가 구체적인 현실정치적 혁명 노선을 지지한 것이 아니라 더 급진적이고 자유로운 민주주의인 "인민민주주의론"을 원론적으로 지지한 것이라는 관점에서 박치우를 수용하고자 한다. 그러나 김재현은 위상복의 이러한 견해에 대해 어느 정도 유보적 입장을 취한다. 즉 "(위상복의) 이러한 주장은 상당히 설득력이 있지만 논쟁이 될 것으로 보이며 보다 철저한 연구를 통해 밝혀져야 할 문제라고 생각된다."[8]

어떤 연구자의 견해가 옳을까? 필자가 아는 한 아직 이 문제에 대한 어떤 결정적 연구도 존재하지 않는다. 하지만 필자는 논자들이 어떤 견해를 취하든, 이러한 미묘한 지점이 소위 월북 철학자의 사상을 소개할 때 필연적으로 생겨날 수밖에 없다고 생각한다.

그는 박헌영의 노선을 적어도 일시적으로나마 지지했는가? 만약 이것이 사실이라고 할지라도 우리는 그의 사상을 역사의 무덤 속으로 다시

---

6 위상복, 앞의 책, 830쪽.

7 위상복, 앞의 책, 692쪽.

8 김재현(2015), 『한국 근현대 사회철학의 모색』, 경남대학교출판부, 418쪽.

파묻을 수는 없을 것이다. 반면, 그의 인민민주주의론이 구체적인 정치 노선이 아니라 가장 자유롭고 해방된 민주주의에 대한 하나의 원칙적, 철학적 견해라는 주장이 옳다고 하더라도, 박치우가 말하는 인민민주주의가 볼셰비즘과 무관한 논의가 아니라는 것도 분명한 사실이다.

필자는 이러한 딜레마에서 벗어날 수 있는 방법 중 하나가 박치우를 '마치' 현재 사회와 무관한 '순수 과거'의 인물인 듯이 다루는 것이라고 생각한다. 물론 역사 속의 어떤 인물과 사상을 현재와 무관한 순수 과거에 속하는 것으로 다룬다는 것 자체는 '허구적' 접근 방법임이 틀림없다. 그러한 한계가 있음에도 불구하고 필자가 말하고자 하는 것은 박치우의 인민민주주의 사상을 가감 없이, 현대사회에 '직접적으로' 적용해야 한다고 (또는 적용할 수 있다고) 믿거나, 또는 반대로 그의 사상의 흔적을 지워 버려야 한다고 믿는 극단적인 접근 방법을 회피하자는 것이다.

달리 말하면, 그의 인민민주주의 또는 마르크스주의 사상 그 자체와 거리를 두고 변화된 현대의 정치경제학적 맥락에서 비판적으로 고찰할 필요가 있다는 것이다. 이러한 접근 방법을 통해 우리는 박치우의 마르크스주의 그 자체를 보편사적인 관점에서 비판적이고 냉정하게 파악하되, 분단 현실의 역사적 상황 때문에 그의 삶과 사상을 낙인찍지 않는 접근을 시도할 수 있을 것이다. 그의 삶과 철학을 한 개인 또는 한 민족의 힘으로 통제하거나 좌지우지할 수 없었던 격동기의 역사의 한 부분으로 다룸으로써 그러한 역사 속에서 무엇을 배우며 반성하고 교훈을 얻을 수 있을지 보다 넓은 맥락에서 고찰할 필요가 있다는 것이다.

어떻게 본다면 마르크스주의에 접근하는 이러한 방식은 서구 현실 정치와 사상사 속에서 채택된 방법론이라고 할 수 있다. 수정된 자본주의, 사회민주주의 또는 복지국가 노선이나 사회적 시장경제주의를 채택한 서구 사회는 마르크스주의 또는 볼셰비즘을 실현 가능한 현실적 대안으로 문자적으로 받아들이지 않았지만, 마르크스주의에 대한 경험과 이에 대한 성찰을 통해 인간적인 자본주의와 민주주의를 새롭게 기획하고 수정할 수 있는 새로운 전망을 획득할 수 있었다. 박치우의 사상을 '하나의' 유토피아적인 사상으로서 거리를 두고 고찰함으로써 마르크스주의를 변화된 세계사적 맥락과 우리 사회에서 어떻게 재조명해야 할지 출발점으로 삼을 수 있다.

논자마다 구체적인 해석론에서는 차이가 나지만, 서구 사회에서는 이미 특히 20세기 중반 이후로 마르크스주의 이론을 하나의 통일된 이론이 아니라 '분열된' 이론으로 고찰해 왔다. 예를 들면 전기 마르크스 이론을 '휴머니즘'에 기반한 자유와 평등의 사상, 또는 복지국가 이론, 또는 유러코뮤니즘으로 해석하고, 후기의 '경제주의적' 이론을 구체적인 정치경제적 정책으로서는 거절하고, 현실 사회주의의 폐쇄성과 억압적 현실을 비판함으로써 마르크스주의 자체를 넘어서는 현실적이고 '비마르크스주의적인' 방식으로 마르크스주의를 재해석하고자 했다. 적어도 자유를 희생하는 극단적인 평등주의를 추구하는 하나의 정치경제적 현실 정책으로서는 마르크스주의를 실현 불가능한 이론으로 간주했지만, 서구 사회는 마르크스의 유토피아 지향적 정신을 수용했고, 그것은 서유럽과 북유럽에서 수정된 자본주의 또는 복지국가의 형태로 구현되었다.

3. 박치우의 사상

박치우가 살았던 시대도 20세 전반부의 많은 서양 사상가들의 그것처럼 격동과 위기, 극한의 시대였다. 홉스봄의 표현대로라면 '제국의 시대', '극단의 시대'라고 말할 수 있을 것이다. 제국주의의 침탈과 패권을 차지하기 위한 전쟁, 인권 유린과 억압, 경제적 착취 등으로 인해 소수의 지배자를 제외한 민중들은 고통 속에서 살고 있었다.

박치우의 학문적 글들은 철학자답게 치밀하고 이론적인 논증에 기반하고 있지만, 그의 사상 전체는 철학을 순수한 이론적, 개념적 차원에서가 아니라 현실 변혁에 복무하는 실천적 활용을 목표로 삼았다. 박치우의 철학을 마르크스주의적 실천철학이라고 부를 때 이것이 무엇을 의미하는지에 대한 설명은 아주 다양할 수 있다. 박치우가 직접적으로 인용하지는 않았지만, 그의 철학관을 마르크스의 「포이어바흐에 관한 테제」 11에 나타나는 의미로 읽을 수 있다는 것은 분명하다. "철학자들은 세계를 단지 다양하게 해석해 왔을 뿐이다. 중요한 것은 세계를 변화시키는 것이다."

박치우 전집을 전체적으로 살펴보면, 그의 실천 지향적 철학은 첫째, 현실 진단(위기의 본질에 대한 성찰), 둘째, 전체주의(파시즘)와 민주주의에 관한 성찰 및 위기에 대한 대안 제시, 셋째, 논리학적 맥락에서의 현실과 이론에 대한 재조명(형식논리의 패퇴, 일대일과 형식논리), 넷째, 동아협동체론 비판으로 요약할 수 있다. 그리고 박치우의 철학은 일제강점기 시기와 해방공간에서의 철학으로 나누어 고찰할 수 있다.

1) 위기의 철학

박치우의 '위기의 철학'은 일제강점기인 1930년대에 형성되었다. 1931년 만주사변과 1932년 일본 군부의 만주 침탈 및 괴뢰정부 수립, 1934년 히틀러의 집권과 같은 위기의 현실 속에서 박치우는 「위기의 철학」을 집필했다. 그의 위기 개념은 현실과 사회의 변혁을 지향하는 그의 철학관을 잘 드러내며, 그의 철학적 실천의 기반이기도 하다. 그는 "위기"를 "'모순'으로 나타나는 '특정의 시기'"[9]라고 정의한다. 모순이 없는 곳에서는 위기도 존재하지 않는다는 것이다. 따라서 "'모순'은 … 위기의 근본 구조에 속한다." 모순의 시기란 "객체적인 모순이 주체적으로 파악되는 특정한 시기"이다. 그리고 위기는 객관적 모순의 존재뿐만 아니라 이것을 주체적으로 파악한다는 것에서 성립한다.

박치우는 이러한 주체적 파악을, "신명을 던져서 정열적으로 '파악'하는 것", 단순히 "로고스적으로가 아니라 파토스적으로 파악하는 것, 학적 인식 대상으로서가 아니라 생활적인 대상으로서 파악하는 것"이라고 역설한다. 어떤 대상을 파악하는 방법에는 '진리성(Wahrheit)'과 '성실성(Ernstheit)'이 있는데 전자가 로고스적인 파악이고 후자가 파토스적 파악이다.

이 중, 박치우는 파토스적 파악의 3단계에 대해 논한다. 실천으로 나

---

9 박치우, 「위기의 철학」, 앞의 책, 51쪽.

아가기 위한 주체적 파악의 3단계는 ① 교섭적 파악(태도적 파악이 아니라 생활적인 교섭), ② 모순적 파악, ③ 행동적·실천적 파악이다. 우선 위기를 교섭적으로 파악할 때 모순의 생동성(Lebendigkeit)이 드러난다. 두 번째 단계는 모순적 파악의 단계로 여기에서는 사회적·객체적 모순이 드러난다. 이를 통해 자연적 모순으로 간주되었던 것이 사회적 모순으로 파악된다. 박치우에 따르면 객체적 모순이 사회적 모순이라는 것을 파악하는 단계에서 '위기'가 진정으로 위기로 나타난다.[10] 세 번째 단계는 이렇게 파악된 모순을 행동적·실천적으로 파악하여 모순을 극복하는 단계이다. 빈부의 모순을 자연적 모순으로 간주하면 거기에서는 위기가 생기지 않는다. 그것을 교섭적으로, 그리고 사회적 모순으로 파악할 때 그러한 모순이 격화되고 주체가 전율할 때 위기가 나타난다. 이는 모순의 이중성(모순에 대한 파악과 이것에 대한 실천의 부재 간의 모순)에 대한 자각을 동반한다.

> "위기란 진실로 사회적 모순이 격화하기 때문에, 이것을 우리들의 생명을 위협하는 적으로서 뼈에 사무치게 체험할 때만 나타날 수 있는 현상이다. … 그리하여 모순이 격화될 때 우리는 그것을 모순으로 파악하게 되는 것이다. 사회적 모순과의 모순의 자각! 이것을 가진 사람만이 진정한 위기를 감득할 수 있을 것이고 이 같은 자각을 환기시킬

---

10 박치우, 같은 글, 62쪽.

수 있는 시기만이 위기란 말이다."[11]

2) 전체주의와 민주주의, 형식논리와 변증법 논리, 그리고 동아협동체론 비판

정치적·사회적 위기에서 그 모순이 정점에 달하는 '불안'[12]을 극복하기 위해서는 주체적 모순과 사회적 모순을 극복할 수 있는 실제적인 정치적 대안이 요구된다. 바로 이것이 1930년대 후반부에서 해방공간의 시기에 이르기까지 박치우의 주된 철학적·실천적 관심사였다. 「시민적 자유주의」(1936), 「전체주의의 철학적 해명」(1939), 「전체주의의 논리적 기초」(1941), 「전체주의와 민주주의」(1945), 「일대일과 형식논리」(1946), 「민주주의의 철학적 해명」(1946)에서 그의 이러한 사상이 잘 드러난다.

박치우에게 전체주의는 하나의 사상운동이다. 더 정확히 말하면 '학'이라기보다는 '이즘', 즉 정치론, 경제이론 그리고 철학의 "조력을 빌리지 않을 수 없는"[13] 경직된 사고체계이며, 행동으로 구현된 파괴적인 실천이다.[14] 그것은 부분(개별)에 대한 전체(보편)의 우위를 주장하는 사상으로서,[15] 전체주의의 가장 파괴적 모습은 2차 세계대전에서 극명하게 모습

---

11 박치우, 같은 글, 59~60쪽.

12 박치우는 하이데거의 불안 개념을 사회적 맥락에서 확대 재해석하는 논문들을 여러 편 집필했다. 「불안의 정신과 인테리의 장래」, 「불안의 철학자 하이데거」, 「불안의식의 인성론적 설명」이 그것들이다.

13 박치우, 「전체주의의 철학적 해명」, 같은 책, 144쪽.

14 박치우, 같은 글, 143쪽.

15 박치우, 같은 글, 142쪽; 박치우, 「전체주의의 논리적 기초」, 같은 책, 178쪽 참조.

을 드러냈다.[16]

전체주의는 국가, 민족의 우위, 인종학적 우월성, 문화적 폐쇄성, 권력지상주의 등 다양한 형태의 전체성에 그 기반을 두고 있다. 부분에 대한 전체의 우위를 강조한다는 점에서 박치우는 전체주의가 유기체주의나 위계주의, 그리고 이를 뒷받침하기 위한 비합리주의나 신비주의에 의존하고 있다고도 말한다.[17]

이제 박치우는 여기에서 더 나아가 전체주의의 논리학을 극복하기 위한 최초의 단계로서 형식논리학 —동일률과 모순율— 의 긍정적 측면에 주목하고, 이것이 시민민주주의의 논리학적 기초가 된다는 점을 밝힌다.[18] 민주주의란 근본적으로 "소수 특권층"이 아니라 "인민 자신의 손으로 운영되는 정치"체계이므로[19] 중세적 특권주의를 벗어나는 최초의 출발점은 개인의 권리와 자유의 보장에 있다고 보았다.[20]

이러한 형식논리는 개인 간에 "일대일"[21]로서의 자격을 부여하는 다수결의 논리를 채택한다는 점에서 커다란 진보이다. 반면 전체주의의 논리는 분유 논리(레위 브뤼)이다. 전체주의는 형식논리를 패퇴시키고 분유논리를 부활시킨다.[22] 박치우에 따르면 분유 논리는 원시 씨족사회나 토

---

16 박치우, 「전체주의와 민주주의」, 같은 책, 194쪽.
17 박치우, 「전체주의의 철학적 해명」, 같은 책, 145쪽.
18 박치우, 「민주주의의 철학적 해명」, 같은 책, 225쪽.
19 박치우, 「일대일과 형식논리」, 같은 책, 220쪽.
20 박치우, 「전체주의와 민주주의」, 같은 책, 204쪽.
21 박치우, 「일대일과 형식논리」, 같은 책, 217쪽 이하; 박치우, 「민주주의의 철학적 해명」, 같은 책, 227쪽.
22 박치우, 「형식논리의 패퇴」, 같은 책, 150쪽.

테미즘의 논리이다. 그것은 특정의 자연물이나 인공물을 씨족결합의 상징으로 삼기 때문에 개인은 씨족의 지체로서만 자신의 존재를 가지며 전체를 분유할(partake) 뿐이지, 독립적인 성원으로서의 자격을 갖지 못한다. 분유 논리는 개인과 전체를 '피'와 '흙'으로 연결시킨다.[23] 박치우는 분유 논리 또는 전체주의를 비판하며, 또한 이를 바탕으로 동아협동체론에 대한 비판으로 나아간다.[24]

박치우는 형식논리 또는 일대일 논리는 전체주의를 극복하고 시민민주주의의 기초가 되었다는 점에서 진보적 측면을 담보한다는 점을 긍정한다. 그러나 마르크스주의자로서 그는 변증법 논리를 통해 한 걸음 더 나아가, 공허한 다수결의 지배, 형식적 자유만을 보장할 뿐 실질적 평등과 자유를 구현하지 못하는 시민민주주의의 한계를 극복하고 사회경제적 모순과 빈부의 격차를 실질적으로 해소하는, 평등하고 해방된 사회를 철학적으로 구상하고 이를 구체적으로 실현하기를 희망했다.

4. 나오며: 박치우 사상을 넘어서

박치우는 그리스 도시국가의 특권층 민주주의, 시민권을 가진 자만이 향유할 수 있던 로마의 민주주의, 그리고 자유와 원자적 개인주의에 기

23 박치우, 같은 글, 153쪽.
24 박치우, 「동아협동체론의 일성찰」, 같은 책, 175쪽.

반한 부르주아민주주의를 넘어서는, 실질적인 최선의 공평을 구현하는 민주사회를 원했고 이를 마르크스주의의 틀 속에서 구현하기 위해 이론적·실천적으로 노력했던 제1세대 마르크스주의자였다. 앞서 언급했듯이 우리는 현실 사회주의의 실패와 몰락을 목도했으며, 신자유주의의 전지구적 확대로 대변되는 변화된 사회, 정치적, 국제적 환경 속에서 살고 있다.

오늘날 우리는 어떤 진보적 이론을 요구하며 필요로 하는가? 지면의 제약상 길게 논의할 여유는 없지만, 이미 1970년대 마르크스주의 철학자 알튀세르가 「제한된 이론으로서의 마르크스주의」에서 진술하면서도 학문적으로 설득력 있게 논의했듯이 우리는 마르크스주의 자체를 시대적으로, 그리고 당시의 학문적 패러다임의 제약을 받은 제한된 이론으로 받아들일 필요가 있다.

달리 말하면, 1980년대 신자유주의가 득세하기 전까지 전후 유럽 사회에서 구현되었던 복지국가에 대해 다시 성찰하고, 복지국가에 대한 마르크스주의의 거부 또는 비판을 현대적 관점에서 오히려 과감하게 비판하고 마르크스주의의 한계를 넘어설 필요가 있다. 박치우가 살았던 시대적 배경과 정치적 상황 속에서 박치우가 이러한 한계에 대해 성찰할 수 있었기를 기대하는 것은 사실상 불가능한 일이다. 이러한 박치우의 한계를 비판하고 이를 넘어서는 것이야말로 박치우를 오늘날 현실에서 다시 고찰해야 할 가장 중요한 이유가 아닐까 한다.

'서한집'으로 읽는 식민지 조선의 침략자들

이형식

고려대학교 아세아문제연구원

1. 식민지 연구와 개인 문서(에고 도큐먼트)

조선총독부는 패전 직전 방대한 공문서를 소각했다. 그 결과 조선총독부의 공문서는 거의 소실되었고, 현재 국가기록원에 남아 있는 조선총독부 문서는 대만총독부 문서에 비해 절대적으로 부족하며 그나마도 토지 관계에 집중되어 있다. 그로 인해 식민지 통치의 실상을 해명하는 데는 자료적 한계가 많은 것이 사실이다.

식민지 연구의 기본 자료로는 조선총독부가 편찬한 『조선총독부관보』, 『통계연보』나 『매일신보』, 『동아일보』, 『조선일보』와 같은 조선어 신문이 주로 사용되었다. 2000년 이후 재조일본인이 출판한 『조선공론(朝鮮公論)』, 『조선급만주(朝鮮級滿洲)』와 같은 일본어 잡지와 조선총독부의 일본어 어용지인 『경성일보(京城日報)』 이외에 국가기록원이 소장하고 있는 조선총독부 문서도 활용되기 시작하여 연구자들이 이용한 사료가 다변화되었다.

그런데 『동아일보』, 『조선일보』는 1920년 4월에 창간되어 1940년 8월에 폐간되었기에 식민지 시기 전체를 망라하지 못한다. 이로 인해

1910년대 무단통치 시기와 1940년 이후 사료는 다른 시대에 비해 부족한 상황이다. 이처럼 절대적으로 빈약한 공문서를 보충해 주는 것이 바로 고위 관료들의 사문서, 즉 개인 문서이다. 특히 총독의 개인 문서는 정책 심의 과정에서 생산된 문서를 비롯하여 총독부 실무 관료와의 서신, 재임 기간의 일기 등이 다량 남아 있어 공문서의 공백을 메울 수 있는 귀중한 사료군이라 할 수 있다.

하지만 한국사 분야에서는 총독들의 개인 문서 가운데 극히 일부(활자로 작성되었거나 판독이 용이하게 작성된 문서)만이 사료로 활용되었다. 일본 고문서 해독을 전문적으로 훈련받지 못한 대부분의 한국사 전공자들의 경우, 이를 사료로 활용하기 위해서는 상당한 시간과 노력을 들여야 하기 때문에 사실상 이를 기피, 외면해 왔던 것이다. 그 결과 한국근대사에서는 지배정책의 핵심 사료들이 방치되고 있는 실정이다.

개인 문서의 사료적 가치는 일본 제국주의의 특성에서도 찾을 수 있다. 일본 제국주의는 근대 서구열강의 식민지배와는 달리 뚜렷한 통치이념을 확립하지 못했다. 때문에, 일본의 식민 관료들은 신문 · 잡지 등 공적 영역과 편지 · 일기 등 사적 영역에서 드러내는 조선 통치 인식에 차이를 드러내는 경우가 종종 있다. 그러나 지금까지의 식민지 지배정책사 연구는 성안된 결과물과 그 추진에 주목한 나머지, 정책 결정 과정에 대해서는 다소 소홀히 다룸으로써 일본의 의도를 면밀히 파악하지 못한 측면이 있다. 이러한 현상의 주요 원인은 통치 사료의 부족 때문에 생겨난 불가피한 측면이 강한데, 바로 이 점이 개인 문서 사료군으로 보완될 수 있는 것이다.

2. 역대 총독 문서와 조선 통치

식민지기 지배정책의 최종결정권자는 조선 총독이다. 총독은 식민지 조선에서 행정·입법·사법권뿐만 아니라 군통수권까지 아우르는 절대 권력과 압도적 권위를 행사했다. 따라서 식민지 지배정책사를 이해하는 데 총독을 정점으로 한 지배구조 연구는 필수적이다. 정책 수립 및 결정 당사자들의 인식을 파악하지 않고서는 지배정책사를 이해하는 데 근본적인 한계가 있을 수밖에 없다. 현재 식민지 시기 연구 중에서 지배정책사 분야가 상대적으로 부진한 이유 중 하나는 지배의 최고심급인 총독과 그를 둘러싼 정치 역학 관계를 제대로 규명하지 못한 것에 있다.

역대 총독(통감) 문서는 일기류와 서한류, 관계문서(서류)로 구성되어 있다. 그중 일부가 『이토 히로부미 관계문서[伊藤博文関係文書]』(서한), 『데라우치 마사타케 관계문서[寺内正毅関係文書]』(서류), 『데라우치 마사타케 일기[寺内正毅日記]』, 『우가키 가즈시게 관계문서[宇垣一成関係文書]』(서한), 『우가키 가즈시게 일기[宇垣一成日記]』로 이미 출판되어 많은 연구자가 활용하고 있다. 그러나 서한집의 경우, 극히 일부(이토 통감과 우가키 총독의 서한집)만이 활자화되어 한국 연구자들은 그 이용이 제한되고 있다.

『데라우치 마사타케 관계문서』는 '일본 국회도서관 헌정자료실'에 소장되어 있는 문서 이외에 유족이 야마구치대학과 가쿠슈인대학에 기증한 문서들이 있는데, 이를 '데라우치 마사타케 관계문서 연구회'가 탈초(脫草)하여 2019년부터 출판하고 있다. 이렇게 간행된 자료들은 총 5권에

| 총독사료 출간현황 |

통감/총독	취임	전기	일기	관계문서	출판
이토 히로부미 [伊藤博文]	1905.12	○		○	『이토 히로부미 관계문서』(서한)
소네 아라스케 [曽禰荒助]	1909.6			○	
데라우치 마사타케 [寺内正毅]	1910.5	○	○	○	『데라우치 마사타케 관계문서』(서류), 『데라우치 마사타케 일기』(일기)
하세가와 요시미치 [長谷川好道]	1916.10				
사이토 마코토 [齋藤實]	1919.8	○	○	○	『사이토 마코토 관계문서』(서류)
야마나시 한조 [山梨半造]	1927.12				
사이토 마코토	1929.8	○	○	○	『사이토 마코토 관계문서』(서류)
우가키 가즈시게 [宇垣一成]	1931.6	○	○	○	『우가키 가즈시게 관계문서』(서한), 『우가키 가즈시게 일기』(일기)
미나미 지로 [南次郎]	1936.8	○	○	○	일기, 관계문서는 유족의 의사로 한국에는 비공개
고이소 구니아키 [小磯国昭]	1942.5	○		○	조선 관련 사료는 아주 적음
아베 노부유키 [阿部信行]	1944.7	○		○	조선 관련 사료는 아주 적음

달하는 방대한 사료군일 뿐만 아니라, 일본 육군의 대륙정책, 일본의 조선 지배정책을 구명할 수 있는 1급 사료로, 일본정치사 및 군사사 연구자들의 관심을 모으고 있다.

다음으로 『사이토 마코토 관계문서[齋藤實関係文書]』이다. 3·1운동 이후 부임하여 약 10년간 총독을 역임했던 사이토 총독이 남긴 관계문서는 일기를 비롯하여, 서류(2만 점), 서한(수만 통) 등 양적으로 방대할 뿐 아니라 질적으로도 최상급 사료군이라고 할 수 있다. 고려서림에서 『사이토 마코토 관계문서』(총 17권)로 영인하여 출판하였으나 전체 사료 가운데 극히 일부분에 지나지 않는다.

7대 조선 총독을 역임한 미나미 총독은 일기나 관계문서를 남겨 일본 연구자들은 연구에 활용하고 있지만, 유족이 한국인에게는 공개를 거부하기 때문에 사료 접근이 어렵다. 대신에 미나미 총독이 오노 로쿠이치로[大野綠一郎] 정무총감(59통)이나 중앙조선협회 전무이사 세키야 데이자부로[関屋貞三郎](44통) 등에게 보낸 서한 등이 일본 국회도서관 헌정자료실에 소장되어 있다. 이들 서한에는 창씨개명, 동아일보 폐간, 신사참배 등 황민화정책에 관한 중요한 내용이 담겨 있다. 이 글에서는 조선 총독이 받은 서한이 아니라 조선 총독이 일본의 정치가, 관료들에게 보낸 서한을 소개하고자 한다.

3. 총독 서한으로 보는 조선 통치

1) 데라우치 총독 서한으로 보는 무단통치

근대 제국주의가 식민지 및 반식민지를 쟁탈해 가는 과정에서 "철도와 은행을 통한 정복"이라고 비유할 정도로 철도는 제국주의 침략을 상징하는 도구와 표현이었다. 데라우치는 1893년 3월 철도회의 의원으로 철도행정에 참가한 이래 청일전쟁 때에는 운수통신장관에, 의화단사건 이후에는 철도회의 의장에 취임하는 등 일본 육군 안에서는 '철도통'으로 불렸다. 육군대신 시절부터는 경부철도 매수, 경의선 건설, 안봉경편선 개수 등에 관여하였고 러일전쟁 이후 러시아로부터 획득한 동청철도 남만주지선을 토대로 설립한 남만주철도의 설립위원장에 취임하였다.

조선 총독으로 부임한 데라우치는 통치나 개발보다는 어디까지나 대륙침략을 위한 사회 기반 건설에 집중했다. 데라우치는 1911년 10월에 압록강 가교를 부설하고 개통식에 즈음하여 야마가타 아리토모[山縣有朋]에게 전보로 "몇 번이고 (이 다리를) 건너갔던 무사의 유품이라고 보이기도 하도다. 익숙한 다리"라며 와카[和歌]로 철교 완성의 기쁨을 전했다. 안봉선과 조선철도를 연결하는 압록강 가교를 완성함으로써 조선철도와 만주철도를 연결시켜 군수 수송을 가속화시킬 수 있었는데, 야마가타를 비롯한 일본 육군은 혹시 모를 러시아와의 개전에 대비하고 유사시 중국에 진출하기 위해서는 일본 군대를 최단 시간 안에 만주로 이송하기 위한 조선 교통망의 정비가 시급했었다. 데라우치 총독은 1913년 1월 가쓰라 내각의 체신대신에 취임한 고토 신페이[後藤新平]에게 다음과 같이 요청했다.

> 조선 경유 만주 및 시베리아 방면의 교통을 한층 친밀히 연결하고 싶습니다. … 점차 조선과의 사이에도 상업 거래를 하고 싶습니다. 이를 위해 장춘, 봉천에 조선은행 지점을 설치해서 상업, 거래상의 편의를 도모하고 조선은행권의 교환에 착수하는 일, 만주에서 이를 점차 하

얼빈에 이르게 하는 것, 국고는 조선은행권을 우리 본국의 은행권과 동일하게 수납할 것, 안동현의 관세를 러시아 측의 그것과 동일하게 1/3로 감세할 것 등 만주철도 안동선을 경유하고 조선을 거쳐서 본국에 이르는 운임에 대해서는 충분히 교통상의 편의를 도모할 것에 주의해 주셨으면 합니다. 위 사안에 대해서는 바쁘신데 송구스럽지만 우리들의 희망을 수용할 수 있도록 수상께도 잘 말씀드려 주시기 바랍니다. 자세한 내용은 아라이[荒井賢太郎, 탁지부장관 —필자 주]가 보고드릴 것이니 잘 부탁드립니다.

—『데라우치 마사타케 관계문서』

조선과 만주, 시베리아를 철도로 연결하여 점차 조선과 이 지역들을 긴밀하게 하여 상업 거래 확대를 꾀하고 이를 위해 이들 지역에 조선은행 지점을 설치하겠다는 구상이다. 철도(선만철도)와 은행(조선은행)을 통한 대륙침략을 꾀하고자 했다는 것을 엿볼 수 있다. 데라우치는 1913년 5월 20일 조선은행에 봉천, 장춘, 대련 3지점의 설치를 정식으로 명령했다. 이 명령에 따라 같은 해 7월 15일에는 봉천에, 8월 20일에는 대련에, 9월 5일에는 장춘에 조선은행 출장소가 개설되었다.

이처럼 데라우치는 철도, 도로, 항만 건설과 교통 통신 시설의 정비를 조선 통치의 최우선과제로 삼았다. 이러한 인프라의 정비가 조선 통치의 안정과 대륙침략정책을 위한 군사적 기반이었다는 것은 두말할 나위가 없다. 러일전쟁 이후 일본의 재정 악화 속에서 식민지 보조금이 점차 줄어드는 가운데 교통망의 정비를 우선 과제로 삼음으로써 위생, 교육 등에 대한 투자는 상대적으로 소홀해질 수밖에 없었다.

2) 사이토 총독 서한으로 보는 문화통치

식민지 예산은 대장성(大藏省)의 사정, 내각의 각의결정, 제국의회의 협찬을 거쳐서 결정되는데, 독립재정을 달성한 대만총독부(1905)나 남양청(1932)과는 달리 조선총독부 예산은 정부 보조금과 공채(朝鮮事業公債法)에 의해 지탱되었기 때문에 내각의 재정방침은 조선총독부 예산에 커다란 영향을 미쳤다. 조선총독부는 조선 통치 초기부터 식민지 대만에서처럼 점차 일반회계의 보충금을 폐지하고 조선에서의 수익으로만 운영되는 '독립재정'을 도모하고자 하였다.

내각의 행정·재정정리, 긴축재정 방침에 따라 조선총독부는 '재정독립 5개년 계획'을 수립하고 1914년도부터 증세와 경비 절감을 통해서 매년 100만 원에서 200만 원의 보조금을 삭감하여 1919년에 독립재정을 달성했지만, 그해에 3·1운동이 일어나게 된다. 3·1운동 후 독립재정에서 적극재정으로 정책을 전환한 조선총독부는 예산편성 시 정무총감과 재무국장이 거의 동경에 체재한 채로 여당계 국회의원에게 로비를 하거나 구 조선총독부 관료 경험자 등의 창구를 이용하면서 절충하는 등 예산획득에 많은 고생을 하였다.

1923년 관동대지진으로 일본 경제는 큰 타격을 입고 이듬해 6월에 성립한 가토 다카아키[加藤高明] 내각은 비모채(非募債)·긴축재정을 표방하고 정부 보조금을 삭감하려 하였다. 이에 대해서 사이토 총독은 가토 수상에게 다음과 같은 서한을 보내고 있다.

귀임 이래 시모오카 정무총감 이하 모두 행정정리, 재정긴축문제에 관해서 심의하고 있습니다. 극력 귀하의 취지에 부합하려고 노력하고 있으니 조만간 안을 가지고 시모오카 정무총감을 상경시켜 상세히 보고하게 할 것입니다. 신문지상에 대장성 측 입장으로 전하는 바에 따르면 식민지 보조금 삭감, 감축론을 표명하고 계시는데 본부는 매우 우려됩니다. … 저번 퇴경할 때 각하 및 대장대신에게 말씀드린 대로 행정정리 방면에서는 충분히 취지에 부합하도록 노력할 테니 보조금은 반드시 전년도 수준으로 부탁드립니다. 보조금은 조선인 일반에 대한 진무제(鎮撫剤)입니다. 타 식민지의 보조금과는 다른 일종의 특별한 효력이 있습니다. 만일 보조금을 삭감하게 된다면 저의 입장으로서는 크게 고려할 것입니다. 미리 이 점을 고려해 주시길 바랍니다. 소생의 일신은 어떤 문제가 되지 않더라도 장래 통치상에 영향을 미칠 것이니 잘 고려해 주시길 바랍니다. 대장대신에게도 이러한 사정을 전해 주시길 바랍니다. … 올해는 조선에 한해, 수해도 있고, 기근에 허덕이는 이들도 적지 않습니다. 부디 이 점을 고려해 승인을 부탁드립니다.

— 『사이토 마코토 관계문서』

사이토 총독은 내각이 보조금을 삭감하려고 하자 "보조금은 조선인 일반에 대한 진무제다. 타 식민지의 보조금과는 다른 일종의 특별한 효력이 있다"고 하며 사직의 결의를 보이면서까지 강력하게 반발했던 것이다. 그렇다면 사이토 총독이 이야기한 '일종의 특별한 효력'이란 무엇을 말하는 것일까.

3·1운동 이후 패전 때까지 조선총독부는 중앙정부로부터 매년

1200~1500만 원에 달하는 보조금을 받고 있었다. 1920년대에는 예산의 6~10%에 달하는 큰 금액이었지만, 1930년대에 들어서서 총독부 예산 규모가 커지면서 보조금 비율은 점점 줄어들었다. 1939년부터는 1%대로 떨어졌고 1942년은 0.98%, 그 이후는 더욱 축소되었지만, 보조금을 없애지는 않았다. 조선총독부는 비용 절감이나 증세를 통해 보조금을 전폐할 수 있었지만, 패전까지 비슷한 규모를 유지했다.

일본 정부의 보조금은 사실상 총독부에 근무하는 일본인 관료의 가봉(식민지 근무수당, 본봉의 40~60%) 총액과 비슷한데, 일본 정부가 다른 식민지와 달리 조선에 마치 '은혜'를 베푼다는 정치적인 선전 효과를 노렸던 것이다. 한국사에서는 조선 총독이 무소불위의 권력을 가지고 있는 것처럼 인식하는 경향이 있는데 위 서한에서는 조선총독부 예산은 내각의 재정방침에 크게 영향을 받고 있었고, 정당 내각(1924~1932)이 출현하면서 통치정책을 둘러싸고 내각과 조선총독부가 갈등·대립하는 모습을 엿볼 수 있다.

3) 미나미 총독 서한으로 보는 황민화정책

1940년에 들어서면 조선총독부는 조선어 신문에 대해서 노골적인 압박을 가하는 한편, 2월 14일부터 창씨개명을 강제적으로 시행하려 했다. 이에 대해 조선총독부 전 관료들을 중심으로 동경에서 설립된 중앙조선협회는 조선총독부에 우려의 목소리를 전달했다. 1940년 2월 17일 미나미 지로 조선 총독은 중앙조선협회 전무이사인 세키야 데이자부로(전 학무국장)에게 아래와 같은 서한을 보냈다.

말씀드리면 『동아일보』, 『조선일보』에 대해서 여러모로 배려와 후의를 가져 주신 데 감사드립니다. 요컨대 지금까지의 경과는 (폐간은) 강제가 아니라 담합으로 당사자 간에 진행하고 있습니다만, 그들은 강제 폐간이라고 이해하고 여러 운동을 하고 있습니다. 그렇지만 사실은 담합이고, 그들이 담합에 잘 응하지 않으려고 하는 것이 명료하기 때문에 당분간은 그대로 이행하려고 하니, 이 점 양해해 주시기 바랍니다. 다음으로 이 문제(창씨개명)도 또한 강제가 아닙니다. 참여 희망자에게 진로를 열어 주는 것으로 이것에 관해서는 머지않아 당사자를 각각 내·외지에 반(班)을 파견해서 진의와 실정법을 오해하지 않도록 기할 것입니다. 이것도 또한 선생님(세키야)의 후의를 부탁드립니다. 본안(창씨개명)은 외지 및 일본에 살고 있는 조선인은 기뻐하지만, 조선에 있는 조선인 및 내지에 있는 일본인이나 씨성(氏姓)의 연구자 가운데 일부는 상당히 문제를 제기하는 자도 있습니다. 또한 불평자도 있습니다만, 이들은 씨(氏)와 성(姓)의 관계를 모르는 이가 많고, 조만간 오해가 풀릴 것이라고 믿습니다.

— 『세키야 데이자부로 관계문서』

1940년에 들어서면 조선총독부는 조선어 신문에 대해서 노골적인 압박을 가했다. 『동아일보』 고문 송진우는 총독부가 조선어 신문에 대한 통제를 가하려 한다는 사실을 중앙조선협회에 알렸다. 세키야 전무이사는 미나미 총독에게 1월 20일 『동아일보』 폐지 통고에 대해서 자중을 요구하는 편지를 보냈는데, 1월 23일 미나미는 세키야에게 "사실무근입니다. 마치 자라 보고 놀란 가슴 솥뚜껑 보고도 놀라는 것입니다. 조선인

특유의 호소나 일본인에 대한 중상모략책을 너무 솔직히 받아들이지 않도록 조심하셔야 합니다"라고 답장을 보냈다.

미나미 총독은 위 편지에서 조선어 신문 강제폐간과 창씨개명 강요에 대해서 변명을 하고 있다. 이후에도 세키야가 창씨개명을 문제 삼자 미나미 총독은 일부 조선인 등이 '강제 운운'하는데, "씨(氏)의 창설은 (조선인에게) 광명의 길을 열어 준 것으로 물론 강제가 아니다"라고 주장했다. 이후 미나미 총독은 무리하게 조선어 신문을 정리하거나 창씨개명을 강제할 의사가 없다고 주장하면서도 한편으로는 다소의 반대는 당연하다는 인식하에서 "내선일체의 총후책(銃後策)에 대해서 만약 비평하는 것 같은 언사를 하는 자는 반도(半島)에 두지 않겠다"라는 강경방침으로 일관했다.

일본 우익들은 창씨개명을 조선인이 희망했다거나 총독부의 취지를 잘못 이해한 말단 행정기관이 강제한 것이라며 조선총독부의 책임을 부정하고 있다. 그러나 미나미 서한은 창씨개명을 둘러싸고 중앙조선협회와 총독부가 대립했고 미나미 총독이 적극적으로 창씨개명을 조선인에게 강요했다는 사실을 알려 주고 있다.

이처럼 서한에서 우리는 겉으로는 잘 드러나지 않는 조선 총독들의 내밀하고 은밀한 정책 의도, 조선인관, 조선 통치관을 엿볼 수 있다. 필자도 사이토 총독과 그의 정치고문인 아베 미쓰이에가 주고받은 서한집(『齋藤實·阿部充家 왕복 서한집』)을 출판한 적이 있는데, 앞으로 총독의 개인 문서들이 더욱더 연구에 활용되어 식민지 시기가 보다 실증적이고 입체적으로 해명되기를 기대한다.

3·1운동 당시 조선 주둔

일본군 사령관의 일기

—『육군 대장 우쓰노미야 다로 일기』

서민교

고려대학교 역사교육과

1. 반조슈벌[反長州閥]의 대표적인 군인, 우쓰노미야 다로[1]

1919년 3·1운동의 진압을 책임지고 있던 사람은 당시 조선군사령관이었던 우쓰노미야 다로[宇都宮太郎] 일본군 육군 중장이었다(1918~1921년까지 조선군사령관으로 재임, 조선군사령관 재임 당시 육군 대장으로 승진함).

지금까지 학계에서 우쓰노미야 다로에 관련된 연구는 거의 없었는데, 그가 새삼스럽게 주목을 받게 된 계기는 우쓰노미야 다로 관계자료 연구회가 2002년부터 약 5년간의 노력의 결실로 2007년에 전체 3권으로 구성된 『일본 육군과 아시아정책 —육군 대장 우쓰노미야 다로 일기』(이하 『우쓰노미야 일기』로 약칭함)라는 책을 간행한 것이 계기가 되었다.[2]

---

1 宇都宮太郎, 1861.4.27~1922.2.15. 일본 육군 군인. 1885년 육군사관학교 생도 7기(구 7기)로서 육군 소위로 임관하였다. 영국대사관 주재 무관, 참모본부 제2부장, 제7사단장, 제4사단장을 역임했으며, 1919년 3.1운동 당시 조선군사령관을 지냈고 육군 참의관(參議官)을 역임했다. 최종 계급은 육군 대장이다. 그의 15년간의 일기가 유족들에 의해 공개되어 2007년 4월부터 11월에 걸쳐 출판되었다.

2 宇都宮太郎関係資料研究会 編(2007), 『日本陸軍とアジア政策 陸軍大将宇都宮太郎日記』 1~3巻, 岩波書店

그림 17-1. 우쓰노미야 다로 육군 대장

우쓰노미야는 막부 말기인 1861년 규슈의 사가현[佐賀藩][3]에서 태어나 주로 육군 참모본부에서 활동하던 메이지[明治], 다이쇼[大正]기의 군인으로서 주로 '아시아주의(일본맹주론)'적인 사상을 가졌으며, 육군 내의 '우에하라파[上原派]', 즉 반조슈벌[長州閥]의 중심인물 중 한 사람으로 알려져 있다. 그의 연보를 간단히 정리하면 옆의 표와 같다.

『우쓰노미야 일기』는 전부 15책으로서, 즉 15년간의 일기로서 1900년, 1907~1916년, 1918~1921년의 일기가 남아 있다. 1900년 이전은 없으며, 주영 무관 시절인 1901~1906년과 제4사단장 시절인 1917년의 일기가 없는 이유는 현시점에서는 알 수가 없다. 사단장 시절의 일기는 그가 죽은 후 분실되었을 가능성이 높다고 한다.

참조.

3 메이지유신의 원동력이 되었던 4개의 지역인 삿초도히[薩長土肥, 사쓰마, 조슈, 도사, 히젠] 등이 이른바 웅번(雄藩)이었다. 그중에 우쓰노미야의 고향이기도 한 히젠[肥前, 지금의 사가현(佐賀縣)]은 메이지유신에 대한 영향력에 있어서 담당했던 역할에 비해서 평가가 낮은 편이다. 그러나 막말 유신기에 서양의 선진기술을 가장 선진적으로 축적하였던 사가번은, 당시의 번주(藩主)인 나베시마 나오마사[鍋島直正]의 개명정책에 의해 제철업을 통한 서양식 대포의 제조 기술 등의 기술력으로 메이지유신 및 그 이후에도 상당한 영향력을 행사하였다. 특히 개명적인 인물을 다수 배출하였고, 우쓰노미야 역시 그러한 지역의 환경 아래서 영향을 받았던 점을 간과할 수는 없을 것이다. 특히 히젠번(사가번)은 임진왜란 이래로 일본 내에서도 한반도와 깊은 관계를 맺고 있었던 곳으로 조선의 도자기가 전래되어 에도 시대 일본 도자기의 주류가 되었던 지역이기도 하다. 毛利敏彦(2008), 『幕末維新と佐賀藩 ―日本西洋化の原点』, 中公新書 참조.

| 우쓰노미야 다로 주요 연보 |

연도	주요사항
1861	사가현 사족(士族) 가메가와 신파치[龜川新八]의 장남으로 출생, 그 후 우쓰노미야[宇都宮] 집안에 양자로 입적
1885	육군사관학교 수석 졸업(구 7기)
1890	육군대학교 우등 졸업(6기)
1892	육군 참모본부에서 근무
1893	대본영 육군 참모
1901	영국공사관 부속 무관
1905	육군 참모본부에서 근무
1906	육군대학교 병학교관 겸 동교 간사
1907	보병 제1연대장
1908	육군 참모본부 제2부장
1914	제7사단장[旭川]
1916	제4사단장[大阪]
1918	조선군사령관
1921	군사참의관(軍事參議官)
1922	위암으로 사망(60세)

그 외에도 관련 자료로서 ① 서간 약 500통(그중에 다나카 기이치[田中義一] 12통, 아카시 모토지로[明石元二郞] 9통, 야마나시 한조[山梨半造] 6통, 하세가와 요시미치[長谷川好道] 3통, 이누카이 기요시[犬養毅] 3통도 있다), ② 관계서류 약 3,000점, ③ 사진 약 200점, ④ 은사품인 쌍안경 등의 자료가 남아 있다고 한다.

이러한 자료에 근거해 볼 때, 그의 이력에서 특기할 만한 것은, 우쓰노

그림 17-2. 『우쓰노미야 일기』(1~3권)

미야가 참모본부 제2부장 당시 '손문 등을 도와' 중국의 신해혁명, 즉 제1혁명, 제2혁명에 진력하여, 대륙정책의 기초를 쌓았고, 러일전쟁 당시 영국 주재 무관으로서 아카시 대장 등과 폴란드 공작에 종사하였으며, 육군대학교 간사로서 아라키[荒木] 등 후일 일본 육군의 중심세력을 교육시켰다는 것이다.

2. 정치적인 성향이 강했던 군인정치가

일본근대정치사, 군사사(軍事史) 연구자들 사이에서 우쓰노미야 다로는 '우에하라[上原] 파벌'의 중심인물로서, 또한 3·1운동 당시 조선군사령관으로서 주목할 만한 인물로 평가된다. 기타오카 신이치[北岡伸一]는 『일본 육군과 대륙정책』에서 1906년부터 18년에 걸쳐 일본의 대륙정책과 육군의 정치적 독립 과정에 대해서 우쓰노미야 등 '우에하라파'를 포함한 육군 여러 세력의 동향을 통해 분석하였다.[4] 또 반노 준지[坂野潤治]는 일본 근대정치사에 있어 일본 군인들의 역할을 논하는 연구 가운데서, 특히

4 北岡伸一(1978), 『日本陸軍と大陸政策 ―1906~1918年』, 東京大学出版会.

3·1독립운동 당시 조선군사령관이었던 우쓰노미야의 조선 인식을 우쓰노미야가 참모총장 우에하라 유사쿠[上原勇作]에게 보낸 서간을 사용하여 분석하기도 하였다. 우쓰노미야는 일본의 한국병합 방식에 근본적인 결함이 있으며, 조선을 영구히 일본에 병합하기 위해서는 조선 통치에 관한 근본적인 개정(改正)이 있어야 한다고 주장하였다.[5]

일본근대군사사 연구자인 오에 시노부[大江志乃夫]는 자신의 역사 장편소설 『삭풍의 계절[凩の時]』[6]에서 보병 제1연대장 우쓰노미야와 다나카 기이치 등을 축으로, 러일전쟁 이후의 일본 육군을 묘사하고 있다. 즉, 우쓰노미야 다로는 일본근대사에서 군대와 군인의 의미를 해명하는 소재로서도 주목할 만한 인물이었다.

『우쓰노미야 일기』는 검은색 혹은 청색의 팬으로 기록하였으며, 일기의 내용에는 인명을 포함하여 다양한 상황을 극명하게 기록하고 있다.

제1권은 1900년과 1907~1911년, 제2권은 1912~1916년, 제3권은 1918~1921년의 일기를 수록하였다. 제1권에서는 북청사변(北清事變, 1900년 의화단사건을 말함)과 신해혁명을, 제2권에서는 조선에서의 2개 사단 증설문제와 다이쇼정변[大正政變]을, 제3권에서는 조선의 3·1독립운동

---

5 坂野潤治(1994), 『大正政変 1900年体制の崩壊』, ミネルヴァ書房〈Minerva21世紀ライブラリー 10〉. 원자료는 1913년에 上原勇作 육군대신에게 보낸 宇都宮太郎의 편지이다[『上原勇作関係文書』(2011), 58~61쪽].

6 大江志乃夫(1985), 『凩の時』, 筑摩書房. 이 작품은 러일전쟁 직후인 1908년을 전후한 시기에 일본 군부의 등장으로 군국주의가 시작되는 시점에서, 고난에 직면하게 되는 사회주의 운동의 군상들에 대해서 다룬 것이다. 역사학자인 오에 시노부가 역사와 문학의 장르를 넘나들면서 완성한 역사소설로서 평가할 수 있는 작품이다.

에 대해 많은 비중을 두고 언급하고 있다.

그 내용의 특징을 보면 첫째, 육군의 아시아정책과 인사를 둘러싼, 조슈벌과 반조슈벌의 대립이 구체적으로 기록되어 있다. 우쓰노미야는 야마가타 아리토모[山形有朋]와 가쓰라 다로[桂太郎] 등 조슈벌의 전횡이 일본 육군을 약체화시킨다고 인식하고, 구체제의 변혁을 기해야 한다고 주장하고 있다.

둘째, 우쓰노미야는 아시아에 대한 관심이 강하였다. 그것은 1900년 일기부터 21년의 일기에 이르기까지 일관되어 있다. 그는 자기 나름의 조선정책 강구에 있어서도 정보수집과 공작을 게을리하지 않았다.

셋째, 조선에 대한 관심과 관여도가 매우 깊었다. 그는 매우 엉뚱하면서도 특이하게도 청일전쟁 당시부터 그 자신이 스스로 '한국에 귀화'하여 한국의 '내부로부터 한국의 개발을 유도'할 것을 생각하고 있기도 했다. 우쓰노미야는 일본이 제국으로서 강대하게 되기 위해서는 한국과의 합병이나 연방화 혹은 동맹의 체결이라는 세 가지의 방법이 있고, 이를 위해서 조선의 유학생들뿐만 아니라 일본으로 망명한 조선의 정객(政客)들과의 관계를 심화시켰다.

또 조선인들이 자발적으로 각각의 정치적·사상적 입장을 갖고 우쓰노미야에게 접근하기도 하였다. 그는 1910년 한국병합의 때에는 기뻐하였지만, 앞으로 조선에서 일본에 의한 조선 통치의 실적에 대해 문제 삼을 것이라고 예견하고 있다. 즉 우쓰노미야는 한국병합에 대한 조선 유학생들의 반대와 불만의 증대에 대해서 상당한 위기감을 가지고 있었다.

넷째, 그는 상당히 사교적인 성격을 갖고 있었으며, 일본 육군 내부에서도 육군의 선배, 동료, 후배들과 친교가 강하였다. 또 한편으로는 파벌적인 성격이 강하며, 정치적 성향이 강했던 '군인정치가'였다는 점에 그 특징이 있었다고 할 수 있다.

3. 3·1운동 탄압의 주역

한편으로 『우쓰노미야 일기』는 3·1운동 당시 탄압의 주체였던 조선주둔 일본군의 최고책임자였던 조선군사령관이 남긴 자료이다. 이 자료는 한국근대사 연구에 있어서도 그 의미가 매우 크다고 하겠다. 그렇다면 이 자료를 통해서 볼 수 있는 3·1운동에 대한 탄압의 실상은 어떠한 것이었을까?

우쓰노미야 개인적으로는 조선에 대해 많은 이해심을 갖고 있었으며, 초기단계에서 일본 군대를 동원한 탄압에 대해 상당히 미온적이었는데, 그의 의사와는 반대로 조선에 있던 일본군 내부에서 강경하게 진압에 임한 것이라고 보는 견해도 있다(비온티노 유리안, 「우쓰노미야 다로의 3·1운동 과정에서 보이는 조선 인식」).

그렇지만 일기에 나타나는 실상을 자세히 보면 3월 초에는 우쓰노미야 사령관이 조선주둔군의 동원에 대해 신중할 필요가 있다는 우려를 표시하기도 했지만, 3월 30일에 하세가와 총독을 만난 그는 '단호한 조치를 취할 필요가 있다'고 의견을 모으고 이틀 뒤인 4월 2일에는 새롭게 「군사령관의 희망사항 요지」를 발표하였다. 그 내용은 신중한 행동은 오히려

'폭민'을 '증장(增長)'시킬 우려가 있으니 '폭행'이나 '어리석게도 우리의 명령에 반항하거나 혹은 소요를 반복하는' 경우에는 '단호하게 필요한 바의 강압적인 수단'을 행사하라는 것이었다. 이러한 명령의 결과물이 이른바 4월 15일 제암리 학살사건의 발생으로 연결되는 것이다. 결국 우쓰노미야의 조선에 대한 '이해'라는 것은 조선이 절대 독립할 수도 없고, 독립해서도 안 되는 일본의 부속물로 간주되고 있었던 것이라고 할 수 있다.

그리고 우쓰노미야가 다양한 조선인들과 인맥을 맺고 있었다는 사실도 이 자료를 통해 잘 알 수 있다. 그는 박영효나 송병준과도 친분이 깊었으며 윤치호와는 1881년부터 알고 지내던 사이였다. 특히 윤치호는 우쓰노미야가 조선 통치에 대한 조언을 구하자 최남선이나 이승만과 연락을 해 보라고 권유하였다. 우쓰노미야가 최남선이나 이승만과 실제로 연락을 했었는지는 알 수 없으나, 우쓰노미야는 조선의 독립을 주장하는 사람들을 만나면 자신이 설득시킬 수 있다는 강한 자신감을 가진 정치적인 인물이기도 했다.

또 하나 재미있는 사실은 3·1운동 당시 천도교 계통의 민족지도자 33인의 한 사람이었던 권동진이 1919년 2월 27일에 우쓰노미야를 만났을 때 권동진은 고종의 인산일인 3월 3일에 독립운동이 벌어질 것이라는 것을 경고하였다는 사실이다.

이 점에 대해서는 3월 1일을 숨기기 위해서라는 설도 있지만, 당시 천도교 계통의 지도자들이 손병희의 일본 망명 시절 이래로 일제 당국과 오랫동안 협력적인 관계를 맺고 있었다는 사실을 다시 한번 생각하게 만드는 대목이라고 할 수 있다. 그 외에도 『우쓰노미야 일기』에는 상당한

숫자의 조선인들과 면담을 하고 친교를 맺었다는 기록이 등장하고 있다. 일제강점기의 역사를 연구하는 연구자들이 새삼스럽게 주목해야 할 자료라고 강조하고 싶다.

우쓰노미야는 중국이나 조선에 대해서 상당한 이해심과 관심을 지니고 있던 인물이라고 평가되고 있지만, 그는 근본적으로 일본의 '대아시아주의'에 경도(傾倒)되어 있었던 인물이다. 즉 일본이 아시아의 맹주로서 지도적인 위치에 있어야 하고 조선이나 중국은 '일본의 지도(指導)'를 충실하게 이행해야 하는 부속(付屬)적인 존재라고 인식하고 있었던 것이다.

그는 일본과 조선과의 관계를 국제결혼을 한 남편과 아내라고 비유하면서 결국 조선은 일본에 예속된 존재라는 가치관을 주장하였다. 또 한편으로 군인으로서 우쓰노미야는 조선에서 일본군의 군사력을 더욱 확장해야 한다고 거듭 주장하였다. 결국, 1930년대에 들어가 일본이 본격적으로 만주와 중국에 침략전쟁을 일으켰을 때 조선에 있던 일본군이 상당한 역할을 담당했던 것은 잘 알려진 역사적 사실이다.[7] 그리고 그 씨앗을 뿌리는 중요한 역할을 했던 인물이 바로 우쓰노미야 육군 대장이었다는 사실을 우리가 잘 인식할 필요가 있다고 하겠다.

---

7 만주사변기 조선군의 역할에 대해서는 졸고(拙稿), 「만주사변기 조선주둔 일본군의 역할과 활동」(『한국민족운동사연구』 32, 한국민족운동사학회, 2002) 참조.

이해(利害)의 세상에서 도덕(道德)의 길 찾기

— 신채호의 「이해」와 「도덕」

진보성

한국방송통신대학교 문화교양학과

1. 들어가며

제국주의가 조선을 침탈하던 시기, 지식인들에게 가장 급선무로 떠오른 것은 개화와 자강을 어떻게 이해하고 실천할 것인지의 문제였다. 개화와 자강은 단지 과거의 것을 버려서 되는 것도 아니고, 그렇다고 새로운 것을 무조건 받아들인다고 되는 것도 아니었다. 눈앞에 닥치는 현실에 그때그때 대응하는 주먹구구는 통하지 않았다. 주체적인 입장을 세워 그 시대의 조류와 환경에 맞는 철학과 사상을 정립하는 것이 필요했다.

당시 제국주의 열강은 광산이나 산림, 철도는 물론이고 이권이 되는 것이라면 손을 대지 않는 것이 없었다. 정책적으로 불간섭의 원칙을 취하던 미국과 같은 나라도 광산채굴권과 철도, 전기, 전차, 수도사업 등 황실에 대한 로비를 이용하여 막대한 이익을 보고 있었다. 미국이 채굴권은 얻었던 평북 운산금광의 1902~1915년 생산량은 전국 금 생산량의 1/4에 달했다. 조선을 식민통치했던 일본의 강점 이후에는 말 그대로 모든 이익을 수탈해 가는 역사가 시작되었다. 타자의 이익이 곧 나와 우리에게 고통을 주고 생존을 위협하던 시대였다.

이런 망국의 환경에서 신채호는 이해(利害)를 도덕(道德) 판단의 기준으로 삼고, 민족의 생존문제에 대한 대책을 세우려고 했다. 근대에 대응하는 다양한 방식을 고민하여 도덕률의 새 길을 찾으려던 신채호의 고민이 담긴 글이 「이해」와 「도덕」이다. 이 두 글은 신채호의 유고(遺稿)로 정확한 집필 시기는 알 수 없지만, 망국의 현실을 겪은 이후 저작된 것으로 보인다. 이 두 글을 통해 신채호의 세계관과 도덕관, 그리고 신채호 사상의 핵심인 아(我)와 비아(非我)가 형성된 맥락의 지점을 엿볼 수 있다.

2. 「이해(利害)」

신채호의 글 「이해(利害)」는 당시 세상을 지배하는 가치가 한 국가나 민족의 생존에 이익이 되는 것을 취하느냐 아니면 해가 되는 것을 취하느냐의 문제에 있다고 전제한다. 이 글은 한반도에 사는 사람들이 지금까지 세상을 보던 시각에서 벗어나 생각의 기준을 바꿔야 한다는 말로 시작한다. 그 이유는 약육강식의 세계 질서에서 생존하고 존속하기 위해서이다.

> 천하의 일이 '이해(利害)'만 있고 '시비(是非)'는 없는 법이니, 논란하는 자는 우유속사(迂儒俗士, 어리석고 속된 인간, 또는 지식인)의 업(業)이니라. 어찌해 그렇다고 하는가? 대개 인류는 생존하는 이외에 다른 목적이 없는 것이다. 생존에 부합하는 것은 이(利)라 하며 생존에 반대되는 것은

> 해(害)라고 하여… 윤리·도덕·종교·정치·풍속·습관 모든 것이 모두 '이해' 두 글자[二字] 밑에서 비평을 얻는 것이다. 시비가 어디 있느뇨! 시비가 어디 있느뇨!! 만일 '시비'가 있다 하면 이는 이해의 별명(別名)일 뿐이니라. … 이해가 매양 모순이 있는 까닭에 시비도 매양 모순이 있는 법이다. 마치 고구려 사람의 눈에는 개소문(蓋蘇文, 연개소문)이 호국의 거물이요, 설인귀(薛仁貴, 당나라 장수)가 반국(叛國)의 신(臣)으로 보이지만, 당서(唐書)에는 설인귀를 높이고 개소문을 쳤나니 이는 고구려의 해(害)가 당의 이(利) 되는 까닭이며….[1]

동아시아 유교적 전통에서 시비를 따지는 것은 사덕(四德, 인의예지)의 단서 중 하나인 시비지심(是非之心)이 배속되는 의(義)의 성립문제에 관계한다. 유교적 전통에 따르면 의는 곧 균등[均]을 실현함에 있고 인의(仁義)라는 형제적 의리(義理)를 감안하여 사리를 판단하는 기준이 된다. 그러나 '천하(天下)-세계' 질서의 중심이 되었던 중국의 존립 자체가 일본과 서양 제국주의의 침탈에 불안정해지고 이른바 사대의 질서와 조공국가로

---

1 "天下의 일이 利害만 잇고 是非는 업나니 論難하는者는 迂儒俗士의 業이니라. 어지해 그러타 하나뇨? 대개 人類는 生存하는 以外에 달은 目的이 업는것이라 生存에 符合하는것은 利라하며 生存에 反對되는 것은 害라하여… 倫理道德宗教政治風俗習慣 모든 것이 모다 利害二字 밋해서 批判을 얻는 것이라. 是非가 어대 잇나노! 是非가 어대 잇나뇨!! 만일 是非가 잇다하면 이는 利害의 別名뿐이니라. … 利害가 매양 矛盾이 잇는 고로 是非도 매양 矛盾이 잇나니 마치 高句麗사람의 눈에는 蓋蘇文이 護國의 巨物이오 薛仁貴가 叛國의 臣으로 보지만 唐書에는 薛仁貴를 놉히고 蓋蘇文을 첫나니 이는 高句麗의 害가 唐의 利되는 까닭이며…", 단재신채호전집편찬위원회 엮음(2008), 『단재 신채호 전집』 7, 독립기념관 한국독립운동사연구소, 351쪽[申采浩(1994), 「利害」, 『신채호문학유고선집』, 김병민 엮음, 연변대학출판사, 139쪽] 및 619쪽.

서 평화를 보장받던 조선의 안전장치는 유명무실해진 상황이었다. 게다가 제국주의 세력에게 우리가 믿고 있던 유교적 인의의 가치를 호소할 수도 없으니 그야말로 답이 보이지 않는 참담한 현실이었을 것이다.

거칠게 다가온 근대 세계 앞에서 기존의 질서를 붙잡고 제국주의 타자에게 그 질서를 이해(理解)시킬 수는 없는 노릇이었고 또 강력한 타자의 힘에 굴복하여 종속된다는 것은 용납할 수 없었다. 그렇다면 지금까지 세계를 보던 눈을 바꾸고 총칼을 들이댄 타자의 방식에 대응하는 방법을 구상해야 했다. 그래서 신채호는 유교적 전통을 따르는 옳고 그름의 판단을 유보하고 지금의 나와 우리에게 이익과 해가 되는 지점을 나누어 옳고 그름을 판단하는 기준을 정해야 한다고 의식한 것이다.

이런 의식의 전환에서 이미 '아(我)와 비아(非我)의 투쟁'의 구도는 드러난다. 아는 상대적으로 인식되고 획득되는 주체성이다. 보편적 천리(天理)의 질서 안에서 자기의 심성을 수양하고 인간사회를 포함한 세상, 그리고 자연 만물을 포함한 우주적 세계의 보편으로서 세워졌던 불변하는 성리학적 주체는 근대 세계에서 온전히 성립할 수 없었다. 신채호는 이러한 당대의 진리 인식을 역사적 사건 중 하나인 고구려와 당나라의 대립을 두고 설명한다. 입장에 따라 피아가 전환될 수밖에 없다는 신채호의 설명은 근대적 세계 질서를 설명하는 아와 비아의 속성에 대한 설명이기도 하다.

그래서 신채호는 이해가 매양 모순이 있기 때문에 시비도 매양 모순이 있고, 이해가 매양 변천이 있기 때문에 시비 역시 매양 변천할 수밖에 없다고 한다. "오호라! 천시(天時)는 순환하는지라, 그러므로 겨울과 여름의 갖옷과 베옷[冬夏裘葛]이 시의(時宜)에 맞아야 선이라고 함이며, 인사(人事)는 변환하는지라, 그러므로 고례금문(古禮今文)이 경우를 잃으면 악이라 한다"라고 하여 선과 악을 판단하는 것은 그 시대가 어떻게 흘러가고 있는지를 알아야 가능하고, 변화하는 현상에 자기를 적절히 대응해야 살아남을 수 있음을 주장하고 있다.

즉, 시대를 아는 주체의식을 확립해야 하는 것이다. 그러나 정해진 불변의 질서는 이제 없기 때문에 신채호가 구상하는 주체는 변화를 직시하는 주체여야 한다. 그러므로 한 나라의 주체로서 국민이 되어서 생존을 구하게 된 때에는 —이제는 없는— 시비를 가리지 말고 오직 이해를 위해 활동할 뿐이라고 한다. 힘에 굴복하지 않고 생존하는 것이 일 순위의 일이다.

신채호의 이런 판단은 어찌 보면 처절해 보이지만 급박하게 돌아가던 당시 시대 분위기에서는 '아(我)'를 지키기 위한 정확한 주체적 판단이었다고 하겠다. 신채호는 여러 생존의 방식이 있겠지만 여러 방식 중 가장 우리에게 이익이 되는 것을 찾으라고 한다. 만약 칼을 가지고 살육으로 대응함이 우리에게 이롭거든 그렇게 할 것이고, 폭력의 현실에서 비폭력의 태도로 눈을 딱 감고 평화를 찾는 방법이 이롭다면 오히려 그렇게 해도 좋을 것이라 한다.

또 윤리와 도덕으로 터를 잡아 앞길을 개척하는 것이 이로우면 윤리와 도덕에 힘을 써야 하지만, 폭동·암살로 선봉을 삼아 적의 치안을 흔들어 놓는 것이 우리에게 이롭거든 폭동·암살로 우리의 살길을 열어야 할 것이라 주장한다. 대중의 사상적 기반이 되는 종교에 있어서도 불교, 기독교를 가리지 말고 이익이 되는 사상이라 판단된다면 그것을 사용해야 한다는 것이다.

신채호는 우리가 오랜 역사를 가진 민족으로서 지금 쇠망한 이유를 묻다가 결국 '이해에는 어둡고 시비에는 겁이 많았던' 모습들에 기인한다고 결론 내린다. "자기의 이해를 잊고 타인의 시비를 두려워하며, 중국 유자가 '공자가 성인이니 공자를 받드는 것이 옳다'고 하면 문득 그 수천 년 대대로 전한 국수(國粹, 나라 전래의 종교·풍속·언어·역사·관습상 순수하고 아름다운 일체)와 교의를 버리고 이를 좇으며, '중국은 천하의 중심이니 사방 열국이 중국을 존모함이 옳다'고 하면, 문득 그 역대 조종(祖宗)의 독립 자강하던 정신을 잃고 이를 믿어, 이에 공자나 중국에 반대되는 것이면, 천신(天神)의 명(命)을 받아 나라의 호부(護符, 수호 부적) 역할 하던 신라의 화랑도 부수었다"라는 것이다. 신채호의 이런 비판은 대대로 우리에게 이익이 되는 일을 만났어도 우리가 우리를 지배하는 이념에 묶여 주체의식은 물론 우리에게 맞는 삶의 궤적들을 망실해 버렸다는 말이다.

신채호는 1925년 1월 2일 자 『동아일보』에 게재한 「낭객의 신년만필」에서도 비슷한 말을 했다. "석가가 들어오면 조선의 석가가 되지 않고 석가의 조선이 되며, 공자가 들어오면 조선의 공자가 되지 않고 공자의 조선이 되며, 무슨 주의가 들어와도 조선의 주의가 되지 않고 주의의 조선이 되려 한다. … 아! 이것이 조선의 특색이냐. 특색이라면 특색이나 노예의 특색이다"라고 하여 이른바 지난 세월 선(善)이라 믿었던 도덕의 가치들을 노예 도덕의 가치로 전락시킨다. 특히 외래한 사상을 우리식으로 토착화하지 않고 원류 그대로의 것을 지향하니, 결국 문화적으로 대국에 종속되는 풍속을 낳고 종속되는 사상이 만들어진다는 평이다.

중국의 역사서에서 조선을 두고 "조선인의 천성이 어질고 두터워 도(道)로 이끌기가 쉽다"라고 한 것은 타자가 정립한 인의(仁義)와 도덕(道德)이란 이념에 속박되는 경우를 의미한다. 하지만 많은 조선의 사대부 학자들이 이를 칭찬으로 자부한 것은 모두 이해를 모른 채 천하 세계관 아래의 통치 이념에서만 옳고 그름을 찾으려 한 폐단이라고 신채호는 비판한다. 이러한 비판이 계속되는 이유는 나라가 없고 민족도 죽은 현실의 상황에서 정신 차리고 현실을 제대로 보자는 각성에 의한 것이다.

그러나 신채호가 강조한 생존은 식민지 억압의 현실에서 일본에 붙어 일신의 생존을 구하던 매국노에게는 해당하지 않는다. 친일 행위와 의식은 앞서 비판한 노예의 도덕에 해당하는 것이다. 신채호는 『대한매일신보』에 게재한 「일본의 삼대충노」(1908)라는 논설에서 이토 히로부미의 지원금을 받아 창립한 친일단체 '대동학회'의 회장에 취임한 신기선(申箕善, 신채호가 수학했고 신채호를 성균관에 추천한 인물)을 노예에 빗대어 비판했다. 이 글에서 그는 당시 보수 지식인들이 주체적 '아'의 위치를 설정하지 않고, 기존에 중화주의에 귀속되던 관성에 따라 보편의 이름 아래 외래의 이념에 귀의하던 행태를 지적하고 있다.

> 개신(個身)의 생존만 구하다가 전체의 사멸을 이루면 개신도 따라 사멸되니, 그러므로 군자는 개신을 희생하여서라도 전체를 살리려 하며, 구각(軀殼, 껍데기뿐인 몸뚱이)의 생존만 구하다가 정신이 사멸되면 쓸데없는 일부의 취피낭(臭皮囊, 쓸모없는 몸)만 남아 무엇이 귀하리오. 그러

므로 열사는 적국과 싸우다가 전 국민이 백골을 태백산만치 높이 쌓아 놓고 명예의 멸망을 할지언정, 노예 되어 구생(苟生, 구차하게 삶)함은 하지 않으니, 구생은 생존이 아니니라.[2]

나라가 없어진 상태에서 민족이 생존하기 위해서는 이해(利害)가 유교적 시비 판단의 자리를 대신해야 했다. 신채호는 유학의 이상적 인간상인 군자가 지향했던 공(公)적 윤리의식과 도덕관념을 끄집어낸다. 현실에서 살신(殺身)으로 독립을 구하는 열사는 인을 이루는[成仁] 행위와 통한다. 자기 일신의 생존과 안락을 누리기 위해 나라와 민족을 버리는 친일 행위는 공적인 것을 버리고 사(私)적인 윤리를 추구하는 자이다. 곧 대대로 역사에서 노예의 도덕을 가졌던 자들은 신채호 당대의 사적인 윤리와 도덕을 추구하던 자들과 마찬가지 존재이고, 지금의 사적 생존을 추구하는 자들은 전통의 폐단인 사적 윤리를 현실에서 재현하는 자들이다. 그렇다면 이해(利害)는 당시 현실에서 공적인 윤리와 도덕, 그리고 독립을 위한 정의(正義)의 기준이 된다.

---

2 "個身의 生存만 苟하다가 全體의 死滅을 일으면 個身도 딸어 死滅하나니 그럼으로 君子는 個身을 犧牲하여서라도 全體를·살니랴 하며 軀殼의 生存만 求하다가 精神이 死滅되면 쓸대업는 一部의 臭皮囊만 남워 무엇이 貴하리오. 그럼으로 烈士는 敵國과 싸우다가 全 國民이 白骨을 太白山만치 놉히 싸아놋고 名譽의 滅亡을 할지언정 奴隷되여 苟生함은 하지 안하나니 苟生은 生存이 안이니라", 단재신채호전집편찬위원회 엮음, 『단재 신채호 전집』 7, 355~356쪽(申采浩, 「利害」, 『신채호 문학유고선집』, 김병민 엮음, 143~144쪽) 및 623쪽.

3. 「도덕(道德)」

신채호는 세계의 역사를 봤을 때도 겨우 2만밖에 되지 않았던 적은 인구로 페르시아의 백만 대군을 물리쳤던 스파르타가 패망한 이유는 백성의 지적 수준이나 물리적인 힘이 예전만 못해서가 아니라, '민덕(民德)'이 떨어진 까닭이라고 한다. 서구를 통일한 로마의 몰락 역시 마찬가지이다. 신채호는 애국 군자라면 다른 무엇보다도 민덕에 마음을 써야 한다고 말했다. 그렇다면 민덕이란 무엇인가? 신채호는 그것을 바로 '국민 공동의 도덕'이라고 한다. 신채호는 「이해」에서 윤리와 도덕 기준의 변혁을 주장했고 「도덕(道德)」에서는 근세 우리나라의 잘못된 도덕의 폐해를 거론하며 현실의 도덕 실상을 고발한다. 궁극적으로는 우리가 앞으로 지향해야 할 도덕의 모습을 창조적 시각에서 전망하고 있다.

근세 우리나라 도덕의 폐해를 거론한 것을 추려 보면 ① '관념의 오류', ② '복종의 편중', ③ '공사(公私)의 전도', ④ '소극이 크게 심함'으로 나누고 있다. 먼저 신채호는 도덕관념에 대해 "우리나라가 수백 년 이래로 몇몇의 편파한 도덕론이 날뛰어서 해독을 사회에 끼치므로, 도덕이라 하면 강하고 굳셈[剛毅]도 아니며 용맹을 떨치고 의(義)를 취하는 것[勇取]도 아니요, 오직 인유온후(仁柔溫厚)만 도덕이 되는 줄 알며, 도덕자라면 무인(武人)도 아니며, 지인(智人)도 아니요, 오직 시를 읊고, 예를 설하는 문사(文士)라야 도덕자가 되는 줄 알아서, 사회는 문약(文弱)과 일시적인 안일[偷安]에 기울어지게 되고, '지는 것이 이기는 것'이라고 한 말이 한때의 격언이 되었도다"라고 비판한다. 신채호가 봤을 때 이런 것은 지난 도덕관념의 첫 번째 폐해이며, 비아(非我)의 속성으로, 노예성이 잠복해 있는 것에 직접으로 비유할 수 있다. 따라서 이는 근대에 우리가 생존하기 위해 지녀야 하는 도덕관념이 되지 못한다.

도덕관념에 노예성이 잠복해 있다는 신채호의 지적은 전제 시대의 도덕이 전제의 도덕이었기 때문에 발생했다는 관점으로 이어진다. 신하 된 백성은 임금에게 충실히 복종하고, 나이 어린 사람은 나이 많은 사람에게 공경하는 것이 도덕이라고 하니, 신분 계급의 차이가 계층 간 경직을 가져와 사회에 불의(不義)가 횡행하더라도 수정되거나 개정할 수 없고 윗사람의 잘못을 아랫사람이 교정하게 요구하지 못하는 문화를 양산했다는 것이다.

신채호는 이를 두고 "온 세상을 몰아 노예로 만드는 것이니, 노예 가운데서 충신은 나겠지만 혁명가는 나지 못할 것이며, 편협하고 융통성 없는 학자[拘儒]는 날지언정 파괴자는 나지 못할 것"이라고 평가했다. 파괴는 오래된 구식을 깨고 새로운 도덕을 제시할 수 있는 도덕 전반의 혁명이다. 파괴는 또한 전도된 공사(公私) 관념을 재정립하는 일이기도 하다.

> 무릇 개인이 개인에 대한 도덕은 사덕(私德)이요, 개인이 사회나 국가에 대한 도덕은 공덕(公德)이다. 만일 양덕(兩德)의 대소경중(大小輕重)을 말하자면 물론 공덕이 중(重)하고 사덕이 경(輕)하며, 공덕이 대(大)하고 사덕이 소(小)하거늘 오래전부터 내려오면서[自來, 自古以來] 유가의 도덕은 이를 전도하여 항상 군신(君臣)의 의(義)와 부자(父子)의 은(恩)과, 부

> 부(夫婦)의 예(禮)와 붕우(朋友)의 신(信)을 말하니, 이는 모두 개인 개인의 서로 관계되는 사덕(私德)뿐이다. 국가에 대하여 어떻게 하며, 사회에 대하여 어떻게 하라는 논술은 없도다. … 우리 국민이 아비가 아들 사랑하듯이, 서방이 아내 사랑하듯이, 그 나라를 사랑하는 공덕(公德)이 있었으면 4243년 8월 29일[단기 4243년(1910) 8월 29일, 경술국치]의 그날에 그렇게 적막하지 않았으리라. 이와 같이 경중이 바뀐 도덕이 어찌 멸망케 할 도덕이 아니뇨.[3]

신채호가 공덕과 사덕을 비교하면서 대소경중의 차이를 언급하는 부분은 『맹자(孟子)』의 "백성이 가장 귀하고, 사직이 그다음이며, 임금이 가장 가볍다[民爲貴, 社稷次之, 君爲輕]"가 연상된다. 맹자의 말 또한 유가의 정치철학에서 정치적 공공성을 강조한 의미를 담고 있다. 신채호가 동양철학적 소양으로 발언할 때는 성리학의 이학(理學)적 지식을 동원하기보다 실천적이고 현실주의에 가까운 선진유학의 공맹철학의 면모를 자주 드러낸다.

---

3 "무릇 個人이 個人에 對한 道德은 私德이오, 個人이 社會나 國家에 對한 道德은 公德이다. 만일 兩德의 大小輕重을 말하자면 勿論 公德이 重하고 私德이 輕하며, 公德이 大하고 私德이 小하거늘 自來 儒家의 道德은 이를 顚倒하여 항샹 君臣의 義와 父子의 恩과 夫婦의 禮와 朋友의 信을 말하니 이는 모다 個人個人의 서로 關係되는 私德뿐이라. 國家에 對하연 엇더케 하며 社會에 對하연 엇더케 하라는 論述은 업도다. … 우리 國民이 아비가 아들 사랑하드시 서방이 안해 사랑하드시 그 나라를 사랑하는 公德이 잇섯스면 四千二百四十三年 八月 二十九日의 그날에 그러케 寂寞하지 안하엿스리라. 이와 갓히 輕重이 박귄 道德이야 엇지 滅亡케 할 道德이 안이요", 단재신채호전집편찬위원회 엮음, 『단재 신채호 전집』 7, 363쪽(申采浩, 「利害」, 『신채호문학유고선집』, 김병민 엮음, 153쪽) 및 628~629쪽.

비록 신채호가 당시의 실정을 묘사할 때 서양의 역사와 서양철학의 개념들을 곧잘 사용했고 지성사의 굴곡이 서구에서 들어온 'philosophy'의 영향이 강해지던 시기였지만, 공공성에 대한 인식에 있어서는 동양사상의 정수를 충분히 사용한 것으로 보인다. 물론 그렇다고 해서 전통의 도학(道學)이나 이학적 사고에 속박되지는 않았다. 「이해」에서도 그랬지만 신채호가 보기에 도덕은 시간과 공간을 초월한 절대불변의 보편적 관념이 될 수 없었고 민족의 생존과 나라의 운명이 걸린 문제를 두고 근대 세계를 해석하기 충분치 않은 전통 철학에 전적으로 의존하기란 불가했다.

신채호가 말한 '국민 공동의 도덕'인 '민덕'은 '공덕'이며 공덕의 의미를 좀 더 확장시킨 공공성은 근대국가체제에서 가장 중요한 요소라고 할 수 있다. 근대적 공공성을 확보하기 위해서는 국민들의 적극적이고 능동적인 주체의식이 필요하다. 그러나 문화 전반에 소극성이 심하여 의(義)에 반드시 나아가라는 격려보다는 불의에 굽히지 말라, 또 예를 반드시 행하라기보다는 예가 아니면 행하지 말라(非禮勿動)는 식의 경계가 잦아서, 적극적인 도덕 실천의 방향보다는 경계와 주의에 신경 쓰는 금지의 언사가 체화된 것이 동양도덕의 결점이라고 지적한다. 이것이 을사늑약과 경술국치의 난세에 구세의 길로 나아가지 못하는 이유라는 것이다.

실제로 신채호의 이런 지적은 통계로 입증된다. 1919년 3·1운동에 3월 1일부터 4월 30일까지 만세를 부른 사람이 전체 인구 16,788,400명 중 2.76%인 463,086명이었고, 1907년부터 1911년까지 의병들의 무력투쟁이 전체 인구 1312만 명 중 1.1%인 약 14만 명이었다. 사실 적극적인 저항에 실패했다고 봐야 할 것이다. 또 이런 결과는 조선 또는 대한제국 시기 망국의 조건인 민덕의 부재를 의미한다. 이에 신채호는 이렇게 말한다. "갑과 을이 있어 갑이 '공(功)을 못 이루거든, 죄나 아니 지으리라'라고 하며, 을은 '공이 없을진대, 죄라도 지으리라'라고 한다면 나는 갑의 말을 버리고 을의 말을 좇고자 할 것이다."

신채호는 도덕의 현실을 진단한다. 나라 없는 망국민(亡國民)으로서 나라 있는 유국민(有國民)의 도덕과는 달라야 할 것이라 한다. "도덕은 하나뿐이지만 그 조건은 경우를 따라 변천되는 까닭에, 전제 시대 충군의 윤리가 공화(共和) 시대에 맞지 않으며, 승평화(昇平和) 대안민(代安民)의 주의가 파괴(破壞) 시대에 맞지 않으니 우리는 누구인가?"라는 스스로의 물음에 그는 ① '유제한적(有制限的) 도덕', ② '무공포적(無恐怖的) 도덕', ③ '국수적(國粹的) 도덕'을 제시한다.

신채호는 유제한적 도덕을 논하면서 자신은 예부터 내려오는 가족주의적 도덕을 버리고, 또 유교의 도덕을 배척하였음을 밝힌다. 한편 당시 최신 논의로 유행하던 문화주의나 세계주의, 황인종 단결에 대한 주장과 인류박애의 주장을 몰지각한 자들의 망상과 외세에 아첨하는 속류들의 행태라며 탄식한다. 중국의 양계초(梁啓超)와 같은 큰 규모의 민족론과는 달리 신채호는 보국(保國)의 입장에서 친일과 동양주의에 경도된 자들이 민족적 아를 상실하고 타국 중심으로 아의 존속을 꾀하려는 것과 다름없다고 비판한다. 가족주의가 진보되어 국가주의로 나갈지언정 세계주의에는 미치지 말자는 것이다. 자국을 보존해야 민족아(民族我)가 상실되지 않기 때문이다.

도덕의 제한을 정하는 것은 결국 보국의 입장에서 아를 지키기 위함이므로 도덕의 범위를 국가에 복리(福利)가 되는 선상에서 정해야 한다. 이때 두려움 없는 적극성은 근대사회에서 이해(利害)를 기준으로 사회 전반의 도덕을 정립하는 일이다. 망국의 현실에서 신채호의 급박하고 절실한 내면이 그대로 드러나는 대목이기도 하다.

국가를 위해서는 붓을 잡는 것도, 칼을 잡는 것도, 스파르타와 같이 남의 것을 빼앗거나, 고대 몽골과 같이 전쟁에서 살육을 즐기는 것도 도덕이 될 수 있을 것이라고 말한다. 신채호의 이런 주장을 지금 통용되는 부정적 의미의 국수주의 사고로 이해할 수도 있겠으나 신채호가 말한 국수적 도덕은 우리의 고유성을 가리킨다. 우리 고대 역사에서 활약한 신라의 화랑과 수많은 열사, 전장에서 보여 준 용맹함, 순절의 지조 등은 말세에 인심이 바뀌고 풍속이 무너지기 이전의 모습이며, 오늘날 수습하여 신도덕의 정립을 위해 발휘할 만한 조목들이다. 신채호가 앞서 동양사상의 문제점들을 지적한 것은 중국에서 유입되어 사회와 문화 전반에 고질병이 된 외래의 도덕이다.

> 우리 전도(前途, 앞으로 갈 길)에 구도덕이 옳고 신도덕이 그르면 구도덕을 주장할지며, 신도덕이 옳고 구도덕이 그르면 신도덕을 주장할지며, 신구의 도덕이 다 그르면 제삼도덕(第三道德)을 건설할지라.[4]

---

4 "우리 前途에 舊道德이 올코 新道德이 그르면 舊道德을 主張할지며 新道德이 올코 舊道德이 그르면 新道德을 主張할지며 新舊의 道德이 다 그르면 第三道德을 建設할지라", 단재신채호전집편찬위원회 엮음, 『단재 신채호 전집』 7, 367쪽(申采浩, 「利害」, 『신채호문학유고선집』, 김병민 엮음, 157쪽) 및 632쪽.

위의 인용문은 신채호가 「도덕」에서 마지막으로 강조하는 부분이다. 신채호가 추구한 것은 20세기의 도덕이었으며 새로운 도덕관념을 정립하는 것이었다. 도덕관념의 재정립은 다시 말해 기존 철학사상의 새로운 전환을 의미하며 전근대적인 유산과의 절연은 그 시작을 상징한다. '신구의 도덕이 다 그르면 제삼도덕을 건설'한다는 대목에서 신채호가 추구하는 사상적 진화의 틀은 역사 조건의 변화에 따라 매우 창조적인 형태로 발전될 가능성을 이미 보여 준다. 향후 신채호가 아나키즘을 수용하여 자기 철학의 주체를 민중에 두고, 민중의 직접혁명으로 한국의 독립과 인간사회의 근원적 모순 구조를 타파하려는 구상을 세운 것은 현재와 미래를 연결하는 제3의 길에 잘 어울리는 발상이었다.

4. 나오며

「이해」와 「도덕」은 단순히 시공의 변화에 따라 도덕관념이 변화한다는 입장을 담고 있지는 않다. 어려운 현실을 직시하고 극복하려는 변혁의지가 담겨 있고 사회와 문화 전반에서 전근대적인 요소를 털어 내고 근대적 철학사상으로의 전환을 꾀하는 내용으로 이루어져 있다. 종합해서 말한다면 이른바 신채호의 사회와 문화혁명론이라고도 하겠다.

그는 현실에서 폐해로 나타나는 것들과의 의도적 단절, 그리고 그것을 다시 성찰함으로써 '비도덕률의 도덕률'을 극복하려 했다. 사상 안에 잠복해 있는 노예근성을 타파하려는 혁명적 도덕철학의 기초를 세운 것이고 전제군주제와는 다른 근대국가체제에서 가장 중요하게 여기는 공과 사의 의미와 범위를 비교적 구체적으로 제시했다고 볼 수 있다.

신채호는 '이로움과 해악[利害]'을 새로운 시대에 새롭게 적용시켜 암울한 시대에 앞으로의 도덕률에 적용하려 했다. 이것은 개인의 사사로운 이해타산의 문제를 떠나 있다. 동시에 민족주의나 국가주의적인 이해(利害)문제의 한계에 걸쳐 있지도 않다. 당시 피압박 민족의 자유에 대한 열망과 평등의 요구 같은 가장 기본적인 문제의 해결을 도모하고, 시대의 모순을 돌파하려는 순절(循節)한 의지가 담겼다. 신채호가 자신의 철학사상을 전개하면서 자기가 만족하는 새로운 도덕의 길을 결국 찾았는지는 확인할 수 없지만, 적어도 「이해」와 「도덕」을 통해 신채호가 평생 가려던 길이 어떠한 길인지는 짐작하게 한다. 신채호의 글을 읽는 우리에게는 큰 다행이 아닐 수 없다.

참고자료

단재신채호선생기념사업회 엮음(1995), 『단재신채호전집(개정판)』 하, 형설출판사.

단재신채호전집편찬위원회 엮음(2008), 『단재 신채호 전집』 7, 독립기념관 한국독립운동사연구소.

박정심(2016), 「신채호의 근대적 '道德'에 관한 연구」, 『동양철학연구』 87, 동양철학연구회.

신복룡(2001), 『한국사 새로 보기』, 풀빛.

역사학연구소(2002), 『강좌 한국근현대사』, 풀빛.

한국철학사상연구회(2015), 『처음 읽는 한국 현대철학』, 동녘.

한국철학사상연구회(2018), 『길 위의 우리 철학』, 메멘토.

『GHQ 문서』에 담긴 해방 전후 한반도와 패전 일본

송병권

상지대학교 아시아국제관계학과

1. 『GHQ 문서』란 무엇인가?

『GHQ 문서』가 무엇인지에 대해 말하려면, 먼저 GHQ가 무엇인지를 이야기해야 한다. GHQ 혹은 GHQ/SCAP는 연합국 최고사령관 총사령부(General Headquarters/Supreme Commander for the Allied Powers, 이하 GHQ/SCAP)를 의미한다. 그리고 일본의 항복 후에 도쿄에 설치된 GHQ/SCAP의 점령 활동 과정에서 생산된 문서군을 『GHQ/SCAP 문서』, 혹은 줄여서 『GHQ 문서』라고 부른다.

이 문서들은 미국 메릴랜드주 컬리지파크에 소재한 국립문서기록관리청(National Archives and Records Administration)에 331문서군(RG331)으로 소장되어 있다. 이 문서군은 현재 일본 국립국회도서관에 대부분이 마이크로 자료로 복제되어 소장되어 있으며, 인터넷을 통해 공개되어 있다. 우리나라에도 일부 문서가 국사편찬위원회, 국립중앙도서관 등에 복제되어 소장되어 있다.

우리가 『GHQ 문서』에 관심을 두는 이유는 연합군의 일원인 미군이 일본 점령과 함께 한반도 남부를 점령한 이래, 남한의 정치·경제·사

그림 19-1. 마이크로 자료로 정리된 『GHQ 문서』

회·문화에 관련된 점령행정 및 점령정책에 GHQ/SCAP가 관여하였기 때문이다. 또 이에 따라 한반도 남부를 점령한 주한미군이 설치한 주한 미군정의 점령 활동에 수반된 한반도 점령정책의 향방도 GHQ/SCAP의 영향력 아래에서 결정되었기 때문이기도 하다.

GHQ/SCAP의 점령행정의 범위는 일본만이 아닌 한반도 남부, 오키나와 등지에 퍼져 있었으며, 한반도 남부를 점령한 주한미군의 보고체계가 도쿄의 GHQ/SCAP로 정해져 있었기 때문에, 주한 미군정의 점령행정 및 점령정책 관련 자료 역시 『GHQ 문서』에 포함되었다. 그리고 도쿄에서 생산된 『GHQ 문서』에도 한반도 관련 점령정책의 수립, 시행에 관련된 문서가 포함되어 있다. 또 현지 점령 당국을 사실상 구성한 미군 점령 당국 중간지령권의 활용으로, 일본과 한반도 남부에는 미국의 점령정책 및 동아시아정책의 영향력이 강하게 작용하였으며, 이에 따라 미국에서 점령 당국에 보낸 정책문서도 『GHQ 문서』에 포함되어 있으므로, 미국의 한반도와 패전 일본에 대한 정책 결정 과정도 들여다볼 수 있다.

이런 의미에서 한국현대사, 일본현대사, 동아시아 냉전 등에 관련한 연구를 수행할 때, 『GHQ 문서』는 중요한 위치를 점하고 있다.

2. GHQ/SCAP는 미국의 기관인가? 연합국의 기관인가?

태평양 지역의 전쟁에서 일본군이 수세에 몰리자, 미 남서태평양군 총사령부(GHQ/SWPA) 맥아더 사령관은 미 태평양 육군 총사령부(GHQ/AFPAC)의 지휘를 맡았다. 일본의 항복을 목전에 둔 미국 정부는 1945년 8월 14일(미국 현지는 8월 13일)에, 미 태평양 육군(AFPAC) 총사령관 맥아더를 연합국 최고사령관(SCAP)에 임명하였다. 이로써 맥아더는 연합국 최고사령관으로서 일본 본토 점령의 비군사적 활동을 감독할 권한과 함께 미 태평양 육군 총사령관(나중에는 극동군 총사령관)으로서 오키나와, 남한의 점령군을 책임지고, 필리핀, 남태평양 및 중태평양에 전개된 미군에 대한 지휘권도 가지게 되었다.

연합국에 대한 일본제국의 무조건 항복으로 GHQ/SCAP는 일본 본토를 점령하고 샌프란시스코 강화조약까지 7년여 동안 진주했으며, 한반도의 경우에도 연합국 중 미국의 점령지역으로 남한이 지정되어 약 3년간에 걸쳐 미군정이 실시되었다. 일본 본토를 점령한 GHQ/SCAP와 이중구조를 형성한 태평양 방면 미 육군 총사령부(GHQ/CINCPAC, 나중에 미 극동군 총사령부 즉 GHQ/FEC) 휘하에 남한을 점령한 주한미군(USAFIK) 및 주한 미군정(USAMGIK)이 배치되었다. GHQ/SCAP는 대부분 미군으로 구성되었으므로, 일본과 그 식민지였던 한반도 남부는 미군의 실질적인 점령하에 들어가, 미국의 동시점령 구조가 형성되었다.

그림 19-2. 도쿄에 설치된 GHQ 본부

1945년 10월 2일 군정국과 부국들을 포괄할 기구로서 GHQ/SCAP가 연합국 최고사령관의 참모 기능을 수행할 목적으로 설치되었다. GHQ/AFPAC에 설치된 군정국 및 여기서 전개된 특별참모부의 각 부국은 미 점령군의 기능 중 하나였다.

이 중첩적 조직편성은 GHQ/SCAP와 유사성을 보여 준다. 또한, GHQ/SCAP는 일본 점령을 목적으로 설치된 조직으로 간접통치 방식이지만 그 임무는 통치의 모든 측면을 아우르고 있었다. 따라서 GHQ/SCAP는 연합국의 하부조직으로 군사적 통치를 일시적으로 담당하는 기관을 넘어서는 대일점령통치의 중요한 기구로서 연합국 결정에 근거한 미국 정부의 명령을 집행하는 위치에 있었다. GHQ/AFPAC와 GHQ/SCAP의 특별참모부들은 인력과 기능에 있어 서로 중복된 부분이 많았기 때문에 GHQ의 이중구조라고 부르기도 한다. 따라서 GHQ/SCAP는 연합국의 기관이면서 실질적으로는 미국의 점령정책이 직접적으로 전달되어 시행될 수 있는 구조를 가지게 되었다.

점령군 총사령관으로서 맥아더의 지위를 살펴보면, 천황 및 일본국 정부의 국가통치 권한을 자신에게 종속시키고, 일본 항복문서의 조항을 집행하는 주체로 규정되었다. 즉, 일본의 항복 조항 및 포츠담 선언을 집행하는 일본에서의 유일한 기관으로 군림하여 광범위한 재량권을 행사할 수 있었던 것이다.

맥아더는 이처럼 미군 총사령관이면서 동시에 연합군 총사령관이라는 이중의 직책을 활용하여, 일본은 물론 한국의 점령행정에 미국의 점령정책 시행이란 임무를 수행함과 동시에, 때에 따라서는 자신의 정치적 입지를 확보하기 위해 미 본국과 대립할 때는 연합군 총사령관이라는 직책을 충분히 활용했다고 볼 수 있다.

3. GHQ/SCAP 점령통치기구의 중층성

GHQ/SCAP 점령행정에서 한반도 남부와 일본의 통합 운영이 가장 명확히 드러난 곳은 도쿄에 본부를 둔 GHQ/SCAP 특별참모부 각 부국에 조선 관련 임무가 일본과 함께 부여되고 있었던 부분이다. 전술한 바와 같이 도쿄의 연합군 점령기구는 이중구조로 되어 있었는데, 미국의 점령지역이었던 한반도 남부에서도 점령군의 구조는 마찬가지로 이중구조였다. 한반도 남부를 점령한 GHQ/AFPAC 휘하의 하지 중장을 사령관으로 하는 제24군단(XXIV Corps)은 미 태평양 육군 총사령관 맥아더의 휘하에 있었다.

제24군단은 오키나와전투에 참여한 후 제10군에서 전출되어 미 태평양 육군 직할이 되었다. 지방 군정 기관은 사실상 GHQ/SCAP에 소속된 것이라기보다는 GHQ/AFPAC를 위시한 점령군, 주로 미 육군 제8군의 체제에 편입되어 있었다고 할 수 있다.

그림 19-3. 서울에 설치된 제24군단 사령부

1946년 4월 미 태평양 육군의 편제 속에는, 일본을 점령한 제8군, 한반도 남부를 점령한 제24군단, 중부 태평양 육군, 서부 태평양 육군, 육군 소속 항공군(이후 미 태평양 공군)이 속해 있었다.

한편, 1947년 미 극동군 총사령부로 재편된 이후 해당 사령부의 임무는 일본과 한반도 남부의 점령을 지원하는 것이었다. 현지 점령군 사령관인 하지의 역할을 무시할 수는 없으나, 맥아더 사령관은 한반도 이남 지역을 자신의 점령지역으로 고려하면서, 점령정책을 실행하게 되어 있었다. 따라서, 대한·대일정책문서들에서 규정되어 있던 것처럼 한반도 남부와 일본을 완전히 단절할 수가 없었다.

한편, GHQ/SCAP에서도 일본 점령기구로서의 업무 속에 한반도 남부의 점령행정과 관련된 업무가 포함되어 있었다. 즉, 1945년 10월부터 1948년 3월까지, GHQ/SCAP 특별참모부 중 9개 부국은 부서의 설치 목적에 일본과 함께 미군이 점령한 한반도 남부에 대한 점령행정 업무가 부여되어 있었다. 예를 들면, 전후 일본 헌법 제정의 주역이었던 민정국(Government Section, GS)은 "한국의 군정 및 일본의 민사 정부의 내부 구성에 관하여 연합국 최고사령관에게 조언"하기 위해 설치되었고, 산하에 행정과(Administration Division)와 함께 조선과(Korean Division)를 품고 있

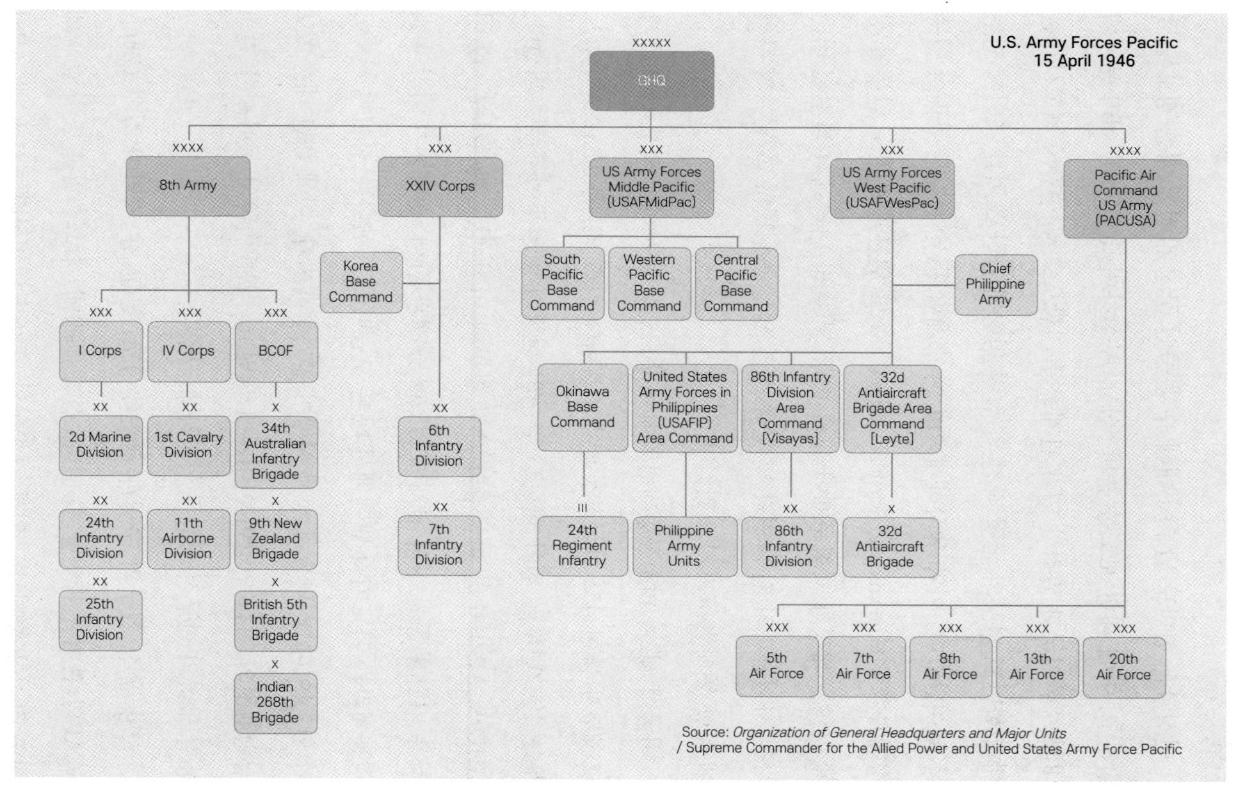

그림 19-4. 미 태평양 육군 편제(1946.4.15~현재)

었다.

민정국은 한반도 남부에 대해 수행 중인 군정 작전에 대한 정보를 담당하고, 이에 대한 보고를 준비·심사·분석하며, 군정상의 여러 문제에 대해 주한미군과 밀접한 연락 관계를 유지함으로써, 연합국 최고사령관에게 한반도 남부의 군정 작전 및 점령 명령에 관한 조치를 조언할 임무를 부여받았다. 이와 유사하게 이번에 소개할 문서와 깊은 관련이 있는 경제과학국(Economic and Scientific Section, ESS)도 일본과 한반도 남부의 경제·사업·재정과 과학문제에 대해 미국 및 여타 나라에서 파견된 비군사적 사절단과의 업무 연락 및 활동 조정 업무를 담당하고, 일본의 무역에 대한 통제권을 가지고 있었다.

미국이 제2차 미소공동위원회에서 주도권을 확보하기 위해 남조선 과도정부가 들어서고 한국화정책이 추진됨에 따라, GHQ/SCAP 특별참모부는 1947년부터 점차 한반도 남부의 점령행정 업무에서 해제되었다. GHQ/SCAP가 주한 미군정의 군정 활동에 일정 정도 관여하게 되었던 것은 명령 계통상 상하 관계에 있었다는 점과 함께, 신탁통치 이전의 점령통치라는 과도기적 단계에서 나온 모습이기도 했다는 점이 중시되어야 할 것이다. 신탁통치 정책 시행이 불가능해지자, 이에 대한 대응으로 점령행정의 기간 연장이 이어지게 되었고, 이는 미국의 동아시아 지역통합 구상의 선구적 경험을 형성하게 되었다.

지방 군정 기구의 수립과 관련해서도, 한일 양 지역에 걸친 GHQ/SCAP의 관여를 확인할 수 있다. 점령 후기에 이르러 일본 통치 운영에 대한 감시를 중지하고 일본 관공청의 자치를 인정한다는 GHQ/SCAP의 방침에 따라, 지방 군정 조직의 축소, 개조 등이 이루어졌다. 1949년 7월 1일에 군정(Military Government)을 민정(Civil Affairs)으로 대체하고, 이어서 각 도·부·현의 민정반이 1949년 11월 30일까지 폐지되었다. 1949년 12월 31일에는 제1군단과 제9군단의 민정부도 폐지되었다. 1950년 1월 1일에는 홋카이도 민정 지구와 각 지방 민정 관구 및 제8군 사령부 민정부(Civil Affairs Section)가 GHQ/SCAP의 특별참모부로 새로 설치된 민사국에 이관되었다.

미 태평양 육군 총사령관 맥아더의 명령에 따라, 당시 마닐라에 있던 제33·제34·제35군정중대가 제8군 배속에서 해제되어 제24군단에 배치되었고, 제26·제27·제28 및 제33·제34·제35군정중대 등 총 6개의 중대 지휘관, 법률, 경제 및 보안 장교들이 마닐라를 떠나 한국으로 향하면서 군정중대가 본격적으로 남한에 배치되었다. 그런데 지방 군정 기구의 편제 번호순으로 한일 지역 군정 기구를 재구성하면 한국과 일본의 군정 기구의 순서가 뒤섞여 배치되고 있었다. 맥아더 사령관이 지휘하는 두 개의 GHQ에 의해, 군정중대가 배치됨으로써 한일 양 지역에 걸쳐 중층적 통치구조가 전개되어 있었다는 것을 확인할 수 있는 것이다.

마찬가지로, 정보 검열 부분에서도 한일 양 지역에 대한 중층적 통치구조를 확인할 수 있다. GHQ/SCAP에 속한 특별참모부 중 민간첩보부(Civil Intelligence Section, CIS)는 사실은 이름뿐인 부국이었는데, 실제로는 GHQ/AFPAC의 특별참모부로 설치된 대적첩보부(Counter Intelligence Section, CIS)가 그 업무를 담당하였다. 이 대적첩보부의 하부조직이었던 민간검열지대(Civil Censorship Detachment, CCD)는 민간인의 사상 및 여론

동향을 파악하기 위한 검열 활동에 종사했는데, 그 범위는 일본과 한반도 남부에 모두 걸쳐 있었다. 그중 1·2·4지대는 일본을, 3지대는 한반도 남부를 담당하였다.

3지대는 한반도 남부 지역 민간통신첩보대(Civil Communication Intelligence Group-Korea, CCIG-K)로 명칭을 변경하였다. CCIG-K는 상부 기관인 민간검열지대의 지휘명령에 따라야 했고, 제24군단이나 주한 미군정 어느 쪽 휘하에도 들어가 있지 않았기에, 책임소재가 애매한 비공식적 구두 지령을 받을 뿐이었다. CCIG-K가 민간검열지대로부터 이탈하여 제24군단으로 이관된 것은 1947년 7월 15일이었다. 이때에 이르러 비로소 민간검열지대가 가지고 있던 CCIG-K에 대한 작전 지휘권은 하지 사령부로 넘어갔다.

4. 미국의 점령지 경제재건 계획 속에 나타난 한반도와 패전 일본

미국이 취했던 비군사화 및 민주화라는 점령정책의 기조는 동아시아 냉전의 심화와 함께 점령지 경제재건 계획으로 이어졌다. 대한민국 정부의 수립과 함께 점령하 일본과 오키나와 지역 사이의 경제재건문제는 제국 일본과 식민지 조선의 경제 관계의 붕괴 이후 동아시아 지역 단위의 경제재건에서 핵심 문제 중 하나로 부상하였다. 미국의 점령지 경제재건 계획 문서를 살펴봄으로써 한반도와 패전 일본의 국내적 경제재편 및 동

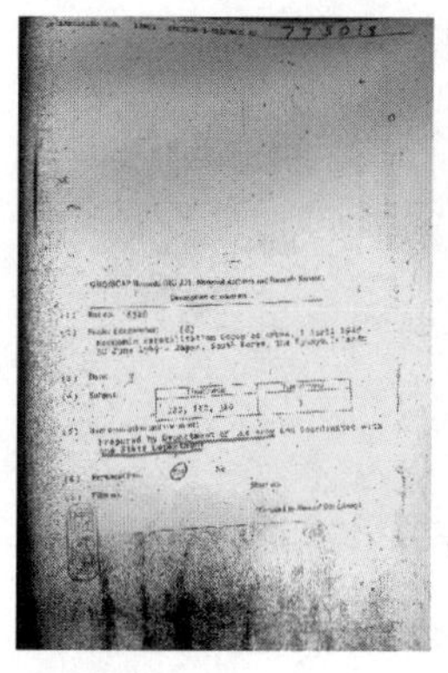
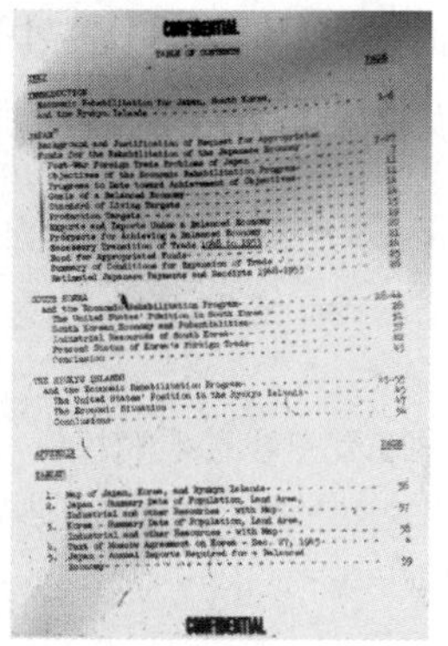
CONFIDENTIAL

TABLE OF CONTENTS

CONFIDENTIAL
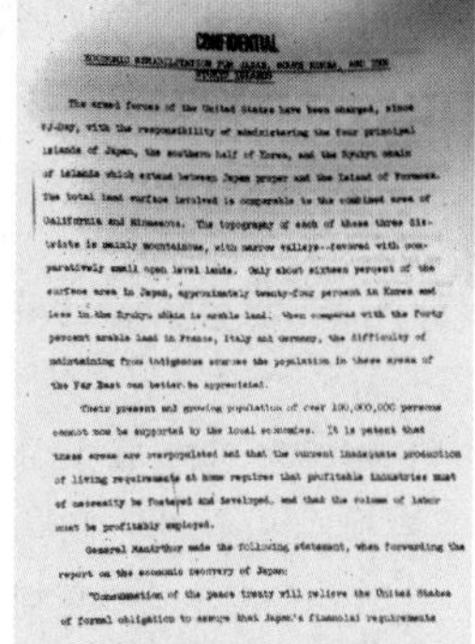
CONFIDENTIAL

그림 19-5. 331문서군, 『GHQ/SCAP 문서』, 경제과학국, 상자 번호 6326: 「경제부흥, 점령지, 1948.4.1~1949.6.30, 일본, 남한, 류큐제도」, 미국 육군부 작성, 미국 국무부 협력, 미국 문서기록관리청 소장[1]

아시아 지역 단위의 경제구조재편 계획을 파악해 보도록 한다.

이와 관련하여 소개할 문서는 위와 같다.

이 문서의 핵심 내용은 제국 일본과 식민지 조선의 경제 관계가 붕괴된 이후, 동아시아 지역 단위의 경제재건을 위한 경제재편 계획을 다루고 있다. 미국 국립문서기록관리청과 일본의 국회도서관은 공동으로 『GHQ 문서』를 정리하면서, 문서의 첫머리에 문서의 제목과 주제에 대한 간단한 인덱스를 부여하였다. 이에 따라 이 문서는 '020: 점령정책 일반(Occupation Policy General)', '110: 극동의 외국 사정(Foreign Affairs in the Far East)', '510: 경제정책(Economic Policy)' 등 크게 3가지로 주제가 분류되었

---

1 RG331, *GHQ/SCAP Records*, ESS, Box No. 6326: "Economic Rehabilitation Occupied Areas, 1 April 1948~30 June 1949, Japan, South Korea, The Ryukyu Islands", prepared by Department of the Army and Coordinated with the State Department, NARA.

다. 즉, 극동의 점령정책 중 경제정책을 다룬 점령문서라는 의미이다.

이 문서의 목차를 보면, 다음과 같다.

|「경제부흥, 점령지, 1948.4.1~1949.6.30, 일본, 남한, 류큐제도」의 목차 |

1. 머리말: 일본, 남한, 류큐제도를 위한 경제재건
2. 일본: 일본 경제재건을 위한 적정 자금 요구의 배경과 정당화 논리
   - 일본의 전후 대외교역문제
   - 경제재건 계획의 목적
   - 목적의 성취를 위한 일정
   - 균형 잡힌 경제 목표
   - 생활 수준의 목표
   - 생산 목표
   - 균형 잡힌 경제하의 수출과 수입
   - 균형 잡힌 경제 달성의 전망
   - 무역 필요성의 전이, 1948~1953
   - 승인 자금용 수요
   - 무역 팽창 조건의 요약
   - 일본의 지불 수지 평가액, 1948~1953
3. 남한: 경제재건 계획
   - 남한에서의 미국의 지위
   - 남한 경제와 잠재력
   - 남한의 산업 자원
   - 남한 대외무역의 현 상황
   - 결론
4. 류큐제도: 경제재건 프로그램
   - 미국의 류큐에서의 지위
   - 경제 상황
   - 결론
5. 부록, 표

머리말에서는 일본, 남한, 류큐제도에 대해 경제재건을 도모해야 할 필요성에 대해 논의를 하고 있다. 먼저, 매년 10만 명씩 증가하는 일본의 현재 인구를 일본열도를 단위로 한 로컬 경제가 감당할 수 없다는 점을 지적한다. 일본의 경제회복을 지원하는 것은 지금까지 일본에 지출된 미국의 자금을 헛되이 하지 않고, 일본에 민주주의를 부식하기 위한 수익성 있는 투자라는 맥아더의 주장을 인용하며, 일본과 류큐제도라는 점령지의 경제자립은 최종적으로는 미국 원조자금의 점진적 감소를 가져올 것이라는 주장을 펴고 있다. 이는 현지 로컬 경제의 자립 달성이 미국 납세자의 부담을 경감한다는 논리로 이어진다. 로컬 경제의 재건을 위해서는 일본을 포함한 동아시아 지역의 사업 생산의 증가와 교역 확대가 필수적인데, 미국의 원조 공여는 이들 국가의 자립 수준을 끌어올려 로컬 경제의 생산을 위한 원료 조달을 감당할 수준의 재건을 돕는 데 사용한다는 것이다. 즉, 미국의 점령정책에서 나타난 경제재건 구상은 일본에 국한된 것이 아니라, 동아시아 지역 단위의 경제재건과 맞물려 있었다는 것을 알 수 있다.

다음으로 패전 일본에 대해서는 먼저, 전쟁으로 인해 붕괴된 일본의 경제 및 재정 금융의 안정이 필요하다는 진단을 내렸다. 이를 위해서는 원활한 원료 수입이 필요한데, 이 수입 자금의 축적은 미국 등 달러 권역에 일본의 수출을 극대화함으로써 확보할 수 있다는 것이다. 이렇게 원료 수입 자금을 확보하기 위한 수출을 통한 자금확보 전략을 활성화하기 위해 점령 당국은 일본의 패전 이후 금지된 외환거래를 위한 협정을 체결하여 외화자금을 확보할 수 있도록 해 주어야 한다는 것이다.

그렇다면 이렇게 한때 적국이었고, 당시 점령하에 놓여 있었던 일본의 경제자립 기반을 마련하려는 의도는 무엇일까? 이에 대해서 일본의 지정학적 위치에 대한 평가가 이어진다. 일본이 놓인 지리적 위치와 전전의 산업발전에 주목하여, 일본을 동아시아 지역에서의 경제부흥을 위한 중심에 놓고자 하는 것이었다. 미국이 평가하기에 일본의 경제적 자립은, 일본을 중심으로 한 한국, 북중국, 만주의 경제와 밀접한 경제적 연관을 가지는 것이었다. 마치 유럽 지역에서 한때 적국이었던 독일을 유럽의 공장으로 삼아 유럽의 경제재건을 도모하는 것과 유사한 것이었다.

한편, 미군의 남한 점령목적은 법, 질서 유지와 민간 원조에 책임을 지기 위한 것이라고 평가하고 있었다. 여기에는 남한 자체적인 경제재건을 위한 계획은 당연히 들어 있지 않았다. 남한의 경제재건은 동아시아 지역 단위의 경제재건과 연계되어 가능한 것이었고, 동아시아 지역 단위의 경제재건을 위해서는 일본의 경제재건이 필요하다는 논리에 서 있었다.

그다음으로 미 육군부가 요청한 원조 계획(1949 회계연도)을 위한 자금 요청의 정당화를 위한 내용을 담고 있었다. 한국을 위한 원조 계획은 식량, 농산물, 의약품 원조 등이 주 내용이었다. 그것은 구호 원조를 기반으로 경제적 혼란과 정치적 불안정을 방지하려는 것에 국한되어 있었다.

여기에는 1947년 당시의 상황이 반영되어 있었다고 볼 수 있다. 즉, 유엔 결의안에 따른 남북 총선거를 통한 통일정부 수립이란 정책목표를 달성하기 위해서는 소련의 남한 지배 가능성을 방지해야 했다. 공산주의자가 지배하는 북한 지역의 경제적·정치적 공세에 저항할 수 있게 하려고, 남한 지역의 정치적·경제적 안정을 확보하려 했다.

류큐 즉 오키나와 지역에 대해서는 오키나와에 미군기지가 집결해 있는 현재 상황을 방불케 하는 전략적 평가가 무엇보다도 중시되었다. 이미 미국은 류큐에 육군, 해군 시설을 건설하고 운영하고 있었다. 류큐 원주민을 대상으로 한 점령목적은 현상 유지정책 즉, 혼란 방지와 질병 예방을 위한 연간 지출 경감을 목표로 류큐 부흥 계획 수립이 필요하다는 정도의 논의가 이루어지고 있었다. 류큐의 경제부흥 계획도, 동아시아 지역 단위의 경제부흥을 추동할 일본 경제의 재건과 연계되어 있었다고 할 수 있다.

5. 『GHQ 문서』를 분석함으로써 알 수 있는 것

『GHQ 문서』가 오직 일본 점령행정과 관련된 문서만은 아니라는 점은 위에서 제시한 문서를 확인함으로써 알 수 있었다. 미국은 한국은 물론, 일본, 오키나와를 개별적인 지역 혹은 국가로 간주하여 점령하고 점령정책을 수립하여 시행한 것이 아니었다. 제국 일본과 전쟁에 돌입한 이후, 미국은 이미 동아시아 지역 단위의 지역재편을 고려하고 있었다. 당시에 미국은 동아시아 지역 단위의 경제재건을 위한 중심으로 일본보다는 북중국, 만주, 한반도를 잇는 지역에 둘 수 있다는 가능성을 열어 놓고 있었다. 하지만 동아시아 냉전의 심화는, 남북의 분단만이 아니라 동아시아 지역의 분단을 가져왔고, 최종적으로 동아시아의 분단된 한쪽에 패권적 지위를 활용할 수 있었던 미국은 일본을 동아시아 지역 단위 경제부

홍의 중심에 놓게 되었다. 이러한 일련의 변화 과정은 『GHQ 문서』에서 구체적으로 확인할 수 있다. 이런 의미에서 『GHQ 문서』를 우리의 시각에서 재검토함으로써 냉전의 종결로 다시 합쳐진 동아시아 지역을 우리의 시각에서 전망할 가능성이 열려 있다고 볼 수 있다.

참고자료

고바야시 소메이(2007),「미군정기 통신검열체제의 성립과 전개」,『한국문화』 39, 김인수 옮김, 서울대학교 규장각한국학연구원.

다케마에 에이지(2011),『GHQ 연합국 최고사령관 총사령부』, 송병권 옮김, 평사리.

송병권(2020),「연합국 최고사령관 총사령부의 한일 점령과 통치구조의 중층성」,『아세아연구』 63-1, 고려대학교 아세아문제연구원.

高野和基 解説・訳(1996),『GHQ日本占領史 第2巻, 占領管理の体制』, 日本図書センター.

Willoughby, Charles A. ed.(1966), *Reports of General MacArthur –MacArthur in Japan: The Occupation: Military Phase*, vol. 1 supplement, Government Printing Office.

〈자유만세〉와
한국영화

한상언

한상언영화연구소

1. 해방과 우리 영화계

1945년 8월 15일, 해방의 첫날은 어수선하게 지나갔다. 다음 날 아침 일제의 전쟁 수행을 위해 만들어진 조선영화사(약칭 조영) 소속 영화인들은 영화 기자재 창고로 달려가 그 안에 보관되어 있던 카메라와 필름을 꺼내 거리로 나섰다. 거리는 만세 소리로 가득했다. 카메라를 든 영화인들은 피켓과 현수막, 함성 가득한 거리에서 환희에 들뜬 군중들을 필름에 담았다. 우리가 해방 다음 날, 서울 거리를 가득 메운 만세 행렬을 확인할 수 있는 것은 바로 이들 영화인이 카메라를 들고 거리로 나섰기에 가능했다.

문화예술인 중 해방 직후부터 발 빠르게 움직인 사람들이 있었다. 임화, 김남천, 이태준 등은 해방 다음 날 문학인들을 모아 조선문학건설본부를 설립했다. 이는 조선문화단체중앙협의회로 확대되었다. 이재명, 안석영, 이병일 등 조선영화사의 간부급 영화인들은 임화 등의 권유를 받고 서둘러 조선영화사 소속 영화인들을 중심으로 조선영화건설본부를 설립하고 조선문화단체중앙협의회의 산하에서 활동을 전개하였다.

홍분이 가라앉자 해방 직후부터 민첩하게 움직여 단체를 조직한 이들에게 좋지 않은 시선을 보내는 사람들이 생겨났다. 그들은 대체로 임화, 김남천을 비롯한 조선문화단체중앙협의회의 주도자 대부분이 좌익적 색채가 강하다는 것과 이들이 일제 말기 일본의 침략전쟁에 동조했던 경력이 있던 것을 들어 비판했다. 자숙해야 할 사람들이 대오의 앞에서 설쳐댄다는 것이었다.

영화인 중에서도 마찬가지의 생각을 가진 인물이 있었다. 과거 카프 출신으로 일제 말기까지 일제의 침략전쟁에 동참하지 않았던 추민을 비롯한 소장 영화인들은 과거 친일영화를 만들어 내던 조영(조선영화사) 출신의 이재명, 이병일 등이 주도하고 있던 조선영화건설본부를 비판하면서 보다 진보적이고 선명한 노선을 견지할 영화인 단체의 설립을 추진했고 또 다른 이들은 이재명, 이병일 등이 좌익에 경도되어 활동한다고 비판했다.

우익 영화인들과 달리 추민은 조선프롤레타리아영화동맹이라는 이름의 영화 운동 조직을 새롭게 조직했다. 이로써 영화인 운동 조직은 두 개로 양분된다. 운동 조직의 분열은 비단 영화 분야만의 문제가 아니었다. 문학단체를 시작으로 과거 카프의 정신과 이름을 이어받은 새로운 조직이 탄생했다. 새롭게 탄생한 단체는 기존의 조선문화단체중앙협의회와 긴장 관계를 유지했다.

1945년 말 독립운동을 위해 연안으로 갔던 국문학자 김태준이 서울로 돌아왔다. 그는 양분된 문화예술 조직의 통일을 추진했다. 모두들 민족국가 수립에 영화가 어떻게 이바지할 것인가를 두고 고민하고 있었기에

운동 조직의 분열은 역량을 약화시키는 행위로 인식했던 것이다. 김태준의 주도하에 1945년 12월 두 개로 갈린 문화예술단체는 하나로 통일되었다. 영화인들 역시 두 개의 단체를 발전적으로 해소하고 새롭게 조선영화동맹을 조직하여 하나의 깃발 아래 모이게 된다.

조선영화동맹에는 최인규와 같이 친일 행위가 너무 명확하여 자숙이 필요한 일부 영화인들을 제외하고 모든 영화인을 다 받아들였다. 좌익 색채가 강하다며 기존에 어느 단체에도 가입하지 않았던 안종화, 이규환 등 중진급 영화인들도 참여하여 범영화인 조직의 성격을 띠었다.

문화예술 조직의 통일을 기해 민족문화 건설을 위한 큰 발자국을 떼었다고 생각하고 있을 때 모스크바 삼상회의의 신탁통치안에 관한 내용이 국내에 알려졌다. 이에 따라 좌익과 우익이 신탁통치안을 찬성할 것인가 아니면 반대할 것인가를 두고 크게 대립하는 상황이 발생했다. 사실 김태준을 중심으로 한 문화예술단체의 통합 움직임은 해방정국을 주도하고 있던 좌익 세력의 기획이었다. 조선영화동맹을 비롯해 좌익의 영향하에 있던 대부분의 문화예술단체는 찬탁의 입장에 서게 된다. 이러한 동맹의 움직임에 반대의 생각을 가진 영화인들은 동맹과 거리를 두거나 탈퇴하였으며 이는 좌우의 대립이 극렬해질수록 더욱 커져 갔다.

2. 좌우익의 갈등 속에 만들어진 〈자유만세〉

해방 직후 영화인들에게 가장 시급한 문제는 해방 직후의 역사적 사건들을 필름에 담아 기록으로 남기는 것이었다. 38선으로 남북이 분단된 상황에서도 영화인들이 북한 지역으로 가서 해방 직후 평양과 함흥 등지의 모습을 필름에 담는 등 노력을 아끼지 않았던 것도 그것이 영화인들이 할 수 있는 역사적 임무라고 생각했기에 그랬다. 이렇게 촬영된 역사적 장면들은 〈해방뉴스〉라는 제호로 상영되었다.

역사적인 하루하루를 기록하는 데 집중하다 보니 해방 직후에는 극영화가 거의 만들어지지 않았다. 조선영화동맹이 만들어지고 영화인들의 대오가 정리되어 가고 있을 무렵 동맹 차원에서 본격적인 영화제작 활동을 전개하자는 의견이 제기되었다. 이 무렵 과거 고려영화협회의 협회원들이 다시 모여 고려영화협회를 부활시키고 그 첫 번째 영화로 독립운동을 소재로 한 〈자유만세〉라는 제목의 영화를 만들기로 한다. 조선영화동맹에서는 이 영화의 제작을 후원하기로 하고 해방 1주년이 되는 1946년 광복절까지 영화를 완성시켜 상영하기로 한다.

영화의 제작은 고려영화협회를 이끌었던 이창용, 최인규, 전창근 등과 1941년 작 〈집 없는 천사〉의 배경이 된 사회사업단체인 향린원의 방수원이 중심이 되었다. 일제 말기 친일 행위로 근신하고 있던 최인규는 이 영화의 연출을 맡으면서 다시 영화계에 복귀할 수 있었다. 시나리오는 이 영화에서 주인공 최한중 역할로 출연한 전창근이 맡았는데 그는 과거 고려영화협회의 창립작인 〈복지만리〉를 만들었던 인물이었다. 이 외에 독은기, 박학, 김승호, 한은진, 유계선 등 다수의 유명 영화인들이 영화제작에 참여했다. 또한 일반 대중의 관심을 북돋기 위해 여배우 공모를 추진했고 이렇게 선발된 황려희를 비롯한 여배우들은 이 영화로 영화계에

데뷔하였다.

조선 영화계의 대대적인 후원과 지지를 받으며 제작에 들어간 〈자유만세〉는 좌우의 갈등과 대립 속에서 완성되어 갔다. 좌우 대립의 한가운데 있었던 조선영화동맹은 이 영화의 제작에서 한 발 뺐다. 최인규 등의 우익 영화인들과 함께할 수 없었던 것이다. 결국, 조선영화동맹의 이름이 빠진 상태에서 이 영화는 해방 1주년이 훨씬 지난 1946년 10월 22일에서야 개봉된다. 영화의 배급은 최인규의 형인 최완규가 운영하던 고려영화주식회사에서 맡았다. 정치적 지향이 다른 여러 명의 영화인으로 구성된 고려영화협회는 이 작품을 마지막으로 그 활동을 멈췄다.

〈자유만세〉는 주인공인 혁명가 최한중과 그의 동지들이 일제의 가혹한 탄압에도 불구하고 독립운동에 헌신하는 모습과 일제가 항복하면서 새로운 시대가 열리게 된다는 내용을 담고 있었다. 이 영화가 개봉되자 해방의 감격을 극화하여 보여 준 것에 대해 대중은 열광했다. 하지만 평론가들의 시선은 곱지 않았다. 특히 좌익 계통의 평론가들의 질타가 이어졌는데 일제하 영화평론가로 이름을 떨쳤고 영화도 연출한 바 있었던 서광제는 『독립신보』에 게재한 시사평에서 우리 모두가 해방 직전의 상황이 어떠했는지를 뻔히 알고 있는데도 독립운동가들이 대낮에 일제의 기간시설에 대한 테러를 모의하며 큰소리로 토론하는 등의 장면들과 같은 황당무계한 장면들이 영화 전체에 연이어 등장한다면서 상식적이지 않은 영화라고 혹평했다.

〈자유만세〉는 해방 후 처음으로 만들어진 극영화도 아니었을 뿐만 아니라 독립운동을 다룬 첫 번째 영화도 아니었다. 그럼에도 불구하고 이 영화가 중요하게 언급될 수 있었던 이유는 이 영화가 범영화인의 총의를 받들어 만들어진 영화였기에 그랬다. 영화 개봉 시 신문 광고에 조선영화동맹의 이름이 빠지긴 했지만, 이 영화의 제작을 준비하는 과정에서 조선영화동맹의 지도적 인물들이 이름을 빌려주며 영화의 성공을 응원해 주었으며 조선영화동맹에 가입된 당대 조선 영화를 이끌던 중요한 영화인들이 별다른 조건 없이 동참해 준 것은 어찌 보면 이 영화가 영화인들의 애정이 듬뿍 담긴 영화였기에 그랬을 것이다.

3. 단독정부 수립과 좌익 활동 금지

한반도에 통일된 민족국가 수립을 위해 미군과 소련군의 대표가 모이는 미소공동위원회가 1946년 개최되었고 1년 후인 1947년 2차 대회가 재개되었다. 덕수궁에서 열린 미소공동위원회는 공위 참여 단체를 어떻게 정할 것인가의 문제에 대한 미국과 소련 사이의 이견을 조율하지 못하고 파행되었다. 통일정부 수립을 고대하던 사람들은 실망하였으며 이승만이 주장하고 있던 남한만의 단독정부 수립이 힘을 얻기 시작했다.

공위 재개를 기대하고 있던 1947년 여름, 미군정 경찰은 좌익단체의 주도자들을 일제히 체포하기 시작했다. 그리고는 남한 내에서의 좌익 활동을 공식적으로 금지시켰다. 이로써 대부분의 좌익단체는 활동을 멈췄으며 남한의 상황은 남한만의 총선거를 통한 단독정부 수립으로 치닫고 있었다. 남한 내에서 활동이 금지된 좌익인사들은 대거 북한으로 가거나 지리산으로 들어가 빨치산 활동을 펼치기 시작했다.

총선거를 통해 대한민국 정부가 수립되었다. 이승만 정권은 남북이 대립하고 있는 상황에서 국가보안법을 제정하여 반공을 전면에 내세우면서 반공국가로서 면모를 일신하였다. 이승만 정권에서 제정한 국가보안법은 과거 좌익단체 가담자에게까지 죄를 물을 수 있던 악법이었다. 한때 좌익단체에 가입했던 모든 사람이 자수하여 사상교화기구인 국민보도연맹에 이름을 올려야 했고 여기에서 반공을 교육받고 전향이 확정되었을 때 비로소 선량한 대한민국 국민이 될 수 있었다.

그러나 문제가 있었다. 좌익단체 가담자가 너무 많다는 점이었다. 특히 해방 직후 만들어진 문화예술단체 대부분이 조선공산당과 그 후신인 남로당의 외곽단체였고 이들 단체에는 이데올로기와 상관없이 가담한 사람들이 대부분이었다. 조선영화동맹 역시 좌익단체로 분류되었기에 모든 영화인이 국민보도연맹원이 될 수밖에 없었다.

이러한 상황에서 자수 기간을 주고 그 기간에 자수한 자는 선처하고 그렇지 않은 자는 엄벌에 처한다는 발표가 있었다. 김정혁, 이경설, 김한, 허달, 김일해, 독은기, 이재명 등 유명 영화인들이 국민보도연맹에 가입했다. 이들 영화인은 국민보도연맹에서 일종의 사상교화 교육을 받아야 했다. 또한 자신들이 체득한 반공사상을 자신이 가진 재능으로 표현해야 했다. 1950년 1월 국민보도연맹이 주최한 제1회 국민예술제전에는 국민보도연맹 가입 영화인들이 〈보련특보〉라고 하는 뉴스영화를 만들어 상영했으며 배우들은 연극 〈돌아온 어머니〉에 출연해서 그 재능을 통해 반공의식을 표현해 냈다.

이러한 분위기에서 다른 길을 선택한 영화인들도 있었다. 배우 남승민의 경우 자수하지 않고 끝까지 버텨 결국 경찰에 체포되어 서대문형무소에 수감되었다. 남승민은 한국전쟁 중 서울을 점령한 인민군에 의해 석방되었으며 북한으로 올라가 배우로 활동했다. 국민보도연맹에 가입했던 독은기는 자수하였음에도 불구하고 테러의 위협에 시달리다가 월북하여 북한에서 활동했다. 조선영화동맹이 지리산의 빨치산 투쟁을 기록하기 위해 파견한 촬영기사인 홍순학의 경우 빨치산 활동 중 김태준, 유진오 등과 함께 체포되어 사형선고를 받았다.

좌우의 대립으로 인해 긴장감은 날로 심해졌고 폭력의 수위는 점점 높아 갔다. 남북에 서로 다른 정부가 수립되면서 한반도는 전쟁으로 치닫고 있었다. 이데올로기의 대립과 갈등은 상대에 대한 증오와 분노의 감정으로 표출되었다. 남과 북으로 나뉜 사람들은 서로에 대해 적개심을 담금질하고 있었다.

4. 금지되어 사라진 영화들

1948년 초 예술영화사 촬영대는 〈해연〉이라는 제목의 영화를 제작하기 위해 부산으로 갔다. 〈해연〉은 부산의 감호소를 배경으로 죄를 지은 소년들을 사랑으로 감화시키는 여교사의 이야기를 담고 있었다. 이곳에서 부산의 실업가들이 새롭게 영화에 투자하겠다고 나섰다. 새로운 투자자들이 등장하면서 촬영이 늦어졌다. 애초 이 영화의 연출을 맡기로 했던 김영화 감독은 그사이 군정청 영화과장으로 임명되었다. 원래 출연하기로 했던 배우들 역시 촬영이 늦어지면서 하나둘 이탈하였다. 결국 새로운 연출자로 이규환 감독이 선임되었고 대표적인 좌익극단인 예술극장의 단원들이 배우로 참여하면서 본격적인 촬영이 시작된다.

1948년 초부터 촬영이 시작된 영화는 1948년 11월에야 완성되어 서울의 중앙극장에서 상영될 수 있었다. 이어 12월부터 부산에서 상영이 시작되었을 때 부산 경찰이 필름을 압수하는 사건이 벌어지게 된다. 아이러니하게도 이 영화는 해방 후 첫 번째로 문교부 추천 영화로 선정된 작품이었다. 그런데 영화에 출연했던 배우들이 대거 월북하여 북한에서 활동한다는 내용이 알려지면서 부산 경찰에 의해 상영 금지와 필름 압수라는 사건이 벌어진 것이다.

〈해연〉에 출연했던 배우들은 극단 예술극장 소속 배우들이었다. 예술극장의 리더는 〈해연〉에서 모리배 짓을 일삼는 철수 역으로 등장한 박학이었다. 예술극장은 해방기 대표적인 좌익극단으로 해방 직후 설립된 조선예술극장과 서울예술극장이 역량을 강화하기 위해 통합한 것이었다. 이들은 단독정부 수립 즈음인 1948년 8월 서울에서 하웁트만의 〈외로운 사람들〉을 공연 후 집단으로 월북하여 북조선국립영화촬영소에 전속 배우로 입소하여 북한 최초의 예술영화인 〈내고향〉에 출연하게 된다.

다시 이야기를 정리하자면 예술극장 단원들이 대거 월북하여 북한 영화 제작에 참여하였던 사실이 알려지면서 부산 경찰이 상영을 중지시켰던 것이다. 〈해연〉의 상영 금지 사태는 영화인의 월북을 이유로 영화상영을 중지시킨 최초의 사례였다.

영화인의 월북을 이유로 영화상영을 금지시키는 사태는 해방 전에 제작된 영화에도 적용되었다. 1941년 김영화 감독이 연출한 〈안해의 윤리〉는 일제의 검열로 인해 1권 분량이 삭제된 채 상영된 바 있었다. 해방 후 이 영화를 제작했던 서항석은 검열에서 삭제된 필름을 덧붙여 재상영을 꾀하면서 영화의 제목을 〈상춘〉이라 바꾸었다. 1949년 6월부터 상영을 시작한 이 영화는 1950년 3월 부산에서 상영하던 중 부산 경찰에 의해 상영을 금지당하게 된다. 그 이유는 영화의 주인공인 나웅과 지경순이 월북하여 북한에서 활동했다는 이유였다.

일제강점기 제작된 영화가 월북 영화인이 출연했다는 이유로 상영이 금지된 사건은 문제적일 수밖에 없었다. 영화인의 월북을 이유로 영화상영을 금지한다면 일제강점기 영화필름은 남한 지역에서 한 편도 상영할 수 없기 때문이다. 일례로 일제강점기 최고의 영화로 손꼽는 〈아리랑〉의 경우, 영화에 주요 출연자인 주인규, 이규설, 김태진이 모두 월북하여 북한에서 활동하고 있었다. 일제강점기 최고의 영화라 칭송하는 〈아리랑〉조차 상영할 수 없는 상황이라면 남한 내에서 상영될 수 있는 영화는 한 편도 없었다. 이러한 상황은 전쟁을 거치면서 더욱 심화되었다. 〈아리랑〉은 한국전쟁 중 대구에서 상영된 것을 마지막으로 더 이상 상영될 수 없었다. 상영이 금지된 영화를 가지고 있는 것만으로도 부역의 혐의를 받을 수 있었기에 일제강점기 필름들은 하나둘 사라져 갔다.

5. 삭제와 재편집 후 남겨진 〈자유만세〉

1972년 박정희 정권이 유신을 선포한 후 유신헌법이 제정되었고, 유신헌법에 맞춰 영화법도 개정되었다. 개정된 영화법에 따라 1973년 영화진흥공사가 설립되었다. 1974년에는 영화진흥공사 내에 필름보관소가 설치되어 근대의 문화유산으로써 필름이 체계적으로 수집, 보관되기 시작하였다.

필름보관소 설립 당시 수집된 필름 중 가장 오래된 필름은 1946년 제작된 〈자유만세〉였다. 해방된 지 30년 가까이 흘러 월북 영화인들이 제작에 참여했다는 이유로 일제강점기 극영화 필름이 남한 내에서 한 편도 남아 있지 않게 된 것이다. 분단과 이데올로기 갈등은 한국영화사에 있어 크나큰 손실을 가져왔던 것이다.

안타깝게도 필름보관소에 소장된 가장 오래된 필름 〈자유만세〉는 1946년의 관객이 보고 열광했던 그 필름은 아니었다. 영화가 시작되면서 등장하는 타이틀에서부터 원래의 것과 다른 것이 붙어 있다. 또한 영화 전편에 걸쳐 재편집과 재녹음이 되었음을 확인할 수 있는 부분이 허다하다. 구체적으로 살펴보면 영화에서 큰 비중을 차지하는 남부 역의 독은기는 화면 속에서 사라졌다. 남부의 클로즈업 장면은 다른 인물로 바뀌었다. 마찬가지로 영화의 오프닝에서 한중 역의 전창근과 함께 등장한 박학 역시 클로즈업 쇼트는 다른 배우로 대체되었다. 이 영화를 상영하기 위해서는 월북 배우들을 화면 속에서 삭제해야만 가능했다.

또한 그 당시 일반적으로 사용하던 조선이라는 명칭은 한국 혹은 대한으로 교체되었다. 배우들의 목소리도 다른 목소리로 대체되었다. 이처럼 이 영화는 누더기처럼 튀는 부분이 많았다. 한참의 시간이 흘러 재촬영이 되었기에 전체적으로 톤이 맞지 않았다. 그러나 이 영화가 살아남기 위해서는 그러한 수정이 있어야만 했다.

반면 이 영화의 연출자 최인규는 한국전쟁 중 북한으로 갔음에도 영화의 타이틀에서 그 이름이 삭제되지 않았을 뿐만 아니라 당시 현존하는 가장 오래된 필름을 연출한 인물로 그 활동 내역과 역할이 여전히 중요하게 언급될 수 있었다. 월북 배우 독은기, 박학을 다뤘던 것과는 사뭇 다르다. 이러한 서로 다른 취급이 가능했던 것은 최인규가 다른 영화인들과는 달리 납북되었다는 것이 그 이유였다. 북한으로 갔더라도 자발적으로 간 것과 강제로 끌려갔다는 것을 분리해서 이해하려 했던 것이다.

1975년 당시 남아 있는 가장 오래된 한국영화인 〈자유만세〉는 1975년 해방 30돌을 맞아 열린 고전 한국영화 상영회에서 공개되어 해방의 감격을 다시 전달해 주었다. 1979년 한국영화 탄생 60돌 기념 상영회에서도 가장 중요한 영화로 상영되었다. 〈자유만세〉는 1975년 이후 한국영화의 가장 중요한 기념일마다 상영되는 정전의 위치에 올랐다.

오랫동안 한국영화의 역사를 상징하는 영화로 대우받으며 한국영화의 가장 중요한 자리에 위치하고 있는 〈자유만세〉는 2007년 국가등록문화재 343호에 등록되었다. 이 영화가 한국영화의 가장 중요한 자리에 오를 수 있었던 것은 남아 있는 가장 오랜 영화 중 한 편이라는 것과 해방 이후 가장 주목을 받은 독립운동을 다룬 영화라는 점도 있었을 것이다.

그것 외에 민족영화의 정전이 되기 위해 불순물이 제거된 영화라는 점도 있을 것이다. 이 영화에서는 월북 영화인들을 제거함으로써 그 순수함을 유지할 수 있었다. 해금 이후에도 오랫동안 여러 사람이 제작하는 영화에서 월북 영화인을 다뤘던 방식은 이렇게 폭력적이었다.

월북 영화인과
북한 최초 극영화 〈내고향〉

한상언
한상언영화연구소

1. 해방 직후 북한 영화계

일제 말기 영화산업은 서울에 있던 유일한 영화 회사인 조선영화사로 일원화되어 있었다. 이미 근대적 일상을 깊숙이 파고든 영화가 영화관에서 상영될 뿐, 북한 지역에는 영화제작 인프라도, 인력도 없었다. 한마디로 해방 당시 북한 지역에서는 영화를 제작할 수 있는 능력이 없었다.

해방과 동시에 분단이 되었다. 한반도는 북위 38도선으로 두 동강이 났다. 분단의 현실이 아직 뚜렷하지 않던 시기에는 남한의 영화인들이 평양과 함흥으로까지 가서 해방 후의 역사적 사건들을 기록했다. 평양역에 입성하는 소련군의 모습이나 평양에서 열린 조선공산당의 지도적 인물인 현준혁의 장례식 장면 등이 남한에서 올라간 영화인들에 의해 기록으로 남겨졌다.

소련 군정이 시작되고 지역마다 조선인들의 문화예술단체들도 만들어졌다. 북한 지역의 수도라 할 수 있는 평양에서는 평양예술문화협회라는 지역문화예술단체가 조직되었다. 그 단체 내에는 마땅히 영화를 담당할 만한 인물은 없었다. 그나마 영화와 인연이 있는 인물을 한 명 꼽는다면 조선영화사의 촉탁으로 있었던 오영진이 유일했다.

평양의 소련인들은 경성제국대학 출신에 일본의 영화촬영소에서 조연출까지 했던 오영진을 북한 영화의 책임자로 생각했다. 하지만 독실한 크리스천인 오영진은 민족주의자인 조만식이 이끄는 조선민주당에서 활동했고 소련군에 의해 조만식이 가택연금 상태에서 활동을 금지당하게 되자 그나마 가지고 있던 소련 영화에 대한 관심까지도 끊어 버리고 1946년 초 남한으로 탈출하게 된다.

해방 직후 영화인 자체가 부재하던 평양에서 오영진이야말로 소 군정이 중요하게 활용해야 할 인물이었다. 하지만 오영진이 소 군정에 대한 비협조적 선택을 뛰어넘어 남한으로 사라져 버리자 북한 영화를 책임질 새로운 인물을 수소문할 수밖에 없었다. 오영진에 이어 북한 영화의 건설을 책임질 인물로 선택된 이가 주인규였다. 그는 해방 전 나운규와 함께 〈아리랑〉에 출연했던 연조가 높은 영화인이자 함흥을 중심으로 한 태평양노동조합 활동의 중심인물로 한때 수감생활까지 한 바 있었다.

해방 직후 주인규는 함흥에서 지역 치안을 책임져 일하고 있었다. 그러다 1946년 소 군정에 의해 영화책임자로 발탁된 후 북한 지역에 흩어져 있던 영화계 인사들을 평양으로 모았다. 〈아리랑〉에도 출연했던 배우 이규설은 영화계를 떠나 만주에서 생활하다가 해방 후 고향 함흥으로 돌아왔다. 이후 북한에서 영화 활동을 재개하기 위해 평양으로 갔다. 가수로도 유명했던 평양 출신 배우 강홍식도 일제 말기 전쟁을 피해 황해도 신천으로 솔가했다가 당의 부름을 받고 다시 평양으로 돌아왔다. 카프 출신으로 영화 쪽에도 관여했던 윤기정과 강호는 서울을 떠나 평양으로 넘어와 영화인 대열에 합류했다. 여기에 평양에서의 민주주의 민족전선 활동을 촬영하기 위해 서울의 영화동맹에서 파견한 윤재영, 정준채 등 젊은 영화인들도 서울로 돌아가지 않고 평양에서 북한 영화 건설에 합류했다.

주인규를 중심으로 영화산업을 일으킬 인물들이 하나둘 합류하면서 북한 영화는 그 첫발을 떼기 시작했다. 윤재영, 정준채 등 서울에서 올라온 젊은 영화인들이 주축이 된 북조선공산당 영화반은 주인규의 책임하에 북조선영화사로 확대 발전되었다. 영화 배급 역시 민간 배급 회사들을 대신하여 북조선극장영화관위원회로 일원화되었다. 영화의 제작과 배급에 관한 사항이 당과 국가에 의해 장악되었다.

북한에서의 영화제작은 1946년 삼일절 행사를 기록한 것이 본격적인 시작이었다. 이렇게 1946년에 있었던 각종 행사를 기록하여 편집하여 완성한 영화가 북한 최초의 영화인 기록영화 〈우리의 건설〉이다. 이 영화는 무성으로 완성되었는데 당시 북한에는 녹음 시설이 없었기 때문에 〈우리의 건설〉을 비롯한 처음 몇 편의 영화는 무성영화로 만들어졌다.

무성으로밖에 영화를 만들 수 없었던 북한 영화의 수준은 초보단계에 머물러 있었다. 영화제작을 책임질 기술자들이 절대적으로 부족했던 것이 주된 이유였다. 북한에서는 이러한 기술적 약점을 극복하기 위해 소련에서 최신의 영화 관련 자재와 장비, 그리고 영화 기술을 가르칠 인력까지 지원받았다. 또한 과거 만주영화협회에서 일하던 기술자들 역시 북한의 영화인들을 돕기 위해 평양으로 건너왔다. 이렇게 하여 녹음 설비를 갖춘 북한 영화는 유성으로 제작되었을 뿐만 컬러영화를 제작하는 등 기술적 성취를 하나하나 이루어 가기 시작한다.

2. 영화인의 월북

영화의 수준을 크게 향상시키는 데 있어서 가장 중요한 것은 영화 인력을 얼마나 빨리 양성하느냐의 문제였다. 기술이 없는 사람들을 능숙한 기술자로 만드는 일은 시간이 많이 소요되었다. 빠른 시일 안에 영화제작 기술을 확보하는 방법은 영화제작 노하우를 가진 인물들을 우선 유치하는 것이다. 북한에서는 영화 기술의 획기적 발전을 도모하기 위해 영화기술자들을 북한으로 데려왔다. 일본 영화계에서 일본인의 이름으로 활동하던 카메라맨 고형규, 조명감독 송인호 등이 해방 후 북한으로 건너와 활동했다. 또한 1946년 서울에서 제작된 〈자유만세〉에서 촬영을 맡았던 카메라맨 한형모와 녹음기사 최칠복 등도 한때 서울을 떠나 북한으로 가서 활동했다.

애초 영화인들, 특히 촬영이나 녹음 등의 일을 맡아 하던 이들이 북한으로 간 이유는 새로운 일자리를 찾기 위한 것이었다. 남한에서는 할리우드 영화가 영화관을 점령하고 있었고, 영화제작은 쉽게 이루어지지 못했기에 영화제작에 필요한 기술자가 시급히 필요한 평양에서 보다 파격적인 조건으로 사람들을 유인해 갔다. 한형모와 최칠복 등도 이런 이유로 북한으로 갔다가 적응치 못하고 다시 월남한 것이다.

영화인들의 월북이 본격적으로 이루어진 것은 1948년 무렵부터였다.

물론 그 이전에도 이름 있는 영화인이 월북하기도 했다. 대표적으로 조선영화동맹의 서기장을 맡았던 추민의 경우가 있다. 추민의 월북은 신불출 폭행사건이 직접적인 원인이었다. 1946년 6·10만세운동 행사에서 우익 청년들이 신불출을 폭행하는 사건이 벌어졌는데 영화동맹의 서기장이었던 추민은 그 행사의 주최자였다. 이 사건과 관련하여 미군정 경찰은 신불출을 폭행한 우익 청년들이 아닌 만담가 신불출과 행사를 주최한 추민과 예술통신사의 김정혁 등을 연합군을 비하했다는 이유로 기소하고 만다. 결국, 추민은 벌금형을 선고받고 남한을 떠나 북한으로 갔다.

추민의 예에서 볼 수 있듯이 1947년 초만 해도 개인적 혹은 정치적 이유로 영화인들의 월북이 있었다. 하지만 1947년 여운형 암살사건과 제2차 미소공위의 파행, 뒤이은 미군정의 좌익단체 활동 금지 등이 이어지면서 남한 내에서 활동하던 영화인 중 지도급 인물들은 남한에 남아 지하활동을 전개할 것인지 아니면 북한으로 들어가 활동할 것인지를 고민할 수 밖에 없었다.

추민에 이어 영화동맹을 이끌던 윤상열을 비롯한 지도급 영화인들은 지하로 숨거나 영화 운동 활동을 접었다. 체포영장이 발부된 배우 문예봉은 1948년 3월 월북하였고 비슷한 시기 남한 연극계의 지도적 인물인 배우 심영과 황철 등도 북한으로 갔으며 평론가이자 영화감독으로 활동하던 서광제도 남북연석회의에 기자로 평양을 방문 후 얼마 지나지 않아 북한으로 갔다.

북한으로 활동 영역을 옮긴 영화인 중 연출가와 기술진들은 주로 북조선국립영화촬영소에 배속되어 활동했다. 영화배우들은 문예봉과 심영처럼 개별적으로 월북한 인물들 외에 1948년 8월 서울에서 마지막 공연을 마치고 월북한 예술극장 단원들 전체가 북조선국립영화촬영소의 전속 배우로 임명되었다. 예술극장에는 박학을 중심으로 김동규, 유경애, 태을민 등이 포함되어 있었으며 이들은 남한에서 만들어진 이규환 감독이 연출한 영화 〈해연〉에 출연한 적이 있었다. 때문에, 이들은 비슷한 시기 남북한에서 만들어진 서로 다른 영화에 출연했다는 진기한 기록을 갖게 되었다.

남북한에 서로 다른 정부가 들어설 무렵 북한에서 활동을 시작한 영화인들 외에도 한국전쟁으로 인해 대거 영화인들의 이합집산이 발생했다. 〈마음의 고향〉을 연출했던 윤용규를 비롯해 남승민, 독은기, 최운봉, 김연실 등이 북한으로 가서 그곳에서 영화배우로 활동하기 시작했다. 반면 김영화, 방한준, 박기채 등 영화감독과 김한을 비롯한 많은 수의 영화인들이 전쟁 중에 행방불명되거나 사망하였다.

3. 북한 최초의 예술영화 〈내고향〉의 제작

북한 정권의 관심 속에 성장하고 있던 북한 영화는 1947년 북조선국립영화촬영소 설립이 확정되면서 비약적인 성장이 예고되었다. 특히 동양 최대 규모라는 수식어에 맞는 대규모의 건설과 더불어 기존의 수공업적으로 이루어지던 영화제작도 보다 체계적으로 이루어지게 된다.

기록영화와 뉴스영화를 제작하며 영화제작 능력을 키우던 북조선국립영화촬영소에서는 북한 정권 수립 1주년을 기념하여 영화제작에 돌입했다. 촬영소의 영화제작진들은 북한에서 처음 만들어지는 예술영화이다 보니 어떤 테마의 작품을 선정할 것인지 매우 신중했다. 처음에는 우리 민족의 대표적 고전인 〈춘향전〉을 영화로 만드는 것은 어떻겠냐는 의견도 있었다. 실제 〈춘향전〉은 해방 후 북한에서 연극과 가극으로 만들어져 여러 번 공연된 바 있었다.

또한 우리 농촌의 실상을 여실히 보여 주는 리기영 원작의 소설을 영화로 만들자고도 했다. 이러저러한 여러 가지 경우를 두고 논의한 끝에 주인공이 지주의 학정에 저항하다가 고초를 당하고 김일성이 이끄는 항일무장투쟁에 참여 후 해방된 조국에 돌아와 토지개혁과 정부 수립에 동참하는 내용을 담은 새로운 이야기를 영화화할 것을 결정했다. 일종의 건국서사를 영화로 만들기로 한 것이다.

시나리오는 김승구가 맡았다. 김승구는 시나리오를 작성하기 위해 항일유격투쟁에 참여했던 많은 인물을 만나 그들의 이야기를 듣고 정형화된 주인공을 만들어 냈다. 그가 주인공 관필이었다. 소작인이던 관필이 감옥에서 혁명가를 만나고 감옥을 탈출하고 나서는 백두산으로 들어가 유격투쟁에 나선다는 이야기는 김일성과 함께 유격투쟁을 했던 이들이 가지고 있던 공통의 경험이었다.

연출은 강홍식이 맡았다. 조선을 대표하는 배우이자 가수이기도 한 강홍식이 연출을 맡은 건 연출가가 절대 부족한 북한에서, 일제강점기 연극 연출의 경험을 높이 산 것이었다. 그는 북조선국립영화촬영소가 만들어질 때 자연스레 연출책임자로 임명되었고 기록영화인 〈38선〉 등의 영화를 직접 연출하면서 영화 연출에 대한 감각을 익혔다.

주인공 관필 역은 해방 후 북한에서 처음 연기 활동을 시작한 신인 배우 유원준이 맡았다. 처음으로 만들어지는 예술영화는 새로운 시대의 배우가 주인공이 되어야 한다는 생각이 반영된 것이다. 반면 여주인공은 3천만의 여배우라는 애칭으로 불리던 당대 최고의 배우 문예봉이 맡아 연기를 펼쳤다. 1930년대 중반 이후 조선 영화는 문예봉이 나오는 영화와 그렇지 않은 영화로 구분될 정도로 조선 영화의 대명사처럼 불린 배우였다.

유원준이라는 신인과 달리 베테랑이라 부를 수 있는 문예봉을 여주인공으로 배치한 것은 조선인 관객들에게 스크린에서 연기를 펼치는 문예봉의 모습을 보여 주기 위한 것과 남북의 이데올로기 대결에서 문예봉과 같은 스타 배우가 북한을 선택했다는 것을 일종의 체제 우위의 징후로 만들고 싶어 하는 욕망도 포함된 것이다. 그 외 이 영화에는 심영, 김동규, 박학, 문정복, 유경애, 태을민 등 북조선국립영화촬영소의 전속 배우들이 총출연하였다.

영화는 1949년에 완성되어 관객들을 대상으로 상영되기 시작했다. 한국전쟁 발발 직전 두 번째 영화 〈용광로〉가 완성되어 일반에 공개될 때까지 〈내고향〉은 북한 전역에서 상영되면서 북한 정권 수립을 홍보하고 북한 영화의 수준을 자랑하는 영화로 인정받았다. 하지만 평가가 완벽하게 호의적인 것만은 아니었다. 특히 가장 문제가 된 것은 영화 전체에 사용된 음악이 우리 음악이 아닌 러시아 음악이라는 점이었다. 음악이야말로 민족적 특성을 잘 드러낼 수 있는 요소임에도 이를 러시아 음악으로 대체한 것은 화면과의 조화를 떠나 영화의 민족적 특색을 효과적으로 제시하지 못한 것으로, 향후 제대로 된 영화음악가의 필요성을 제기했다. 이러한 문제점들은 금방 보완되었다. 두 번째 영화인 〈용광로〉에서는 러시아 음악을 차용하는 것에서 벗어나 당대 최고의 작곡가로 평가받던 김순남에게 음악을 맡겨 이러한 문제들을 수정해 나갔다.

영화가 상영된 후 이 영화에 대한 장단점들이 여러 평론가와 관객들에 의해 열거되었다. 하지만 이는 크게 중요한 문제가 아니었다. 북한에서 만든 최초의 예술영화라는 점이 무엇보다 중요했기 때문이다. 이후 〈내고향〉은 북한 영화를 대표하는 정전으로 자리매김했으며 향후 각종 기념일마다 대중들에게 상영되는 가장 중요한 영화로 대우받게 된다.

4. 정치적 격변과 영화의 운명

한 편의 영화는 시대에 따라 혹은 평자에 따라 달리 평가되기도 한다. 또한 정치적 스캔들에 빨려 들어가 개작이라는 수난을 당하기도 한다. 국가적 검열은 영화를 난도질하기도 하며 시간이 흘러 영화는 잘려 나간 필름을 복원하여 원래의 모습을 되찾기도 한다.

해방 이후 여러 공산주의 세력들 간에 권력을 분점하고 있던 북한에서는 한국전쟁 휴전 직전부터 시작되어 1960년대 후반까지 이어진 정치적 숙청 과정을 통해 김일성 1인의 권력이 공고해졌다. 이는 김일성과 권력을 나누고 있던 세력들이 몰락하는 과정이었다. 이 과정에서 일제강점기를 지나 해방 후 북한 정권이 수립되는 과정을 보여 주는 북한 최초의 예술영화 〈내고향〉은 1950년대 제작된 대부분의 영화처럼 창고에 들어가 더 이상 빛을 볼 수 없는 상태에까지 이르지는 않았지만 여러 군데 수정과 개작을 통한 후에야 지속적으로 상영될 수 있었다. 현재 우리가 확인할 수 있는 〈내고향〉은 1960년대 후반 작곡된 노래가 삽입된 것으로 보아 그 이후 수정된 필름이라고 보는 편이 옳다.

〈내고향〉은 모형으로 만든 백두산을 부감으로 찍은 화면으로부터 시작된다. 오프닝의 백두산 모형은 1949년 영화가 처음 제작되었을 때부터 있었다. 백두산 모형에 제목 "내고향"이라는 글자가 사라지면 곧바로 1960년대 새롭게 만들어진 주제가와 함께 북한의 아름다운 자연의 모습이 펼쳐진다. 이어진 화면은 영화의 배경이 되는 마을의 전경을 보여 주고 카메라가 그 마을의 가장 큰 집으로 다가가면서 음악은 사라지고 배우들의 목소리가 등장한다. 영화의 앞부분에 영화의 스태프와 배우들의 이름을 담은 오프닝 타이틀 대신 북한의 자연 풍광이 이를 대신한 것으로 보인다.

1949년 처음 영화가 제작되었을 때부터 오프닝 타이틀이 없었던 것일까? 그렇지는 않은 것 같다. 한국전쟁 중 미군이 노획한 북한의 두 번째 예술영화 〈용광로〉의 필름을 보면 분명 제작진과 배우들의 이름이 담긴 오프닝 타이틀이 있다. 한국전쟁 중에 만들어진 〈향토를 지키는 사람들〉이나 〈정찰병〉과 같은 영화에서도 오프닝 타이틀은 확인된다. 그렇다면 영화를 수정하면서 오프닝 타이틀을 삭제해 버렸다는 것인데 〈내고향〉

의 타이틀에 보여 주면 안 되는 이름이 있었던 것은 아닌가?

당시 북한에서 발행되던 영화잡지 『영화예술』에는 영화 〈내고향〉의 스태프와 배우들의 이름이 기록되어 있다. 그 이름은 삭제된 타이틀에도 그대로 올려져 있었을 것이다. 이 중 가장 문제가 되는 이름은 북조선영화촬영소 총장이자 〈내고향〉의 제작자로 가장 먼저 그 이름이 들어 있었을 주인규이다.

북한 영화의 건설자라 부를 수 있는 주인규는 한국전쟁 당시 강홍식이 시나리오를 쓴 〈초소를 지키는 사람들〉의 연출을 맡아 영화를 완성해 가고 있었다. 그러던 차에 인천상륙작전이 있었고 전세는 단번에 역전되어 순식간에 국군과 유엔군이 평양을 점령하는 상황으로까지 치닫게 되었다. 평양에 있던 촬영소도 허겁지겁 후방인 강계로 이전되었으며 뒤이어 중국으로 옮겨 그곳에서 전쟁 기간 필요한 영화를 만들게 된다. 아마 촬영소의 후퇴 과정에서 주인규가 무언가 중요한 과오를 저질렀던 것 같고 그로 인해 숙청 대상이 된 것으로 보인다.

한국전쟁 기간 주인규는 중요 영화인 중 유일하게 그 이름이 발견되지 않는다. 전쟁이 끝나고 촬영소가 중국 장춘에서 다시 평양으로 이전하여 영화제작을 시작한 이후 주인규의 이름이 비로소 등장한다. 그는 특별한 직함이나 직책이 언급되지 않은 채 〈승냥이〉나 〈바다는 부른다〉와 같은 영화에서 그리 큰 비중을 갖지 않은 역을 맡아 연기 활동을 하고 있었다. 그러던 중 1956년 김일성을 몰아내려고 했던 8월 종파사건이 일어났고 이와 관련하여 숙청된 것으로 보인다. 지금까지도 주인규의 이름은 북한 문헌에서는 완벽하게 삭제되어 있다. 북한 영화의 건설자는 지금 유령 같은 존재로 남았다.

〈내고향〉을 연출했던 강홍식이나 이 영화에서 여주인공 옥단 역을 맡았던 문예봉 역시 1960년대 후반 숙청되었다. 이들의 숙청은 주인규와는 다른 맥락에서 이루어졌다.

김일성의 아들 김정일이 선전선동부에서 일을 시작하면서 김정일의 주도하에 반당 반혁명 분자들을 솎아 내는 소위 사상투쟁회의가 영화계에서부터 광범위하게 시작되었다. 가장 먼저 시나리오창작사의 시나리오작가들이 수난을 당했고 이어서 조선예술영화촬영소의 유명 영화인들이 그 대상이 되었다.

강홍식이나 문예봉처럼 영화계에서 큰 권력을 쥐고 군림하고 있던 중요 영화인들에게 비난의 화살이 쏟아졌다. 이들을 포함하여 간부급 영화인들이 촬영소를 떠나 호화로운 삶을 대신하여 노동교화와 같은 육체노동을 하거나 단역배우로 전락하는 등의 충격적인 조치에 취해졌다. 일흔을 앞둔 강홍식은 얼마 버티지 못하고 사망했다. 반면 일선에서 물러났던 문예봉은 10년의 세월이 지나 다시 조선예술영화촬영소로 복귀하여 영화계 전면에서 활약할 수 있는 행운을 얻었다.

영화 〈내고향〉의 타이틀이 떨어져 나가고 새로운 장면이 추가되는 등의 수정은 1960년대 후반 이후에 이루어졌을 것이다. 다른 영화와는 달리 북한 최초의 영화로서 대중들에게 지속적으로 보여 주어야 했기에 문제가 되는 장면들은 삭제하거나 수정하는 등의 조치를 취했던 것으로 보인다. 그 과정에서 러시아 음악들도 1960년대 새롭게 작곡된 북한 음악으로 대체되었다. 영화 속에 삽입된 소련군과 관련된 기록영화 영상들도 일부 수정되었다. 이렇게 수정된 영화의 원래 모습은 우리가 알 수 없다.

〈내고향〉의 원래 모습을 알 수 있을까? 아마도 1949년 상영된 필름이 발견되기 전까지는 쉽지 않을 것이다. 그렇다면 스태프와 배우들의 이름이 담긴 오프닝 타이틀은 복구할 수도 있지 않을까? 일선에 복귀한 문예봉뿐만 아니라 이미 고인이 된 강홍식도 복권되어 그 이름이 언급되고 있는 상황에서 주인규의 이름이 복권된다면 아예 불가능한 일은 아닐 것이다. 하지만 이것 역시 1949년 필름이 발견되지 않는 한 그저 또 다른 수정일 뿐이다.

텍스트로
보는
근대
한국